プリント形式のリアル過去問で本番の臨場感！

福岡県

照曜館中学校

2025年春受験用

解答集

本書は，実物をなるべくそのままに，プリント形式で年度ごとに収録しています。
問題用紙を教科別に分けて使うことができるので，本番さながらの演習ができます。

■　収録内容

・解答集(この冊子です)

書籍ＩＤ番号，この問題集の使い方，最新年度実物データ，リアル過去問の活用，
解答例と解説，ご使用にあたってのお願い・ご注意，お問い合わせ

・2024(令和６)年度 ～ 2022(令和４)年度　学力検査問題

JN132394

○は収録あり　年度	'24	'23	'22			
■ 問題(前期)	○	○	○			
■ 解答用紙	○	○	○			
■ 配点						

全教科に解説
があります

注)問題文等非掲載:2022年度国語の二と社会の5

問題文などの非掲載につきまして

著作権上の都合により，本書に収録している過去入試問題の本文や図表の一部を掲載しておりません。ご不便をおかけし，誠に申し訳ございません。

本文の一部を掲載できなかったことによる国語の演習不足を補うため，論説文および小説文の演習問題のダウンロード付録があります。弊社ウェブサイトから書籍ＩＤ番号を入力してご利用ください。

なお，問題の量，形式，難易度などの傾向が，実際の入試問題と一致しない場合があります。

教英出版

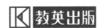

■　書籍ＩＤ番号

入試に役立つダウンロード付録や学校情報などを随時更新して掲載しています。
教英出版ウェブサイトの「ご購入者様のページ」画面で，書籍ＩＤ番号を入力してご利用ください。

書籍ＩＤ番号　107440

（有効期限：2025年9月30日まで）

【入試に役立つダウンロード付録】
「要点のまとめ(国語／算数)」
「課題作文演習」ほか

■　この問題集の使い方

年度ごとにプリント形式で収録しています。針を外して教科ごとに分けて使用します。①片側，②中央のどちらかでとじてありますので，下図を参考に，問題用紙と解答用紙に分けて準備をしましょう（解答用紙がない場合もあります）。

針を外すときは，けがをしないように十分注意してください。また，針を外すと紛失しやすくなりますので気をつけましょう。

① 片側でとじてあるもの

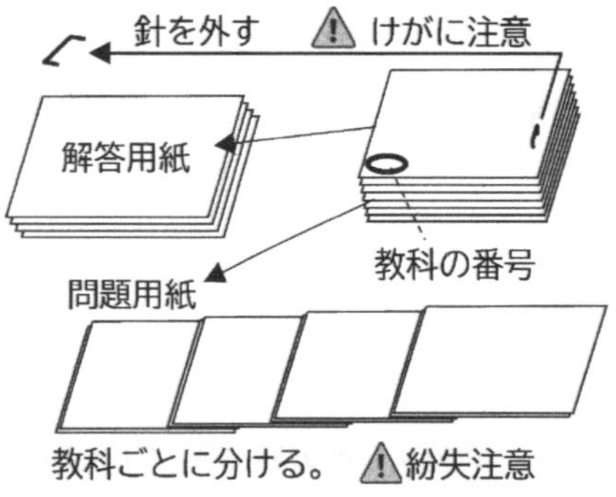

② 中央でとじてあるもの

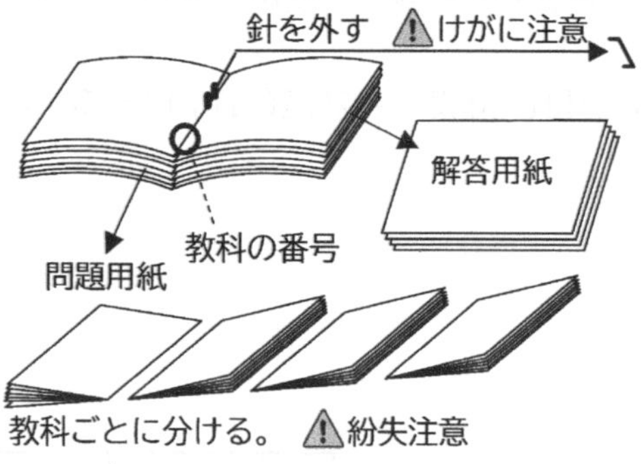

※教科数が上図と異なる場合があります。
解答用紙がない場合や，問題と一体になっている場合があります。
教科の番号は，教科ごとに分けるときの参考にしてください。

■　最新年度 実物データ

実物をなるべくそのままに編集していますが，収録の都合上，実際の試験問題とは異なる場合があります。実物のサイズ，様式は右表で確認してください。

問題用紙	Ｂ５冊子(二つ折り)
解答用紙	Ｂ４片面プリント

リアル過去問の活用

～リアル過去問なら入試本番で力を発揮することができる～

本番を体験しよう！

問題用紙の形式（縦向き / 横向き），問題の配置や余白など，実物に近い紙面構成なので本番の臨場感が味わえます。まずはパラパラとめくって眺めてみてください。「これが志望校の入試問題なんだ！」と思えば入試に向けて気持ちが高まることでしょう。

入試を知ろう！

同じ教科の過去数年分の問題紙面を並べて，見比べてみましょう。

① 問題の量

毎年同じ大問数か，年によって違うのか，また全体の問題量はどのくらいか知っておきましょう。どのくらいのスピードで解けば時間内に終わるのか，大問ひとつにかけられる時間を計算してみましょう。

② 出題分野

よく出題されている分野とそうでない分野を見つけましょう。同じような問題が過去にも出題されていることに気がつくはずです。

③ 出題順序

得意な分野が毎年同じ大問番号で出題されていると分かれば，本番で取りこぼさないように先回りして解答することができるでしょう。

④ 解答方法

記述式か選択式か（マークシートか），見ておきましょう。記述式なら，単位まで書く必要があるかどうか，文字数はどのくらいかなど，細かいところまでチェックしておきましょう。計算過程を書く必要があるかどうかも重要です。

⑤ 問題の難易度

必ず正解したい基本問題，条件や指示の読み間違いといったケアレスミスに気をつけたい問題，後回しにしたほうがいい問題などをチェックしておきましょう。

問題を解こう！

志望校の入試傾向をつかんだら，問題を何度も解いていきましょう。ほかにも問題文の独特な言いまわしや，その学校独自の答え方を発見できることもあるでしょう。オリンピックや環境問題など，話題になった出来事を毎年出題する学校だと分かれば，日頃のニュースの見かたも変わってきます。

こうして志望校の入試傾向を知り対策を立てることこそが，過去問を解く最大の理由なのです。

実力を知ろう！

過去問を解くにあたって，得点はそれほど重要ではありません。大切なのは，志望校の過去問演習を通して，苦手な教科，苦手な分野を知ることです。苦手な教科，分野が分かったら，教科書や参考書に戻って重点的に学習する時間をつくりましょう。今の自分の実力を知れば，入試本番までの勉強の道すじが見えてきます。

試験に慣れよう！

入試では時間配分も重要です。本番で時間が足りなくなってあわてないように，リアル過去問で実戦演習をして，時間配分や出題パターンに慣れておきましょう。教科ごとに気持ちを切り替える練習もしておきましょう。

心を整えよう！

入試は誰でも緊張するものです。入試前日になったら，演習をやり尽くしたリアル過去問の表紙を眺めてみましょう。問題の内容を見る必要はもうありません。どんな形式だったかな？受験番号や氏名はどこに書くのかな？…ほんの少し見ておくだけでも，志望校の入試に向けて心の準備が整うことでしょう。

そして入試本番では，見慣れた問題紙面が緊張した心を落ち着かせてくれるはずです。

※まれに入試形式を変更する学校もありますが，条件はほかの受験生も同じです。心を整えてあせらずに問題に取りかかりましょう。

2024 解答例 照曜館中学校

令和6年度

《国　語》

一　問一．a．ぜつめつ　b．ふきゅう　c．おせん　問二．B　問三．ウ　問四．ビジネスマン
問五．自然が人間や社会に与える恩恵を数字に置き換えて、客観的に示そうとする考え。　問六．もし
問七．次の世代の人々も豊かな暮らしができるように、「持続可能な発展」を実践すること。　問八．イ
問九．エ

二　問一．a．片方　b．成功　c．似　問二．Ⅰ．イ　Ⅱ．エ　問三．A．ア　B．エ　問四．ウ
問五．エ　問六．エ　問七．悠馬の見せてきた大きなとかげが、紙製であることに気づいたから。
問八．ア　問九．とかげが動いていたときの様子を思い返すこと。　問十．エ

三　問一．A．ウ　B．エ　問二．C．ア　D．エ　E．イ　問三．スニーカーの汚れ／宮沢賢治の文庫本
問四．ア　問五．ア，オ　問六．エ　問七．はって　問八．イ　問九．ウ　問十．「僕」を思いやる母の愛情

《算　数》

1　(1)24　(2)5.5　(3)31.4　(4)$\frac{2}{5}$　(5)9　(6)5　(7)8　(8)33　(9)6000　(10)78　(11)250　(12)256
(13)114　(14)16　(15)2888.8

2　(1)14　(2)15　(3)①上り坂／0.6　②12.6

3　(1)15　(2)①$6\frac{2}{3}$　②$2\frac{2}{5}$

4　(1)6　(2)もっとも大きい数…2187　もっとも小さい数…97　(3)45

《社　会》

1　問1．広島　問2．ロシア　問3．(1)ウ　(2)カナダ…F　イギリス…C　問4．(1)ア　(2)エ
問5．(1)二酸化炭素　(2)イ　問6．(1)ウ　(2)フードマイレージ　(3)エ

2　問1．(1)利根　(2)長野　(3)足尾　(4)鎌倉　問2．［記号／県庁所在地］　A．［(え)／水戸］　B．［(あ)／前橋］
C．［(い)／宇都宮］　問3．エ　問4．記号…ウ　都市名…岡山　問5．ウ　問6．ア

3　問1．小野妹子　問2．記号…ア　語句…法隆寺　問3．枯山水　問4．雪舟　問5．イ　問6．鑑真
問7．エ　問8．ウ　問9．イ　問10．ウ　問11．4

4　問1．関税自主権　問2．エ　問3．地租改正　問4．ノルマントン号　問5．ア　問6．エ
問7．エ　問8．エ　問9．エ

5　問1．立法権　問2．④　問3．三権分立

《理　科》

1 問１．60　問２．50　問３．80　問４．140　問５．図５．90　図６．45　図７．40　問６．180

2 問１．ふっとう　問２．水蒸気　問３．液体のみ…ウ　液体と気体…エ　問４．２　問５．上げればよい。
問６．①1073　②273　③下げる

3 問１．含まれているもの…デンプン　色…青紫色　問２．X．変化なし　Y．変化あり　問３．ア，ウ
問４．１．体温　２．タンパク質

4 問１．ウ　問２．イ　問３．①a．エ　b．ア　d．ク　②化学的　問４．火山

《2024　国語　解説》

一　**問二**　直前に、世界で通用すると思いがちな「考え方」がくるはずである。(　B　)の直前の「『自然界の生物や生態系を保護することは大事』『絶滅《ぜつめつ》にひんしている生きものを救うべき』がそれにあたる。

問四　「環境《かんきょう》意識の高い人」は、「何の疑問も持たず、『自然界の生物や生態系を保護することは大事』『絶滅～生きものを救うべき』」だと考える人。これと「対照的な立場」だから、自然界の生物や生態系を守る必要性を感じにくい人ということになる。よって、「その生きものを保護することでお金は儲《もう》かるの？」「それになんのメリットがあるの？」と、「お金儲けしか眼中にない」例として挙げられた「ビジネスマン」が当てはまる。

問五　直後の「この考え方は、自然の恵《めぐ》みを金銭で定量化することが特徴《とくちょう》だ。自然は人間にどれくらいの恩恵《おんけい》を与《あた》えてくれているのかを具体的に数字で示すことができる。だから自然を保護することの価値を客観的に示すことが可能だ」からまとめる。

問六　直後に「発展途上《とじょう》国が発展し～生活水準を持つに至《いた》ったらどうなるだろう」、「僕《ぼく》がそのような状況《じょうきょう》に置かれたら、がまんするのは難しいと思う」と、仮定表現がきているので、「もし」が適する。

問七　「世代間」とは筆者を含《ふく》む今の世代と、次世代のことを指す。筆者は３～４行後で「僕らは、次世代のことを考えずに好き勝手わがままに暮らしていいのだろうか」と問いかけ、「これは『持続可能な発展』という概念《がいねん》との関係が深い。僕らは豊かな暮らしを追い求める人間の性《さが》を持っているけれど、それが持続可能か、つまり次の世代も～この調子で暮らして良いかどうか考える必要がある」と述べている。

問八　直前の「石炭石油を使うな、森林伐採《ばっさい》をするな」と発展途上国に命令することで、(実際には効果が生まれないが)先進国が解決しようとすること。４行後の「果たして世界の環境を守るために逆境を甘《あま》んじて受け入れることはできるだろうか」より、イの「環境問題が解決に近づくこと」が適する。

問九　ア．「先進国は援助《えんじょ》を積極的に行うべきではありません」が適さない。筆者は──線部④の前で「発展途上国に経済援助をするのをやめて、彼《かれ》らには貧しいままでいてもらうのがよいのだろうか」と問いかけているが、それが良いとは言っておらず、読者が考えるべき「宿題」だとしている。文章Ⅱで、「発展途上国には発展する権利があり、その可能性をうばってはならない」と述べていることからも、筆者は発展途上国への援助は必要だと考えている。　イ．「今の技術では、発展途上国の人たちを～救う方法がありません」「高性能な暖房《だんぼう》器具の開発にお金をかけてほしい」が本文の内容と合わない。　ウ．「(先進国は)自国の成長をいったんストップし、発展途上国の人たちと同じ水準の生活を体験してもらいたいです」が、本文に書かれていない内容。　エ．本文の最後の段落に、人は貧しさに耐えかねれば木を切ったり絶滅危惧《きぐ》種の動物を殺したりするだろうと書かれている。ということは、反対に発展途上国の経済や社会が安定すれば、むやみに環境破壊《はかい》をすることはなくなると考えられるので、適する。

二　**問四**　直前の「古ぼけたお社《やしろ》は戸が閉まっていて、暗闇《くらやみ》に何かがひそんでいるかのような想像をかきたてる。背すじがひやりとして」より、「得体《えたい》の知れない何かの気配を感じ」とある、ウが適する。エは、後半の「家に帰りたくなったから」が本文に書かれていない内容。

問五　老人について、３～４行後に「ぶっきらぼうな話し方のせいか～少し不気味な存在だった」とある。ここから、悠馬《ゆうま》が老人と、エ「なるべく関わりたくない」と思っていることがうかがえる。

問六　「皇輝《こうき》は大物をとると必ずじまんしてくる」ため、悠馬は「自分もたまにはおどろかせてやりたい」と思って「大物」を探していた。すると、「見たこともない真っ黒なとかげ」で、「スニーカーと同じくらいの大きさはある、大物」を見つけたので、つかまえて虫かごに入れた。その後、智哉《ともや》は蛾《が》を、皇輝はオニヤンマをとったのを見せにきた。皇輝は「すっかり勝ったつもりでいるのか、得意げな顔」をしていたが、悠馬は自分の方が「大物」をつかまえた自信があったので、うれしくて「にやけて」きたのである。よって、エが適する。

問八　──線部⑤の直後で「とかげを元の場所へ置いてきたほうがよかったかもしれない」と感じていることから、アが適する。お社のある黒爪山《くろづめやま》には、神様の爪《つめ》にひっかけられていなくなってしまう、足をふみ入れてはならない場所があるなどのこわいうわさがあることからも、敷地《しきち》内のものを持ち出すことに後ろめたさを感じていると考えられる。

問十　エの「黒爪山や～生き物たちの様子は、事実のみを淡々《たんたん》と述べることで、私たち読者が誤解しないようにしている」が適さない。悠馬の視点から書かれているので、「暗闇に何かがひそんでいるかのような」などの部分で、不気味さを感じるような、主観的な描写《びょうしゃ》がされている。

三　**問一A**　直後の「どの家に呼ばれても、自分の家よりすごかった」より、ウ「気後《おく》れ」(＝自信を失ってひるむこと)が適する。　**B**　「僕」は「宮沢賢治《みやざわけんじ》の文庫本」を自分で包装してプレゼントにしたが、それは「決定的にお金がなかった」ためである。よって、みすぼらしいという意味の、エ「貧相」が適する。

問四　「僕」が言った「わがまま」は、お誕生日会のためにコロッケをつくってもらうこと。［C］の直後に「僕は、母がつくったコロッケが大好きだった」とあるので、アの「大好きな料理を用意してもらうこと」が適する。

問五　他のクラスメート(＝「みんな」)のお誕生日会では「お母さんがつくったケーキに、おしゃれな料理」が出てきて、「野菜もカラフルで、ハンバーグはそれぞれのお皿に盛りつけてあった」。ところが、「僕」の家では、「大皿に山積みになったキツネ色のコロッケ」が出てきた。「みんな」は、他のお誕生日会の料理とあまりに違《ちが》ったので、ア「驚《おどろ》き」とオ「戸惑《とまど》い」を感じたのである。

問六　問五の解説を参照。他のクラスメートのお誕生日会ではそれぞれのお皿に盛りつけた料理が出てきたので、大皿のコロッケを見たとき、「僕」は「違うんだお母さん、一個一個、お皿に並べるんだ」と感じ、──線部④の直後で、「もっとおしゃれに盛りつけてほしかった。もっと見栄《みえ》をはってほしかった」と思った。よって、母がお誕生日会には、料理をおしゃれに一皿ずつ盛りつけて出すという「しきたり」を知らなかったことに怒《おこ》っていると考えられるので、エが適する。コロッケ自体は「僕」のリクエストしたものなので、料理(メニュー)に不満があるわけではないと考えられる。よって、アとイは適さない。ウの「友だちに対する怒《いか》り」も読み取れない。

問八　──線部⑤の前に「『お兄ちゃん、なんだか、ごめんねえ』と母が言った。急に哀《かな》しくなった。僕は何も言えず、コロッケを食べた」とある。母はリクエスト通りに美味《おい》しいコロッケをつくってくれたのに、クラスメートは、大皿のコロッケに戸惑い、あまり食べずに帰ってしまった。普通《ふつう》のお誕生日会との違いを痛感している「僕」は、クラスメートを責める気にもなれず、また、自分が悪いわけでもないのに謝る母が哀しく、コロッケを食べることしかできなかったのである。よって、イが適する。

問九　「僕」がクラスメートに対して、何かマイナスの感情を抱《いだ》いている描写はないので、ウの「友だちに恵《めぐ》まれない哀しさ」は適さない。

問十　(　　)の後の、「『コロッケ』の美味しさと、そこに込《こ》められたお母さんの思いを重ね合わせて思い出しているのでしょう」をヒントに考える。

《2024　算数　解説》

1　(1)　与式$=42\div 7\times 4=6\times 4=24$

(2)　与式＝13.5－8＝**5.5**

(3)　与式＝3.14×15－(3.14×10)×0.5＝3.14×15－3.14×5＝3.14×(15－5)＝3.14×10＝**31.4**

(4)　与式＝$(\frac{11}{8}-\frac{2}{8})\times\frac{2}{3}\div\frac{15}{8}=\frac{9}{8}\times\frac{2}{3}\times\frac{8}{15}=\mathbf{\frac{2}{5}}$

(5)　与式より，(□＋2)×9－11＝2024÷23　　(□＋2)×9＝88＋11　　□＋2＝99÷9　　□＝11－2＝**9**

(6)　与式＝$\frac{27}{49}\div(\frac{5}{7}-\frac{1}{2})\times\frac{7}{3}-(3.2+0.75-3.5)\times\frac{20}{9}=\frac{9}{7}\div(\frac{10}{14}-\frac{7}{14})-0.45\times\frac{20}{9}=\frac{9}{7}\div\frac{3}{14}-\frac{9}{20}\times\frac{20}{9}=\frac{9}{7}\times\frac{14}{3}-1=$ $6-1=\mathbf{5}$

(7)　$\frac{7}{37}$＝7÷37＝0.189189…となり，小数第1位以降，1，8，9の3つの数字をこの順にくり返す。よって，23÷3＝7余り2より，小数第23位の数字は7回目のくり返しのあとの2つ目の数だから，**8**である。

(8)　1から50までの整数のうち，2で割り切れる整数は50÷2＝25(個)，3で割り切れる整数は，50÷3＝16余り2より，16個，2でも3でも割り切れる整数は2と3の最小公倍数6の倍数だから，50÷6＝8余り2より，8個ある。よって，2または3で割り切れる整数は25＋16－8＝**33**(個)ある。

(9)　定価の3割引きは定価の1－0.3＝0.7(倍)だから，定価は4200÷0.7＝**6000**(円)である。

(10)　**【解き方】(平均点)×(回数)＝(合計点)となる。**

5つのテストの合計点は90×5＝450(点)であり，1つのテストを除くと平均点は90＋3＝93(点)になったので，この4つのテストの合計点は93×4＝372(点)である。よって，除いたテストの点数は450－372＝**78**(点)

(11)　**【解き方】水を取り出す前後で，容器Aと容器Bに入っている水の量の差は変わらないことを利用する。**

残った水の量の比の数の差5－1＝4が1500－500＝1000(g)である。よって，容器Bに残った水の量は1000×$\frac{1}{4}$＝250(g)だから，容器から取り出した水の量は500－250＝**250**(g)である。

(12)　**【解き方】右図のように補助線を引く。**

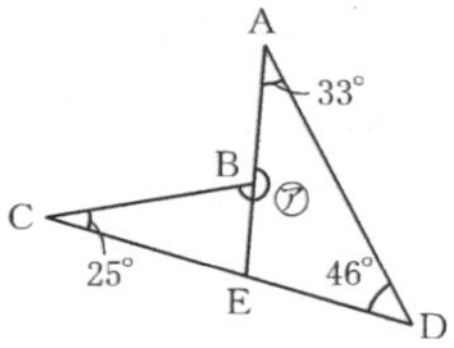

三角形AEDにおいて，三角形の1つの外角は，これととなり合わない2つの内角の和に等しいから，角CEB＝角EDA＋角DAE＝46°＋33°＝79°

三角形BCEの内角の和より，角EBC＝180°－(25°＋79°)＝76°

よって，角㋐＝角EBC＋角ABE＝76°＋180°＝**256°**

(13)　**【解き方】右図のように補助線を引くと，直角二等辺三角形ABCは2つの直角二等辺三角形に分けられる。直角二等辺三角形は正方形を対角線で2つに分けた形であることを利用して，面積を求める。**

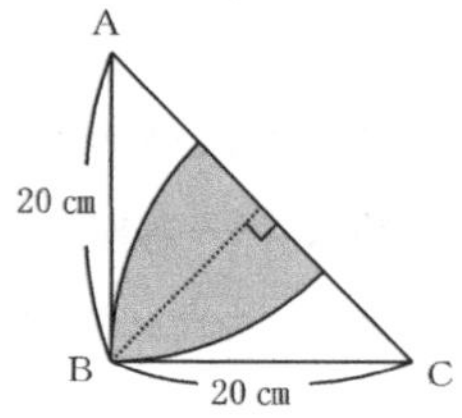

色つき部分の面積は，半径20 cm，中心角が45°のおうぎ形の面積から，対角線の長さが20 cmの正方形の面積の$\frac{1}{2}$を引いた面積が2つ分である。よって，

$\{20\times20\times3.14\times\frac{45°}{360°}-(20\times20\div2)\div2\}\times2=$**114**(cm²)

(14)　**【解き方】Oを中心とする円の円周の長さは，円すいの底面の円周の長さの2倍である。**

Oを中心とする円の円周の長さは，8×2×3.14×2＝32×3.14(cm)である。よって，Oを中心とする円の直径は32×3.14÷3.14＝32(cm)だから，OPの長さは32÷2＝**16**(cm)である。

(15)　**【解き方】回転体は右図のようになる。**

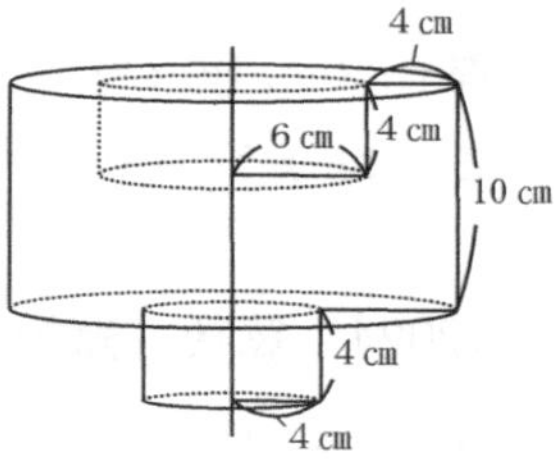

この立体の体積は，底面の半径が6＋4＝10(cm)，高さが10 cmの円柱の体積と，底面の半径が4 cm，高さが4 cmの円柱の体積の和から，底面の半径が6 cm，高さが4 cmの円柱の体積を引いた値《あたい》になる。よって，立体の体積は10×10×3.14×10＋4×4×3.14×4－6×6×3.14×4＝**2888.8**(cm³)

2 (1)　平地にかかった時間は1.2×1000÷300＝4(分)，上り坂にかかった時間は1.2×1000÷240＝5(分)，下り坂にかかった時間は1.8×1000÷360＝5(分)だから，かかった時間の合計は4＋5＋5＝**14**(分)である。

(2)　**【解き方】進む道のりが等しいとき，かかる時間の比は速さの比の逆比になる。**

上り坂と下り坂を進む速さの比は240：360＝2：3だから，同じ道のりを進むのにかかる時間の比は2：3の逆比の3：2になる。よって，上り坂にかかった時間は$25\times\frac{3}{3+2}=$**15**(分)である。

(3)①　**【解き方】行きと帰りにかかった時間の差は43分20秒－42分30秒＝50秒である。よって，上り坂と下り坂の道のりが反対になったことで，かかる時間が50秒だけ短くなったので，行きでは，上り坂の方が下り坂より長いとわかる。**

上り坂と下り坂で，同じ道のりを進むのにかかる時間の比は3：2だから，行きでは上り坂の道のりから下り坂の道のりを引いた分の道のりを進むのにかかった時間は，$50\times\frac{3}{3-2}=150$(秒)である。よって，上り坂と下り坂の道のりの差は，$240\times\frac{150}{60}=600$(m)となるから，**上り坂**が**0.6**㎞長い。

②　**【解き方】行きの下り坂の道のりを求める。行きにかかった時間から，平地にかかった時間と上り坂を0.6㎞進むのにかかった時間を引くと，同じ道のりの上り坂と下り坂を進むのにかかった時間となる。**

6㎞の平地を進むのにかかる時間は6×1000÷300＝20(分)，上り坂を0.6㎞進むのにかかる時間は150秒＝2分30秒だから，同じ道のりの上り坂と下り坂を進むのにかかった時間は43分20秒－20分－2分30秒＝20分50秒である。よって，下り坂にかかった時間は$20\frac{50}{60}\times\frac{2}{3+2}=\frac{25}{3}$(分)なので，下り坂の道のりは$360\times\frac{25}{3}=3000$(m)，つまり3㎞である。よって，上り坂の道のりは3＋0.6＝3.6(㎞)だから，家からC町までは6＋3＋3.6＝**12.6**(㎞)である。

3 (1)　三角形ＡＢＣの面積は9×12÷2＝54(㎠)だから，面ＡＢＣを床に置いたときの水面の高さは810÷54＝**15**(㎝)である。

(2)①　**【解き方】角ＡＢＧ＝90°だから，水の形は直角三角形ＡＢＧを底面とし，高さがＡＤの三角柱である。**

三角形ＡＢＧの面積は600÷20＝30(㎠)である。三角形ＡＢＧの面積について，ＡＢ×ＢＧ÷2＝30より，ＢＧ＝30×2÷ＡＢ＝60÷9＝$\frac{20}{3}$＝$\mathbf{6\frac{2}{3}}$(㎝)である。

②　**【解き方】面ＡＢＣ側から容器を見ると，右図のようになり，色つき部分は水が入っている部分である。このとき，ＡＣとＤＥは平行だから，三角形ＡＢＣと三角形ＤＢＥは形が同じで大きさが異なる三角形である。**

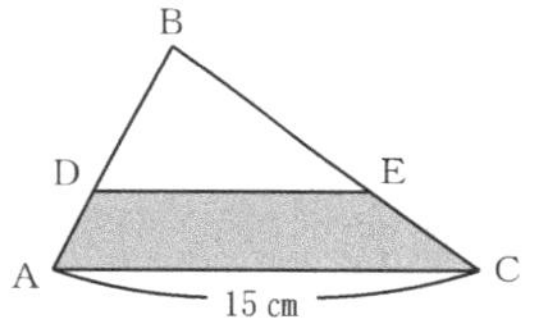

容器の容積は54×20＝1080(㎤)だから，容器の水が入っていない部分の容積は1080－600＝480(㎤)である。よって，三角形ＡＢＣと三角形ＤＢＥの面積比は1080：480＝9：4＝(3×3)：(2×2)であり，面積比は辺の長さの比を2回かけた比だから，辺の長さの比は3：2である。

三角形ＡＢＣにおいて，底辺をＡＣとしたときの高さは$54\times2\div15=\frac{36}{5}$(㎝)だから，水面の高さは$\frac{36}{5}\times\frac{3-2}{3}=\frac{12}{5}=$$\mathbf{2\frac{2}{5}}$(㎝)である。

4 (1)　93→31→16→8→4→2→1となるから，**6**回の操作で1になる。

(2)　**【解き方】1から逆算していく。(ア)は逆算すると2倍になる。(イ)はもとの数が奇数のとき，逆算すると3倍になる。(ウ)は(ア)の逆算で求めた数から1を引き，3の倍数でなければ書き出す。もっとも小さい数については，(イ)の操作によってでてくる数は無視して，出てきた数のうち小さい方のみ計算を進めていく。もっとも大きい数は1に3を7回かけた値である。**

右の逆算より，もっとも小さい数は**97**である。また，もっとも大きい数は
$1 \times 3 \times 3 \times 3 \times 3 \times 3 \times 3 \times 3 =$ **2187**である。

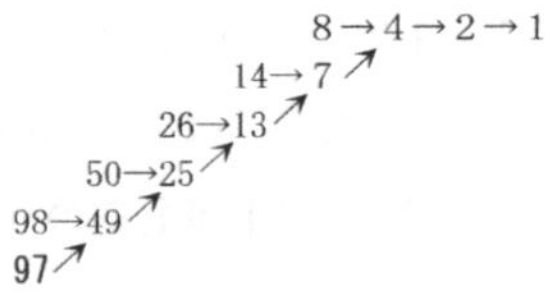

⑶　**【解き方】６で割った余りによってグループ分けして考える。６で割った余りが１の数は①，…，６で割った余りが０のグループは⑥と表す。**
このとき，グループの数字もそれぞれの操作を行ったのと同様に数字が変わる。
①と③は(ア)，(イ)，(ウ)の操作，④，⑤，⑥は(ア)か(ウ)の操作，②は(ア)の操作で現れる。よって，操作をして②になる数は１通り，①，③になる数は３通り，④，⑤，⑥になる数は３通りある。(ただし，小さい数の場合はこのルールに合わないものがある)。
５回目の操作で１になるとき，４回目の操作で必ず２か３になる。
４回目の操作で２になる場合について考えると，図１のようになり，全部で９通りある。４回目の操作で３になる場合について考えると，２回目の操作以降は図２のような結果となる。１回操作をする前後のグループの変化を表にまとめると右のようになるから，２回の操作で③になる数は３＋２＋２＝７(通り)，④になる数は３＋１＝４(通り)，⑤になる数は３＋２＝５(通り)，⑥になる数は２＋２＝４(通り)となり，７×２＋４＋５×２＋４×２＝36(通り)ある。
以上より，全部で９＋36＝**45**(通り)となる。

図１
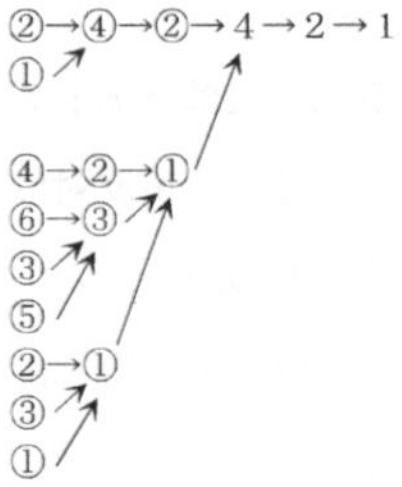

図２
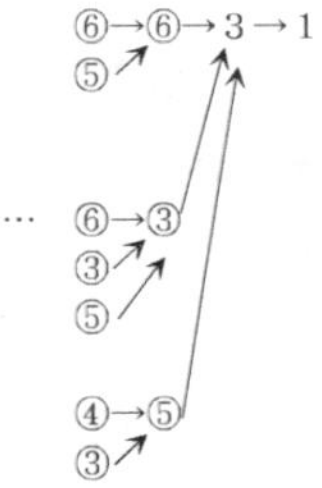

操作前	操作後
①，②，③	①
④	②
③，⑤，⑥	③
①，②	④
③，④	⑤
⑤，⑥	⑥

―《2024　社会　解説》―

1　**問１**　広島　　過去に東京，北海道洞爺湖，九州沖縄，三重県伊勢志摩でサミットが開かれたことがある。
問２　ロシア　　2014年，ロシアがウクライナ南部のクリミアに侵攻し，併合したことから，ロシアの参加資格が停止された。
問３⑴　ウ　　日本の面積は約38万㎢だから，Ｂ，Ｃ，Ｅ国が日本より面積がせまい。
⑵　カナダ＝Ｆ　イギリス＝Ｃ　　面積が広く，ＥＵに加盟していないＡとＦが，アメリカ合衆国とカナダであり，アメリカ合衆国は国連の安全保障理事会常任理事国であることから，Ｆがカナダである。常任理事国であるイギリスは，2020年にＥＵから離脱した。Ｂはドイツ，Ｄはフランス，Ｅはイタリア。
問４⑴　ア　　イは博物館・美術館，ウは裁判所，エは城跡。　**⑵**　エ　　長崎県には雲仙岳，鹿児島県には桜島がある。アは高潮，イは地震災害，ウは津波の自然災害伝承碑の位置。
問５⑴　二酸化炭素　　地球温暖化の原因の一つとされる温室効果ガスには，二酸化炭素，フロンガス，メタンガスなどがある。　**⑵**　イ　　ⓐ・Ｘは火力発電，ⓑ・Ｚは原子力発電，ⓒ・Ｙは水力発電である。2011年の東日本大震災における福島第一原子力発電所の事故を受けて，全国の原子力発電所が稼働を停止したため，2011年以降に一度発電量が０になっているⓑが原子力発電である。
問６⑴　ウ　　日本の食料自給率は，カロリーベースで38%前後，生産額ベースで66%前後である。
⑶　エ　　アは牛肉，イはコーヒー豆，ウはさけ・ます。

2 問1　1＝利根　2＝長野　3＝足尾　4＝鎌倉　1．霞ヶ浦の近くを流れ，県境となっている川は利根川である。2．浅間山は群馬県と長野県の県境にある。3．明治時代，国会議員の田中正造が足尾銅山鉱毒事件で活躍した。4．征夷大将軍に任じられた源頼朝は三方が山に囲まれ，南が海に面した鎌倉に幕府を開いた。

問2 A　記号…㋛　県庁所在地名…水戸　「霞ヶ浦」「鹿島臨海工業地域」から茨城県と判断する。

B　記号…㋐　県庁所在地名…前橋　「嬬恋地区」「キャベツの生産」などから群馬県と判断する。日本の近代化を支えた世界文化遺産は富岡製糸場である。　C　記号…㋑　県庁所在地名…宇都宮　世界文化遺産がある都市は，日光東照宮がある日光市。

問3　エ　栃木県は，大消費地である首都圏にあり，交通網も発達しているため，新鮮な牛乳を，輸送費用をあまりかけずに消費地に運ぶことができる。また，とちおとめに代表されるいちごの生産量は日本一である。Eは千葉県である。

問4　記号…ウ　都市名…岡山　晴れの日が全国で最も多いことから，この都市は降水量の少ない地域にある。そのうえでぶどうの生産量が全国第4位であることから岡山県岡山市と判断する。ぶどうは，山梨県，長野県，山形県，岡山県の生産量が多い。

問5　ウ　京葉工業地域は，化学の割合が最も高く，機械の割合が低い。アは京浜工業地帯，イは阪神工業地帯，エは中京工業地帯。

問6　ア　セメント工場は，石灰石が豊富な北九州や山口県，消費地に近い関東に多く立地する。太平洋ベルトと関東内陸に立地するイは自動車工場，全国に分布するウは半導体工場，東京から千葉にかけての沿岸部に集中するエは石油化学コンビナート。

3 問1　小野妹子　607年，隋に派遣された小野妹子は，皇帝煬帝に謁見し「日出づる処の天子…」で始まる国書を手渡した。

問2　記号…ア　語句…法隆寺　法隆寺は，世界最古の木造建築寺院として世界文化遺産に登録された。イは鹿苑寺金閣，ウは東大寺大仏殿，エは厳島神社。

問3　枯山水　石と白い砂で山や水を表現する枯山水は，京都の龍安寺の庭園などに見られる。

問4　雪舟　雪舟の水墨画として，『秋冬山水図』『天橋立図』などが知られている。

問5　イ　【C】の時代は奈良時代であり，都(平城京)は現在の奈良県にあった。都が現在の京都府にあったのは，平安時代である。

問6　鑑真　鑑真は，何度も航海に失敗し，ついには失明しながらも日本に渡り，仏教の戒律を伝えた。

問7　エ　種子島に漂着した中国船に乗っていたポルトガル人によって，鉄砲が伝えられた。アは択捉島，イは佐渡島，ウは対馬。

問8　ウ　禁教令を出したのは，江戸時代の徳川家康である。

問9　イ　平安時代中頃，かな文字を用いて，紫式部の『源氏物語』や清少納言の『枕草子』などが書かれた。アは室町時代，ウは江戸時代，エは鎌倉時代。

問10　ウ　藤原氏は，大宝律令をつくった不比等，4人の娘を天皇に嫁がせ，息子を摂政・関白にした藤原道長，

道長の子で平等院鳳凰堂を建設した藤原頼通などが知られている。アは奥州藤原氏，イは北条氏，エは平氏。

問11　4番目　A(飛鳥時代)→C(奈良時代)→E(平安時代)→F(鎌倉時代)→B(室町時代)→D(安土桃山時代)

4 問１　関税自主権　1911 年，小村寿太郎外相によって，アメリカとの間で関税自主権の回復に成功した。

問２　エ　木戸孝允について述べた文である。アは渋沢栄一，イは西郷隆盛，ウは福沢諭吉。

問３　地租改正　土地所有者に地価を定めた地券を発行し，地価の３％を現金で納めさせることとした。

問４　ノルマントン号　ノルマントン号事件は，和歌山県沖で船が沈没した際，イギリス人船長が日本人の乗客を見捨てたにもかかわらず，日本の法律で裁けなかったために軽い刑罰で済んだ事件である。これにより，領事裁判権(治外法権)の撤廃を求める声が国内で高まった。

問５　ア　富岡製糸場や大阪紡績会社が設立され，生糸の生産や綿糸の生産がさかんになった。

問６　エ　1894 年，陸奥宗光外相はイギリスとの間で日英通商航海条約に調印し，領事裁判権の撤廃に成功した。

問７　エ　日清戦争の講和条約の下関条約では，約３億１千万円の賠償金のほか，台湾・リヤオトン半島・澎湖諸島が日本領となり，清に朝鮮の独立を認めさせた。アは南樺太，イは朝鮮半島，ウは山東半島。

問８　エ　ポーツマス条約では賠償金は獲得できなかったため，日比谷焼き打ち事件が発生した。八幡製鉄所は日清戦争で得た賠償金の一部をもとにして建設された。

問９　エ　ア．誤り。残りの不平等条約の改正は「関税自主権の回復」であり，これは第一次世界大戦前の 1911 年に実現した。イ．誤り。アの解説文を参照。太平洋戦争は 1941 年に始まった。ウ．誤り。東アジアの国のうち，朝鮮とはすでに，日本に有利な日朝修好条規を結んでいて，日露戦争後には植民地としたため，対等とは言えない。

5 問１　立法権　日本国憲法で「国会は，国権の最高機関であって，国の唯一の立法機関である」と定められている。

問２　④　A．国会が制定した法律が憲法に違反していないかを審査する違憲立法審査権は，すべての裁判所がもつ権利である。B．内閣の不信任決議権は，衆議院だけにある。

問３　三権分立　フランスのモンテスキューが『法の精神』の中で三権分立を唱えた。

《2024　理科　解説》

1 問１　定かっ車は力の向きを変えるだけなので，ばねばかりの受ける力はおもりが引く力と同じ 60 g である。

問２　動かっ車を下向きに引く力は 40《かっ車の質量》＋ 60《おもりの質量》＝100(g)である。図２のとき，動かっ車の左右の糸がそれぞれ 100÷２＝50(g)ずつ上向き引いているから，ばねばかりの受ける力は 50 g である。

問３　図３のとき，動かっ車の左右の糸がそれぞれ同じ力で上向きに引いているから，動かっ車を上向きに引く力は合わせて 60×２＝120(g)である。よって，ばねばかりの受ける力は 120－ 40《かっ車の質量》＝80(g)である。

問４　図４のとき，動かっ車を３本の糸でつるしていると考えると，３本の糸がそれぞれ同じ力で上向きに引いているから，動かっ車を上向きに引く力は合わせて 60×３＝180(g)である。よって，支えることができる重さは 180－ 40《かっ車の質量》＝140(g)である。

問５　てこが水平のとき，てこをかたむけるはたらき〔おもりの質量(g)×支点からのきょり〕は左右で等しい。支点からのきょりはてこにかかれた目盛りを用いる。図５において，60 g のおもりがてこをかたむけるはたらきは 60×３＝180 だから，ばねばかりの受ける力は 180÷２＝90(g)である。図６において，60 g のおもりがてこをかたむけるはたらきは 60×３＝180 だから，ばねばかりの受ける力は 180÷４＝45(g)である。図７において，ばねばかりがてこを時計回りに回転させるはたらきは，おもりがてこを反時計回りに回転させるはたらきに等しく 60×４＝240 だから，ばねばかりの受ける力は 240÷６＝40(g)である。

問６　ばねばかりが輪じくを反時計回りに回転させるはたらきは，おもりが輪じくを時計回りに回転させるはたらきに等しく $60\times 3=180$ だから，ばねばかりの受ける力は $180\div 1=180$(g)である。

2　問１，２　ふっとうしているときに水からでてくるあわは，水が気体になった水蒸気である。

問３　氷(固体)が水(液体)に変化しているイや，水(液体)が水蒸気(気体)に変化しているエでは，加熱していても温度が上がらず一定になる。

問４　水は，液体から固体(氷)に変化すると，体積が大きくなる。飲み物には水が多く含まれているから，飲み物がこおると体積が大きくなり，容器が破裂《はれつ》するおそれがある。

問５　空気の温度を上げると，空気の体積は大きくなる。

問６　0℃で 1000mL の酸素は，温度が1℃変化すると体積は $1000\div 273=\frac{1000}{273}$(mL)変化する。　①0℃から温度を 20℃上げると，体積は $1000+\frac{1000}{273}\times 20=1073.2\cdots\rightarrow 1073$mL になる。　②③0℃から温度を $1000\div\frac{1000}{273}=273$(℃)下げると体積は計算上0mLになる(1000mL小さくなる)と考えられる。

3　問１　ヨウ素液はデンプンに反応して青紫《あおむらさき》色になる。

問２　だ液のはたらきによって，デンプンが糖に分解される。したがって，デンプンがあるとき(ヨウ素液が変化ありのとき)，糖はなく(ベネジクト液は変化なし)，デンプンがないとき(ヨウ素液が変化なしのとき)，糖はある(ベネジクト液は変化あり)。

問３　水を入れた(だ液を入れなかった)Cではデンプンが残り，だ液を入れたDでは糖ができている。

4　問１　ウ×…黒ウンモにふくまれる鉄が酸素とむすびついて鉄さびができる。これは化学的風化作用である。

問２　化学的風化作用は，空気中に水蒸気が多く含まれる気候で起こりやすい。

問３②　カルスト地形は，石灰岩が雨水にとけることによってつくられるから，化学的風化作用によってつくられた地形である。

2023 解答例 令和５年度　照曜館中学校

《国　語》

一　問一．ａ．予報　ｂ．背負　ｃ．強引　問二．Ａ．ア　Ｂ．エ　Ｃ．イ　Ｄ．ウ　問三．ア　問四．エ　問五．友だちの意見を素直に聞いて、機嫌を直すところ。　問六．家族に直接説明することもなく、長い期間家に帰って来ないこと。　問七．ウ　問八．イ　問九．雨のために迎えに来た瀬奈と一緒に並んで帰る特別な時間を過ごすこと。　問十．エ　問十一．ア

二　問一．ａ．そしつ　ｂ．あたい　ｃ．あざ　問二．Ⅱ　問三．ことばを文～しないこと　問四．ア　問五．Ａ．イ　Ｂ．エ　Ｃ．ア　問六．土を掘り返す動作と、ぬか床をかき混ぜるおかあさんの動作が似ていると思ったから。　問七．将来の準備をする　問八．ウ　問九．ウ

三　問一．Ａ．イ　Ｂ．ウ　Ｃ．ア　Ｄ．イ　問二．エ　問三．ア　問四．エ　問五．ウ　問六．写真の印象と全く違っていたということ。　問七．ア．やさしい人　イ．急に怒り出したりしない　問八．エ　問九．コンセントが書類で隠れていたこと。　問十．ア　問十一．今思え～出す。

《算　数》

1　(1)9　(2)3.1　(3)26.4　(4)24　(5)103　(6)$\frac{3}{4}$　(7)10　(8)120　(9)8　(10)400　(11)24　(12)100　(13)$1\frac{5}{7}$　(14)8　(15)75.36

2　(1)6000　(2)30　(3)1500　(4)7.5

3　(1)21　(2)144　(3)8

4　(1)$1\frac{1}{2}$　(2)213　(3)72

《社　会》

1　問１．ウ　問２．ウ　問３．(1)記号…エ　国名…インド　(2)ＡＩ　問４．ユーラシア　問５．関税　問６．(1)ア　(2)イ　問７．(1)記号…ア　筑紫　(2)二毛作　問８．(1)ウクライナ　(2)エ

2　問１．(1)兵庫　(2)徳島　(4)新潟　【３】アイヌ　問２．Ａ．エ　Ｂ．ウ　Ｃ．イ　問３．135　問４．イ　問５．(1)イ　(2)バイオマス　問６．府県名…奈良(県)　記号…オ

3　問１．Ａ．北条政子　Ｂ．行基　Ｃ．徳川家光　Ｄ．豊臣秀吉　問２．イ　問３．奉公　問４．渡来人　問５．エ　問６．ウ　問７．ア→ウ→イ　問８．石見　問９．ア　問10．５

4　問１．ア→イ→ウ　問２．福沢諭吉　問３．西郷隆盛　問４．大阪(府)

5　問１．基本的人権　問２．ウ　問３．(1)ア　(2)育児・介護休業　問４．エ　問５．消費

《理　科》

1 問1．A．20　B．20　C．20　問2．A．12.5　B．25　問3．A．12.5　B．25
問4．A．10　B．10　問5．A．10　B．10　問6．60　問7．60

2 問1．ろ過　問2．まちがい1…ろうとの先端をビーカーの壁面につける。　まちがい2…ガラス棒を使って，液体を注ぐ。　問3．(1)18.6　(2)うす口しょうゆ　問4．空気

3 問1．1，2　問2．発芽しない　問3．条件…水　2，4　条件…空気　3，5　問4．最後に赤色の光を当てること。　問5．ア，ウ　問6．水をあたえて，日光が当たる場所におく。

4 問1．ウ　問2．エ　問3．ア　問4．A．12　B．24　C．半分　問5．ア，ウ

2023 解説 令和5年度 ▶ 照曜館中学校

《2023 国語 解説》

一 **問三** 「いまあたしも聞いてたよ」は、瀬奈《せな》もテレビの天気予報を聞いていたから、みこちゃんに「傘《かさ》わすれないでね」と言われなくてもわかっているという意味である。瀬奈は、それを「心の中でつぶやきながらも、『わかった』と答える」。それは、「みこちゃんの朝のお約束みたいなものだから」、あきあきしているし、「おチビあつかいでちょっとムカつくけど」、受け入れているということ。よってアが適する。

問四 「くーちゃんは～少しうねっている前髪《まえがみ》をひっぱった。『今日、ぜーったい雨降るよ』くーちゃんは～雨を察知《さっち》できる～髪《かみ》の毛の調子で」「雨の日、くーちゃんの髪はいつもより一・五倍増しで広がるし、うねる。でもおしゃれなくーちゃんは、雨を察知すると、広がってきた髪を編みこみにしたり、お団子ヘアにしてのりきっている。ただ、前髪のうねりだけはどうしようもないみたい」とある。雨の日に、広がってうねる髪を整えるために繰《く》り返される面倒《めんどう》ごとへの落胆《らくたん》から、「大きなため息」をついたとわかる。よってエが適する。

問五 くーちゃんは、雨の日の前髪のことで「憂鬱《ゆううつ》そうな顔」をしていたが、瀬奈が「くーちゃんみたいにふわっとしたウエーブ、憧《あこが》れるけど」と言うと、機嫌《きげん》を直し、「まんざらでもなさそう」だった。「こういう素直で単純なところが～いいところ」なのだ。

問六 保育園に迎《むか》えに来るはずの父親が「ものすごく大事なお仕事で外国へ行って、しばらく帰ってこれない」ことになったとみこちゃんから聞いた場面を回想している。そんな大切なことを家族に直接説明しないなんて「ヘン」だといまならわかるということ。

問七 「そんな話」とは、瀬奈の父親が「車で死亡事故を起こして」刑務所《けいむしょ》にいることについて、「雨で視界が悪かったんでしょ」「急いでいたんでしょうけどねぇ」「保育園のお迎えくらい、だれかに頼《たの》めなかったのかしら」という会話を指す。よってウが適する。

問八 「こうする」は、「家中～の電気をつけて、テレビもつける」ということ。そうすると部屋が明るくなり、音もして、沈《しず》んでしまった気持ちが少し紛《まぎ》れるのである。よってイが適する。

問九 6～7行前の「お迎えに来てくれるとなんだかすごく嬉《うれ》しくて。ほんの数分、二人で並んで歩く時間はちょっと特別だった」は、瀬奈の気持ち。瀬奈は、みこちゃんも同じように喜んでくれることを期待している。

問十 「そんなこと」は、「雨のにおいには敏感《びんかん》だ」ということ。みこちゃんがそれを聞くと、瀬奈はお父さんが帰ってこなくなったことと雨のにおいが結びついていると考えて気づかい、また別の物語を用意するかもしれない。瀬奈は、もうみこちゃんに自分のためにうそをつかせたくないと思っている。よってエが適する。

二 **問二** 2～5行目の会話は、「自分の知っていた意味ではない意味でそのことばが使われているのかもしれない、ということに気づかず、とんちんかんなことをよく」言う例である。12～13行目の会話は、ぬけている文の「これも子どもがことばを自分で知っている意味でむりやり考えてしまい、とんちんかんな受け答えをしている例」として当てはまる。よってⅡが適する。

問三 この「弱点」は、「子どものことば」の弱いところ、未熟なところ。朝日新聞の例を二つ挙げた後、「小さい子ども」は「ことばを文字通りの意味のみで理解し、それから外れた比喩《ひゆ》的な意味は理解しない」とし、「味」を文字通り「舐《な》めてわかる『味』」とだけとらえ、「『味』の比喩の意味」がわからないと述べている。

問四 「『味』の比喩の意味」、「味わい」の意味で使われているものとして、アが適する。

問六 ──線部⑤の2～4行後に、「ぬか床《どこ》を『耕す』と言った女の子も～土を掘《ほ》り返す動作とぬか床をかき混ぜる動作が『似ている』と思って使ったのではないか」と述べられている。

問七　大人が「『耕す』を田畑を耕すことを表す以外にも使っている」例が――線部④である。また、「おかあさんが漬物《つけもの》のぬか床をかき回している時に『たがやしてるの？』と言った」女の子は、「『耕す』という語が持つ『将来の準備をする』という部分を理解してこのことばを使ったわけではなく～動作が『似ている』と思って使ったのではないかと思います」とある。「将来の準備をする」という意味も――線部④を説明する語句となる。

問八　次の段落の「（プロの文筆家などの）大人のことばの熟練《じゅくれん》者は～それが熟達した表現者でしょう」から読み取る。アの「子どものころの創造性を追い求め」、イの「正解を考え出す喜び」、エの「読み終わった後の充実《じゅうじつ》感」は適さない。よってウが適する。

問九　「大人のことばの熟練者は、慣習的なことばがあることを知った上で、あえて普通《ふつう》には言わない表現をします」「子どもの感性はそのままに、たくさんのことばのレパートリーを持ち、一つ一つのことばの意味を熟知した上で新しい表現を紡《つむ》ぎだす。それが熟達した表現者でしょう」とある。大人でも「言語の決まりや慣習になれてしまい、創造性を失ってしま」わないように、「ことばに対する関心を持ち続け、ことばの意味の探究を続けて、感性を磨《みが》いて」いくことはできる。よってウが正解。

三　**問二**　「高校を卒業してから東京の私立大学に進学し」「『都会』を肌《はだ》で感じ」とあることから、エが適する。「気後れ」とは「圧倒《あっとう》されてひるんでしまうこと」。

問三　仕事で入る部屋に飾《かざ》られている写真を見るだけで、「悪いことをするわけ」ではないが、写真にはデスクの主と家族のプライバシーが含《ふく》まれており、それを見ることに抵抗《ていこう》を感じたからである。よってアが適する。

問四　「家族の写真」に写る「一人一人の柔和《にゅうわ》な笑顔が、円満で幸せな家庭を物語っていた」。また、子供の描《か》いた絵が壁《かべ》に貼《は》ってあることから、この部屋の主は、「子煩悩《こぼんのう》な人」らしいと思った。よってエが適する。

問五　直前に「知り合いの叔父《おじ》さんに出くわしたような」とある。いつも写真で顔を見て、親しみを感じていたのである。「顔がほころぶ」は、表情がやわらいで笑顔になること。よってウが適する。

問六　写真から受けていた印象とは全く違《ちが》う別人のようだったということ。

問七　「一方的に抱《いだ》いていた好意」とは、「私」が写真からの印象だけで、部屋の主のことを、柔和で子煩悩なやさしい人で、急に怒《おこ》り出したりしないと思いこんでいたということ。「過信《かしん》」とは、信用しすぎること。

問八　部屋の主は、「私」が書類に触《さわ》ろうとしたのは、書類にコンセントが隠《かく》されていたからだと気付けば、理由を確かめずに怒鳴《どな》ったことを後悔《こうかい》すると考えられる。よってエが適する。

問九　「あとで書類に隠されたコンセントに気付いた」の後に、「それとも～だろうか」と続くので、反対にコンセントが書類で隠れていたこと「を承知した上での台詞《せりふ》だったのだろうか」という文脈になる。

問十　「私」は、「他の部屋にはない人間味を感じ」、「知らず知らずこの部屋の主人に好意をいだいて～どの部屋より丁寧《ていねい》に、掃除機をかけ」ていた。しかし、実際に会ったこの部屋の主は、写真の印象とは全く別人だった。筆者のショックと傷ついた心を「汚《よご》れ物のかごの中で小さく丸まってい」る作業着に象徴的《しょうちょうてき》に描いている。よってアが適する。

問十一　本文は、筆者が学生時代にアルバイトで体験したことを、出かけてから帰るまでの時間の流れに沿って描いているが、最後から３・４段落の「今思えば、なぜあの時～この時のことを思い出す。」に今の気持ちが挿入《そうにゅう》されている。

《2023　算数　解説》

1 (1) 与式＝24÷８×３＝３×３＝**9**

(2) 与式＝8.5−5.4＝**3.1**

(3) 与式＝1.32×10×5.5−1.32×35＝1.32×55−1.32×35＝1.32×(55−35)＝1.32×20＝**26.4**

(4) 与式＝$(12-\frac{7}{3}\times\frac{24}{7})\times\frac{3}{2}\times4=(12-8)\times\frac{3}{2}\times4=4\times\frac{3}{2}\times4=$**24**

(5) 与式より，(□＋22)÷５−15＝70÷７　　(□＋22)÷５＝10＋15　　□＋22＝25×５　　□＝125−22＝**103**

(6) 与式＝$\{\frac{33}{10}-\frac{84}{100}\div(\frac{7}{5}-\frac{105}{100})\}\div(\frac{31}{20}-\frac{35}{100})=\{\frac{33}{10}-\frac{84}{100}\div(\frac{140}{100}-\frac{105}{100})\}\div(\frac{31}{20}-\frac{7}{20})=(\frac{33}{10}-\frac{84}{100}\times\frac{100}{35})\times\frac{20}{24}=$
$(\frac{33}{10}-\,-\frac{84}{35})\times\frac{5}{6}=(\frac{231}{70}-\frac{168}{70})\times\frac{5}{6}=\frac{63}{70}\times\frac{5}{6}=$**$\frac{3}{4}$**

(7) 一の位のカードが０か２であれば偶数になる。一の位のカードが０のとき，百の位のカードの選び方は１か２か３の３通り，十の位のカードの選び方は０と百の位のカードをのぞく２通りだから，偶数は３×２＝６(個)できる。一の位のカードが２のとき，百の位のカードの選び方は１か３の２通り，十の位のカードの選び方は２と百の位のカードをのぞく２通りだから，偶数は２×２＝４(個)できる。よって，求める個数は，６＋４＝**10**(個)

(8) ＡがＢに初めて追いつくのは，ＡがＢより１周分＝1560ｍ多く進んだときである。１分でＡはＢより85−72＝13(ｍ)多く進むから，求める時間は，1560÷13＝**120**(分後)

2) 48　56　72
2) 24　28　36
2) 12　14　18
　　6　7　9

(9) 48と56と72の最大公約数を求めればよい。３つ以上の数の最大公約数を求めるときは，右のような筆算を利用する。３つの数を割り切れる数で次々に割っていき，割った数をすべてかけあわせれば最大公約数となる。よって，求める子どもの人数は，２×２×２＝**8**(人)

(10) **【解き方】食塩水の問題は，うでの長さを濃度《のうど》，おもりを食塩水の重さとしたてんびん図で考えて，うでの長さの比とおもりの重さの比がたがいに逆比になることを利用する。**

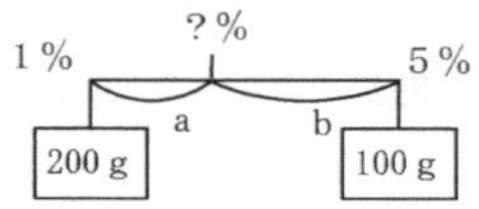

右のようなてんびん図がかける。ａ：ｂは，食塩水の量の比である200：100＝２：１の逆比に等しくなるので，ａ：ｂ＝１：２となる。これより，ａ：(ａ＋ｂ)＝１：３となるから，ａ＝(５−１)×$\frac{1}{3}=\frac{4}{3}$(％)なので，１％の食塩水と５％の食塩水を混ぜてできる食塩水の濃度は，$1+\frac{4}{3}=\frac{7}{3}$(％)　　水を０％の食塩水と見て，右のてんびん図を利用すると，ｃ：ｄ＝(１−０)：($\frac{7}{3}$−１)＝３：４である。この逆比が食塩水の量の比に等しいから，水と$\frac{7}{3}$％の食塩水の量の比は４：３で，水の量は，$300\times\frac{4}{3}=$**400**(ｇ)

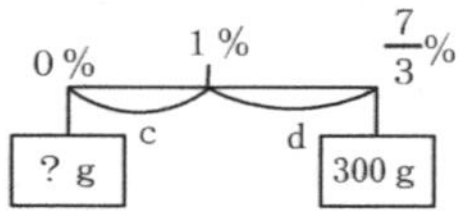

(11) ８人で全ての仕事を終えるには，10×４＝40(日)かかる。１人が１日でする仕事量を１とすると，全体の仕事量は８×40＝320になるから，20人で全ての仕事を終えるのにかかる日数は，320÷20＝16(日)で，８人で終えるより，40−16＝**24**(日)早く終わる。

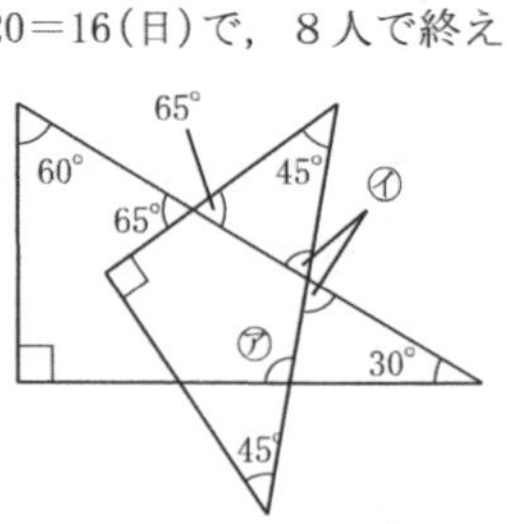

(12) 右図のように記号をおく。三角形の内角の和は180°だから，角㋑＝180°−(45°＋65°)＝70°　　三角形の外角は，となり合わない２つの内角の和に等しいから，角㋐＝70°＋30°＝**100°**

(13) 三角すいの底面を三角形ＡＢＤとみると，底面積は２×４÷２＝４(㎠)，高さはＡＥ＝６㎝だから，体積は，４×６÷３＝８(㎤)　　したがって，三角形ＢＤＥを底面としたときの高さを□㎝とすると，体積を求める式は，14×□÷３＝８となるから，□＝８×３÷14＝$\frac{12}{7}=1\frac{5}{7}$
よって，求める高さは**$1\frac{5}{7}$**㎝である。

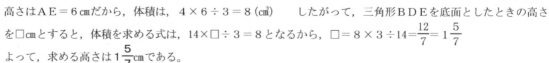

⒁　1辺が4cmの正方形から半径が4cmで中心角が90°のおうぎ形をのぞいた形の面積と，葉っぱ型の図形2つ分の面積の和を求めればよい。半径が4cmで中心角が90°のおうぎ形の面積は，

$4\times4\times3.14\times\frac{90°}{360°}=12.56$(cm²)　右の「葉っぱ型の図形の面積」を利用すると，葉っぱ型2つ分の面積は，$\frac{4}{2}\times\frac{4}{2}\times0.57\times2=4.56$(cm²)

よって，求める面積は，$4\times4-12.56+4.56=$ **8** (cm²)

葉っぱ型の図形の面積

右の斜線部分の面積は，

(円の$\frac{1}{4}$の面積)×2－(正方形の面積)＝

$(1\times1\times3.14\times\frac{1}{4})\times2-1\times1=0.57$ だから，

(葉っぱ型の面積)＝(正方形の面積)×0.57

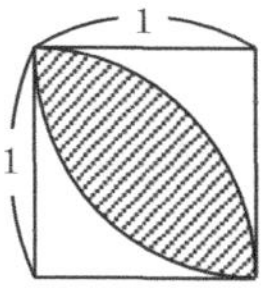

⒂　右図のように平行四辺形の辺を延長すると，平行四辺形の上にできる底辺が2cmの白い直角三角形と，底辺が2＋2＝4(cm)の大きな直角三角形は同じ形の三角形で，辺の比は2：4＝1：2だから，□cm＝3cmとわかる。色のついている部分を回転させてできる立体は，底面の半径が4cmで高さが6cmの円すいから，底面の半径が2cmで高さが3cmの円すいを2つのぞいた形になるから，求める体積は，

$4\times4\times3.14\times6\div3-2\times2\times3.14\times3\div3\times2=$ **75.36** (cm³)

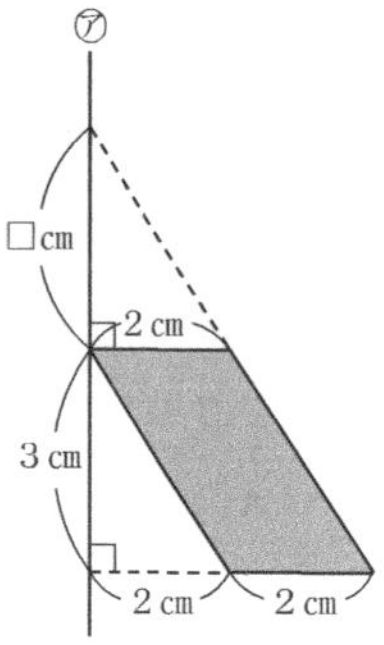

2　⑴　6分で[あ]に水面の高さ30cm分の水が入る。その水の体積は，40×30×30＝36000(cm³)だから，1分に注がれる水の量は，36000÷6＝**6000**(cm³)

⑵　18－6＝12(分間)は[あ]の水面が上がっていないから，12分間で[い]に水面の高さ30cm分の水が入ったとわかる。12分で入る水は6000×12＝72000(cm³)だから，[い]に入った水の体積は72000cm³で，[い]の底面積は72000÷30＝2400(cm²)　よって，水そうの底面積は40×30＋2400＝3600(cm²)，容積は3600×50＝180000(cm³)だから，水そうがいっぱいになるのは，水を入れ始めて，180000÷6000＝**30**(分後)

⑶　**【解き方】水を入れ始めてから21分から37分のグラフに注目する。**

21分から37分までで水面の高さは50－30＝20(cm)上がったから，水そうの水は，3600×20＝72000(cm³)増えた。37－21＝16(分間)で水そうに注がれた水は，6000×16＝96000(cm³)だから，16分で96000－72000＝24000(cm³)の水が排水されたことになる。よって，1分間で排水される水の量は，24000÷16＝**1500**(cm³)

⑷　**【解き方】水を入れ始めてから6分から21分の間で排水が何分間されたかを考えて穴の位置を求める。**

21－6＝15(分間)で水そうに注がれた水は，6000×15＝90000(cm³)　[い]の水面の高さ30cm分の体積が72000cm³だから，90000－72000＝18000(cm³)が排水されたことがわかる。⑶より，排水される水は1分で1500cm³だから，排水された時間は，18000÷1500＝12(分間)　したがって，[い]に水が入り始めて15－12＝3(分後)に排水され始めたから，そのときの水面の高さは，6000×3÷2400＝7.5(cm)　よって，穴の高さは底面から**7.5**cmにある。

3　⑴　3回目の操作の後は「1，5，4，7，3，8，5，7，2，9，7，12，5，13，8，11，3」となるから，4回目の操作の後，最も大きい数字は，13＋8＝**21**である。

⑵　**【解き方】となりあう数の中で和が最も大きくなる2つの数だけ見ていく。**

1回目の操作の後「1，2，1，2，1」となるから，「1，2」だけ見ると，2回目の操作の後は「1，3，2」となる。1と3の和より3と2の和の方が大きいから，「3，2」を見ると，3回目の操作の後は「3，5，2」となる。「3，5」は4回目の操作の後「3，8，5」になり，「8，5」は5回目の操作の後「8，13，5」になり，「8，13」は6回目の操作の後「8，21，13」になり，「21，13」は7回目の操作の後「21，34，13」になり，「21，34」は8回目の操作の後「21，55，34」になり，「55，34」は9回目の操作の後「55，89，34」になる。「55，89」は10回目の操作の後「55，144，89」となるから，10回目の操作の後，最も大きい数字は**144**である。

⑶ **【解き方】２とＡの和よりＡと３の和の方が大きいので，⑵と同じように考えて，「Ａ，３」を見ると，１回目の操作で「Ａ，Ａ＋３，３」になるから，Ａが３より小さい場合と，大きい場合にわけて考える。**

Ａ＜３のとき，ＡとＡ＋３の和よりＡ＋３と３の和の方が大きい。

「Ａ＋３，３」は２回目の操作の後「Ａ＋３，Ａ＋６，３」，

「Ａ＋３，Ａ＋６」は３回目の操作の後「Ａ＋３，Ａ×２＋９，Ａ＋６」，

「Ａ×２＋９，Ａ＋６」は４回目の操作の後「Ａ×２＋９，Ａ×３＋15，Ａ＋６」，

「Ａ×２＋９，Ａ×３＋15」は５回目の操作の後「Ａ×２＋９，Ａ×５＋24，Ａ×３＋15」，

「Ａ×５＋24，Ａ×３＋15」は６回目の操作の後「Ａ×５＋24，Ａ×８＋39，Ａ×３＋15」，

「Ａ×５＋24，Ａ×８＋39」は７回目の操作の後「Ａ×５＋24，Ａ×13＋63，Ａ×８＋39」になる。

このとき最も大きい数は，Ａ×13＋63だから，Ａ×13＋63＝207より，Ａ＝(207－63)÷13＝11.07…で，Ａ＜３にならないから適当ではない。

Ａ≧３のとき，ＡとＡ＋３の和の方がＡ＋３と３の和の方より大きい。

「Ａ，Ａ＋３」は２回目の操作の後「Ａ，Ａ×２＋３，Ａ＋３」，

「Ａ×２＋３，Ａ＋３」は３回目の操作の後「Ａ×２＋３，Ａ×３＋６，Ａ＋３」，

「Ａ×２＋３，Ａ×３＋６」は４回目の操作の後「Ａ×２＋３，Ａ×５＋９，Ａ×３＋６」，

「Ａ×５＋９，Ａ×３＋６」は５回目の操作の後「Ａ×５＋９，Ａ×８＋15，Ａ×３＋６」，

「Ａ×５＋９，Ａ×８＋15」は６回目の操作の後「Ａ×５＋９，Ａ×13＋24，Ａ×８＋15」，

「Ａ×13＋24，Ａ×８＋15」は７回目の操作の後「Ａ×13＋24，Ａ×21＋39，Ａ×８＋15」になる。

このとき最も大きい数は，Ａ×21＋39だから，Ａ×21＋39＝207より，Ａ＝(207－39)÷21＝**8**

これは，Ａ≧３だから，条件に合う。

4 ⑴ 三角形ＧＬＩと三角形ＧＢＣは同じ形の三角形だから，ＬＩ：ＢＣ＝ＧＩ：ＧＣ＝２：８＝１：４である。

よって，ＩＬ＝ＣＢ$\times\frac{1}{4}$＝６$\times\frac{1}{4}$＝$\frac{3}{2}$＝**$1\frac{1}{2}$**(cm)

⑵ ⑴より，ＧＬ：ＧＢ＝ＧＩ：ＧＣ＝１：４だから，ＬＢ：ＧＢ＝(４－１)：４＝３：４

したがって，ＬＢ＝ＧＢ$\times\frac{3}{4}$＝$\frac{15}{2}$(cm)　図２を，台形ＬＢＣＩを底面とする四角柱とみると，底面積は，

$(\frac{3}{2}+6)\times(8-2)\div2=\frac{45}{2}$(cm²)　側面を展開すると，縦がＡＢ＝８cm，横がＢＣ＋ＣＩ＋ＩＬ＋ＬＢ＝

$6+6+\frac{3}{2}+\frac{15}{2}$＝21(cm)の長方形になるから，側面積は，８×21＝168(cm²)

よって，求める表面積は，$\frac{45}{2}\times2+168$＝**213**(cm²)

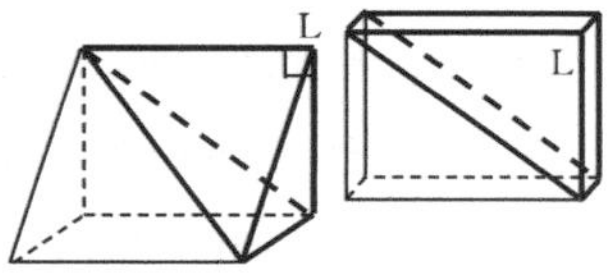

⑶ **【解き方】切断した立体を，点Ｋ，Ｌを通り，面ＪＤＣＩと平行な面でわけると，右図の太線で囲んだような直方体を半分にした立体と三角すいになる。**

直方体の半分の体積は，$\frac{3}{2}\times8\times6\div2$＝36(cm³)　三角すいの体積は，

$\{(6-\frac{3}{2})\times6\div2\}\times8\div3$＝36(cm³)　よって，求める体積は，36＋36＝**72**(cm³)

《2023　社会　解説》

1 **問１** 世界の人口は2011年に70億人を超え，2023年現在は約80億人であり，2058年には100億人を超えるとされている。

問２ 排他的経済水域は，沿岸から200海里までの海域のうち，領海を除く範囲である。島国で離島が多い日本の排他的経済水域は，国土面積の割に広い。中国の国土面積は日本より広いが，海に面しているのが東側のみであり，

排他的経済水域は日本よりせまい。

問3(1)　[1]に入る国名は，会話文中の「(人口が)中国をぬいて世界一」より，インドと判断する。インドは人口増加が続き，2022 年現在，人口は 14 億人を超えており，人口が減少し始めた中国をぬいて，2023 年のうちに世界一になるとされている。表１で中国以外の国に注目すると，インド・パキスタンと続くアは綿織物の生産量，ドイツがふくまれるイは自動車の生産台数，インド・日本と続くエが鉄鋼の生産量であり，残ったウは二酸化炭素の排出量である。　(2)　Artificial Intelligence(＝人工知能)の略である。

問6(1)　会話文中に「ターリエン市は～リャオトン半島にある」とあることから判断する。イはチンタオ，ウはシャンハイ，エはホンコン。　(2)　製造品出荷額が２番目に多いイが福岡県である。森林率が最も低く，製造品出荷額が最も多いアは大阪府，森林率が最も高いエは秋田県，残ったウは佐賀県。

問7(1)　九州最大の河川＝筑後川，干拓地で知られる海＝有明海である。　(2)　同じ作物を年に２回栽培・収穫する二期作と間違えないようにしよう。

問8(2)　Ⅱ．ＮＡＴＯは北大西洋条約機構の略である。東西冷戦時代，アメリカを中心とした資本主義諸国は北大西洋条約機構，ソ連(現ロシア)を中心とした社会主義諸国はワルシャワ条約機構という軍事同盟をつくって対立した。

[2] **問1**(1)(2)　本州四国連絡橋のうち，明石海峡大橋は兵庫県の神戸市と兵庫県の淡路島を結び，大鳴門橋が淡路島と徳島県鳴門市を結ぶ(神戸－鳴門ルート)。本州四国連絡橋はほかに，瀬戸内しまなみ海道(尾道－今治ルート)，瀬戸大橋(児島－坂出ルート)がある。

問2　A.「標準時子午線」「巨大地震」「たまねぎ」などから淡路島である。B.「日本最北端」などから択捉島である。C.「金山」「かつて国内一の産出量」などから佐渡島である。

問4　ロードマップではなく，ハザードマップである。

問5(1)　Xは北海道・佐賀県・兵庫県より，たまねぎの生産，Yは広島県・宮城県より，かきの養殖，Zは佐賀県・兵庫県より，のりの養殖である。福岡県と佐賀県に面した有明海では，のりの養殖がさかんである。

(2)　バイオマスとは，動植物などから生まれた生物資源の総称である。

問6　日本で最初に登録された世界遺産＝「法隆寺地域の仏教建造物」，かつて日本の都＝平城京・藤原京，霊場と参詣道＝「紀伊山地の霊場と参詣道」，有名な杉＝吉野杉である。

[3] **問1**　A.「源頼朝の妻」などから北条政子である。　B.「仏教」「土木工事」「大仏づくり」などから行基である。C.「祖父(家康)や父(秀忠)」などから徳川家光である。　D.「堺・博多・長崎などの都市や，鉱山を直接支配」「宣教師の国外追放」などから豊臣秀吉である。

問2　応仁の乱は，室町幕府の８代将軍の足利義政のあとつぎ問題と，管領をめぐる守護大名の争いからおきた戦いである。源頼朝の命を受け，源義経が壇ノ浦の戦いで平氏と戦って勝利し，平氏を滅ぼした。

問3　御家人たちが将軍や幕府のためにすることを奉公，将軍や幕府が，奉公した御家人に恩賞を与えることを御恩とよんだ。

問4　渡来人は，仏教・儒教・機織りの技術・須恵器の製法などを日本にもたらした。

問5　ア．大宝律令は藤原不比等・刑部親王らによって作成された。イ．元明天皇についての記述。ウ．聖徳太子についての記述。

問6　徳川家康は，将軍職を代々徳川氏が受け継《つ》ぐことを諸大名に示すため，みずから将軍職を辞し，子の秀忠を将軍職に就けさせた。家康は駿府に移り，大御所として実権をにぎり続けた。

問7　ア(1635 年)→ウ(1637 年)→イ(1639 年　ポルトガル船の来航禁止)　徳川家光の治世の頃に島原・天草一揆

が起き，その後ポルトガル船の来航が禁止され，オランダ商館が出島に移された流れを理解していれば判断できる。

問９　金閣を建てたのは，室町幕府３代将軍の足利義満である。足利義満はほかにも，南北朝を統一したこと，日明貿易(勘合貿易)を始めたことなどで知られている。

問10　Ｅにあてはまる人物は，江戸時代中期に国学を大成した本居宣長である。Ｂ(奈良時代)→Ａ(鎌倉時代)→Ｄ(安土桃山時代)→Ｃ(江戸時代前期)→Ｅ(江戸時代中期)

4　問１　ア(1866 年)→イ(1867 年)→ウ(1869 年)　幕末～明治維新期の出来事の流れを理解していれば判断できる。

問２　福沢諭吉は，「学問のすゝめ」を著したことでも知られている。

問３　「新政府内での意見が対立(＝征韓論)」「士族が起こした最大の反乱(＝西南戦争)」などから西郷隆盛である。

問４　写真に写るのは「太陽の塔」である。万博跡地は現在，万博記念公園になっている。

5　問２　核家族は，夫婦のみ・夫婦とその子ども・父または母とその子どもで構成される家族形態である。

問３(1)　グラフより，2017 年の 65 歳以上人口の割合は 27%程度であり，30%は超えていない。人口全体に占める 65 歳以上の人の割合を高齢化率といい，高齢化率が７%を超えると高齢化社会，14%を超えると高齢社会，21%を超えると超高齢社会と呼ぶ。

問４　エは内閣の仕事である。

問５　2022 年現在，テイクアウトをふくむ食料品などの消費税率は８%(軽減税率)であり，そのほかは 10%である。

《2023　理科　解説》

1　問１　ばねののびはおもりの重さに比例する。表より，Ａは120－60＝60(ｇ)で50－35＝15(cm)のびるから，自然の長さは60ｇのときの35cmより15cm短い20cmである。同様に考えると，Ｂの自然の長さは60ｇのときよりも80－50＝30(cm)短い20cm，Ｃの自然の長さは60ｇのときよりも40－30＝10(cm)短い20cmである。

問２　問１解説より，Ａは60ｇで15cmのびるから，50ｇでは$15\times\frac{50}{60}=12.5$(cm)のびる。同様に，Ｂは60ｇで30cmのびるから，50ｇでは$30\times\frac{50}{60}=25$(cm)のびる。

問３　図１のようにばねを直列につなぐと，それぞれのばねに50ｇの重さがかかるから，ばねののびは問２と同じである。

問４　図２のようにばねを並列につなぐと，おもりの重さは２本のばねに分かれてかかり，２本のばね全体の長さは同じになる。問１解説より，同じ重さ(60ｇ)がかかったときのＡとＢののびの比は15：30＝１：２だから，それぞれのばね全体の長さが同じになるのはＡとＢにかかる重さの比が２：１になるときである。よって，おもりの重さが60ｇであれば，Ａには$60\times\frac{2}{2+1}=40$(ｇ)の重さがかかり，Ａは$15\times\frac{40}{60}=10$(cm)のびる。なお，このときＢには60－40＝20(ｇ)かかり，Ｂののびも$30\times\frac{20}{60}=10$(cm)になることがわかる。

問５　図３のようにばねとおもりをつなぐと，Ａにはおもり２個分の重さ(40ｇ)がかかり，Ｂには下のおもりの重さ(20ｇ)がかかる。それぞれのばねにかかる重さは問４と同じなので，ばねののびも問４と同じになる。

問６　問１解説より，Ｃを10cmのばすのに必要な重さは60ｇである。

問７　ばねばかりがしめす値は，Ａを10cmのばすのに必要な重さと，Ｂを10cm縮めるのに必要な重さ(10cmのばすのに必要な重さと同じ)の和である。問４解説より，Ａを10cmのばすには40ｇ，Ｂを10cmのばすには20ｇ必要だから，40＋20＝60(ｇ)が正答となる。

2　問１　手順１の加熱後に残る炭にふくまれる成分のうち，水にとけるのは食塩だけである。よって，炭に水を加えてよくかき混ぜると，食塩だけが水にとけ，それをろ過することで食塩水を取り出すことができる。食塩水の水分を蒸発させれば食塩を取り出すことができる。

問2　どちらも液体が飛び散らないようにするための操作である。

問3(1)　$\frac{13}{70}\times100=18.57\cdots\rightarrow18.6\%$

3　**問1**　20℃の温度が必要なことを調べるには，20℃で発芽した条件2か3のどちらかと，20℃ではない温度で発芽しなかった条件を比べればよい。20℃でないのは条件1だけだから，条件1と温度の条件だけが異なる条件2を比べればよい。条件1と3では，結果のちがいが温度によるものか光によるものか判断できない。

問2，3　条件2と3を比べると，発芽には光が関係しないことが分かる。条件2と4を比べると，発芽には水が必要だと分かる。条件3と5を比べると，発芽には空気が必要だと分かる。よって，問2の条件では空気が不足するため，発芽しない。

問4　発芽したのは条件bとeである。これらは，赤色の光をあてた回数が異なり，遠赤色光をあてたかどうかも異なるが，どちらも発芽したから，これらは発芽には関係しない。また，条件dでは，赤色の光と遠赤色光をあてたが発芽していないことに着目すると，最後に赤色の光をあてることが発芽に必要な条件だと考えられる。

問5　植物の葉に光があたると，二酸化炭素と水を材料にしてでんぷんと酸素をつくり出す光合成が行われる。植物が成長するには光合成によってつくられるでんぷんが必要である。

問6　肥料の有無だけが異なる条件で実験を行う必要がある。条件Aの1行目の内容が書かれていてもよい。

4　**問1**　影《かげ》は太陽がある方向と反対方向に向かってできる。太陽は東の地平線からのぼり，南の空で最も高くなった後，西の地平線にしずむ。午前10時ごろの太陽は南東にあるから，図1で影がのびている方向が北西である。つまり，イとウが北か西のどちらかであり，北を向いたとき，左手側が西になるから，イが西，ウが北である。なお，アは南，エは東である。

問2　太陽が低い位置にあるときほど影の長さは長くなる。太陽が真南にきたときの高度である南中高度が最も低くなるのは冬至《とうじ》の日だから，午前10時ごろの太陽の高度も最も低くなると考えられる。

問3　太陽は東から西に動くから，図2のように明石市で太陽が真南にきた(影が真北にのびた)とき，明石市よりも西にある東経131度の地点では太陽が真南よりも少し東にある。よって，正午の影は真北よりも少し西にずれる。

問4　A．文字盤《ばん》には1から12までの数字があるから，12時間で1周(360度回転)する。　B．太陽は1日(24時間)で1周(360度回転)する。

問5　アとウでは，太陽が午前6時ごろに真東からのぼり，12時間後の午後6時ごろに真西にしずむ。午前6時ごろの太陽が真東にない日では，この方法で求める南の方向と実際の南の方角にずれが生じる。

2022 解答例 令和４年度　照曜館中学校

《国　語》

一　問一．ａ．乱暴　ｂ．浅　ｃ．陽気　問二．ヒナコをつれていかせないようにするため。　問三．エ　問四．エ　問五．Ｘ．ア　Ｙ．ウ　問六．ウ　問七．エ　問八．ウ　問九．絵はがきは、道具箱の住所を見たおねえさんが送ってくれたのではないかということ。　問十．イ　問十一．Ｃ

二　問一．ａ．かか　ｂ．さぐ　ｃ．めば　問二．自分　問三．Ａ．ウ　Ｂ．ア　Ｃ．イ　問四．エ　問五．インド人の父と日本人の母を持ち、カリフォルニアとインドと日本で生活してきたこと。　問六．エ　問七．他人から～されたり　問八．イ　問九．ウ　問十．貧しくて食べ物に困り、また学校にも行けずに、未来に希望が持てない子どもたち。　問十一．イ，エ　問十二．ア

三　問一．ａ．エ　ｂ．ア　ｃ．エ　ｄ．イ　問二．ア　問三．エ　問四．ウ　問五．身長よりも～かり始めた　問六．不　問七．するどくつきささった　問八．うろたえていたから。　問九．イ

《算　数》

1　(1)20　(2)22　(3)2　(4)$\frac{9}{10}$　(5)23　(6)55　(7)150　(8)10　(9)6　(10)28　(11)6　(12)55　(13)135　(14)14.13　(15)700

2　(1)9.42　(2)⑤　(3)15.7

3　(1)1500　(2)5　(3)5，30

4　(1)26　(2)3250　(3)16

《社　会》

1　問１．１．サンフランシスコ　２．メキシコ　問２．ウ　問３．(1)イ　(2)ウ　問４．ア　問５．難民

2　問１．１．ク　２．カ　３．ウ　４．ア　問２．輪中　問３．［記号／平野］　Ａ．［え／関東］　Ｃ．［か／讃岐］　Ｄ．［う／越後］　問４．ウ　問５．(1)銚子(港)　(2)ウ　問６．エ　問７．愛媛　問８．ウ　問９．エ

3　問１．清少納言　問２．近松門左衛門　問３．書院造　問４．ａ→ｃ→ｂ　問５．福岡　問６．ウ　問７．北条時宗　問８．エ　問９．エ　問10．御成敗式目　問11．ウ　問12．江戸

4　問１．富国強兵　問２．エ　問３．ウ　問４．大隈重信

5　問１．ウ　問２．国際連合　問３．イ　問４．ユニバーサルデザイン　問５．イスラム教　問６．エ　問７．ＳＤＧｓ

《理　科》

1　問1．1000　問2．8000　問3．7000　問4．下グラフ　問5．400　問6．390　問7．580
問8．⑴ア　⑵イ

2　問1．氷…2　水…4　問2．ア．大き　イ．小さ　問3．3　問4．固体…ウ　液体…イ　気体…ア
問5．ウ　問6．エタノール

3　問1．A．でんぷん　B．ヨウ素液　問2．イ　問3．茎　問4．⑴葉を柔らかくするため。　⑵葉の色を抜くため。　⑶ア．変化しない　イ．変化する　問5．あ．日光　い．葉　う．師管

4　問1．エ　問2．ア　問3．下図　問4．イ　問5．ウ　問6．下図

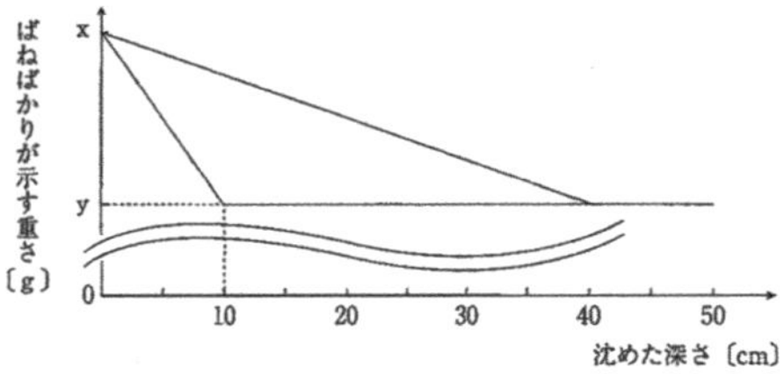

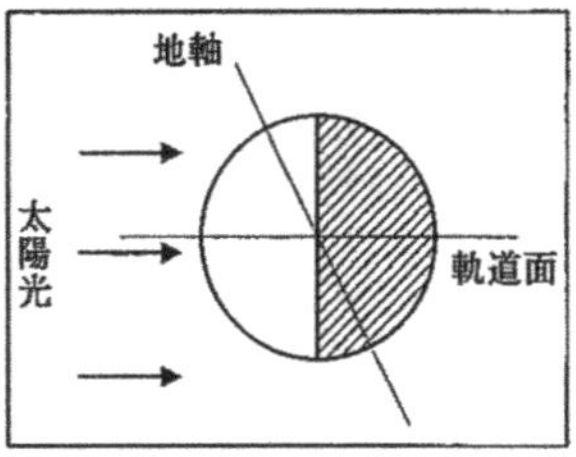

4問3の図

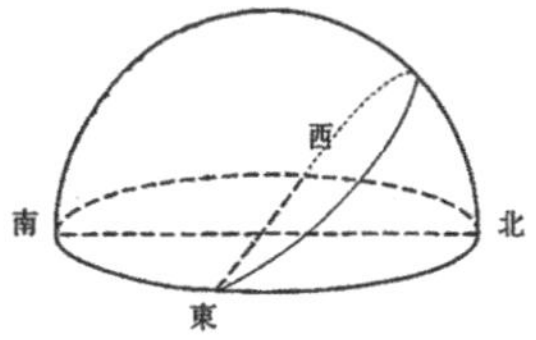

4問6の図

←解答例は前のページにありますので，そちらをご覧ください。

《2022　国語　解説》

一 問二 「ヒナコはカニに～その運命が似ている。カニが網《あみ》につかまったように、ヒナコもなにかにつかまりかけているのだ」とある。ミオは、高熱を出してねているヒナコと「網につかまった」カニを重ねて、夜空から見おろしているだれかに「妹をつれてはいかせないから、絶対に」と言った。どこかにヒナコをつれていかせないようにするためにに、ミオは「ヒナコの部屋でねた」のだ。

問四 「(カニを返す)計画は妹と(いっしょに海に)行くつもりで立てたもの。ひとりではやりおせないかもしれない」とある。よってエが適する。

問六 ア.「勇気がしゅわしゅわとちぢんで」「いまきた道をもどってしまいそうだった」などからわかるように、ミオは「心が折れそう」だった。このときに「つなぎを着たおねえさん」が現れたので、理由として適する。

イ.「まかせとき」は「ミオにむけられているわけではなかった」が、その声にミオは「ふりむいた」。この後のミオの行動を見ると、たのもしそうな「おねえさん」の「まかしとき」という言葉に信頼《しんらい》をよせたことが分かるので、理由として適する。　ウ.「つなぎを着たおねえさん」についてそのような表現は本文にない。　エ.「おねえさんは連れの人にまかせてと胸をたたいていた」「おねえさんは風のなか、とてもたのもしそうなようすで大またに歩いてくる」より、「行動に力強さがあり気持ちの強さが感じられたから」は、理由として適する。　よってウが正解。

問八 「もう熱がさがって二日もたつ」「ミオにはもっと気にかかっていることがあった。ヒナコは夢をみたかもしれない。風にさらわれ、暗い世界へつれさられる夢～それをぜひきいてみたかった」とある。ヒナコが「うん。みたよ。とってもこわい夢」と答えたので、ミオは「どんな？」と聞き返し、その返事が待ちきれなくなっている。「早く知りたい」とあせる気持ちから「手の平があせばんで」いったのだ。よってウが適する。

問九 ミオは「ママ」に「お道具箱って～住所なんかも書いてたっけ？」とたずねた。おねえさんに海にかえしてくれるようにたのんだカニは、ヒナコが幼稚園《ようちえん》でつかっていた道具箱に入れてあった。だから、絵はがきに書いてある住所は道具箱に書かれたものではないかと思いついた。

問十一 姉妹のお母さんは、ミオがカニを逃《に》がしたことを事後にうちあけられている。また、絵はがきがとどいた場面に「ママはふたりの顔をふしぎそうに交互にながめた」とある。このことから「全て知っていながら」は本文の内容にそっていない。よってCが正解。

二 問二 「プリアンカさんから十代の人たちへのメッセージ」を読むと、吉川さん(＝プリアンカさん)自身が「自分を愛し」「自分を信じて」生きてきたことが分かる。「美しさとは、外見ではなく生き方」と言っているように、自分を愛し自分を信じて、自分らしく生きることが美しさだと思っている。

問四 抜き出した一文の「それ」が何を指しているかを考える。「アートセラピーも役立つと考えています」と続くことから、「問題を抱えた若者や、貧困などで将来への希望がもてない子どもたちのために働きたいという思い」に、アートセラピーも役立つという文脈が成り立つ。よってエが適する。

問五 「このように」とあるので、直前の内容である。

問六 ミスワールド日本代表に選ばれた吉川さんが、「二つの文化的背景をもつこと」「〝純粋な〟日本人ではないこと」が、「画期的なできごと」である。「画期的」とは、今までになかったことをして、新しい時代を開くさま。

よってエが適する。

問七　吉川さんは「アートセラピーを学び、アートセラピストの資格を取得」している。そして、それを職業の一つとして生かそうとしていることが説明されている。「アートセラピーによって壁を乗り越える道を見つけていく人も多くいます」と筆者が述べているように、吉川さんも「他人から好奇《こうき》の目で見られたり、偏見《へんけん》にさらされたり～したときにアートセラピーによって救われたことがよくあった」。下線部のように特別視されることは、吉川さんにとって「壁(＝前進をはばむ障害)」のようなものだった。

問八　「もし自分がミスに選ばれたら、広く社会に自分の声を伝えることができるかもしれない」という吉川さんの思いが現実になるということである。よってイが適する。

問十　１行前の「そんな子どもたち」と同じく、直前の段落に述べられているインドを訪れたときに出会った子どもたちと同じような状きょうにいる子どもたちを指している。

問十一　イ.【イ】の３～４段落後の内容とほぼ同じなので適する。　エ.「ミスワールド世界大会には和服で臨みました。『私は日本人です。日本を代表していることを誇りに思います』」より適する。

問十二　アの感想は、「かっこいい服装」「周りから注目されるアクセサリー」など、最初に外見をきらびやかにすることを目指しており、「美しさとは、外見ではなく生き方です」というメッセージが正しく受け止められていない。よってアが正解。

三 **問二**　この女の子は「笑いをかみ殺すようにして～『先生は身長何センチですか。』」と言った。この後を読み進めると、「私(＝先生)」は背が低く、社会人になるまで、それが「大いなるコンプレックス(＝劣等感《れっとうかん》)」だったことが分かる。「笑いをかみ殺す」とは、笑い出さないように口を閉じてこらえるの意。笑いをこらえながら、背の低い先生に身長を聞くという行為《こうい》からは、「明らかに馬鹿にしようとしている」気持ちが読み取れる。よってアが適する。

問三　直後に「そしてその後、幼い頃《ころ》からこの年になるまで長い間封印《ふういん》されてきたさまざまな出来事が、徐々《じょじょ》にではあるが鮮明《せんめい》によみがえった」とある。「その後～徐々に」という表現から、思いがけない質問に気を取られ、頭が真っ白になってしまったために、掃《は》き掃除《そうじ》していた手が止まったということが分かる。よってエが適する。ウの「頭の中に～浮《う》かんできた」のは、手が止まった後のことである。

問四　直後の「電車はいつも混んでいて～周りの乗客が心の中で笑っているような気がしたから」が理由である。「笑っているような気がした」は、実際に笑い声が聞こえてくるのではなく、自分の身長が低いことをどう思われているのか、馬鹿にされているのではないかと気になったということ。よってウが適する。

問五　中学生のころは、背が低いことでからかわれ、「小柄《こがら》な両親を恨《うら》む」ほどだった。高校生になると「周りの乗客が心の中で笑っているような気が」して、「電車通学ができなかった」。それほど強かった「背が低いこと」に対するコンプレックスが徐々に薄《うす》れていったのは、「大学生になり、社会人として生きていくうちに」「身長よりも大切な物がいくらでもあることがようやく分かり始めた」(１行後)からである。

問七　「幼い少女が放った」言葉は、「一本の柔《やわ》らかい矢」にたとえられている。「身長のことをからかわれ」ても「動じないようになった……つもりだった」が、「心の傷は、いつまでもうずき続ける」とあるように、心に痛みを感じるものだった。「うろたえていることに驚《おどろ》いていた～うまく言葉が出てこない」と表現しているように、たとえ「柔らかい矢」であったとしても、「私」の心にするどくつきささったことが想像できる。

問九　「なんとか」は、どうにか、かろうじてという意味で用いられている。「笑顔で対応する」ことが、心から自然にわき出てくるようなものではなかったことが分かる。「心の傷は、いつまでもうずき続ける」とあるように、心の傷はまだ残っているのだ。よってイが適する。

《2022　算数　解説》

1 (1)　与式＝25×4÷5＝100÷5＝20

(2)　与式＝21.7＋0.3＝22

(3)　与式＝$(\frac{24}{20}-\frac{15}{20})\times\frac{4}{3}+1\frac{2}{5}=\frac{9}{20}\times\frac{4}{3}+1\frac{2}{5}=\frac{3}{5}+1\frac{2}{5}=2$

(4)　与式＝$\{(\frac{16}{8}-\frac{11}{8})\div\frac{1}{4}-1\}\div\frac{5}{3}=(\frac{5}{8}\times4-1)\times\frac{3}{5}=(\frac{5}{2}-\frac{2}{2})\times\frac{3}{5}=\frac{3}{2}\times\frac{3}{5}=\frac{9}{10}$

(5)　与式より，97－(□＋32)＝7×6　　□＋32＝97－42　　□＝55－32＝23

(6)　与式＝(276＋274)×27.5－550×27.4＝550×27.5－550×27.4＝550×(27.5－27.4)＝550×0.1＝55

(7)　りんごは270×$\frac{2}{3}$＝180(円)だから，かきは180×$\frac{5}{6}$＝150(円)

(8)　5チームから2チームを選ぶ組み合わせが何通りあるのかを考えればよい。右の図より，試合は全部で10試合ある。

(9)　約数を2つしかもたない整数の約数は，1とその数自身となる。また，そのような数を素数という。
10から30までの素数は，11，13，17，19，23，29の6個ある。

(10)　定価1500円の20%引きは，1500×(1－0.2)＝1200(円)，さらに120円引きすると，1200－120＝1080(円)
これは定価の1500－1080＝420(円)引きだから，$\frac{420}{1500}$×100＝28(%)引きになる。

(11)　**【解き方】何年後でも，子どもと父親の年の差は変わらないことに注目する。**
父親の年が子どもの年の3倍になるときの父親の年れいを③才，子どもの年れい①才とする。子どもと父親の年の差である③－①＝②が48－12＝36(才)にあたるから，①は36÷2＝18(才)にあたる。よって，父親の年が子どもの年の3倍になるのは，今から18－12＝6(年後)である。

(12)　右のように記号をおく。角㋑＝180°－120°＝60°
四角形の内角の和は360°だから，角㋒＝360°－65°－90°－90°＝115°
三角形の1つの外角は，これととなりあわない2つの内角の和に等しいから，
角㋐＝115°－60°＝55°

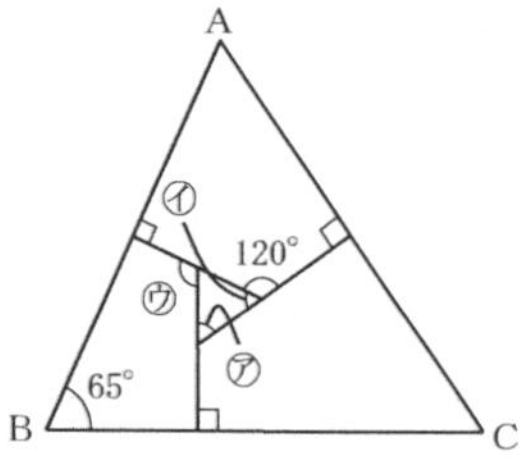

(13)　右のように線をひき，底辺が11㎝で高さが18㎝の三角形と底辺が6㎝で高さが12㎝の三角形にわける。色のついた部分の面積は，11×18÷2＋6×12÷2＝135(㎠)

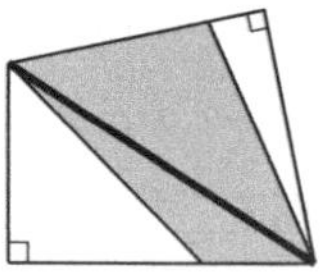

(14)　右のように作図し，太線部分の図形を矢印の向きに移動させると，色付き部分は半径が6÷2＝3(㎝)の半円となる。
よって，求める面積は，3×3×3.14÷2＝14.13(㎠)

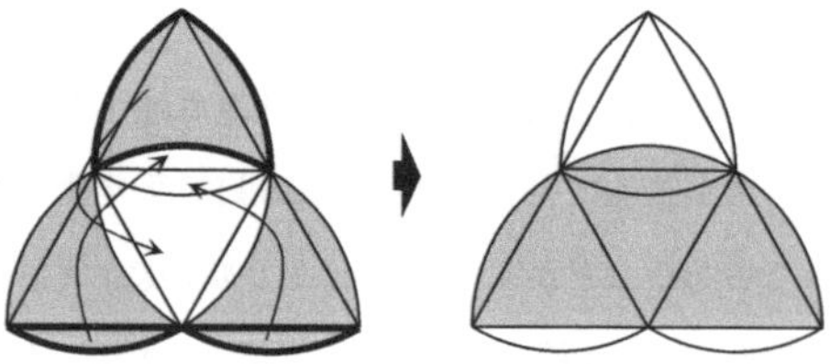

(15)　**【解き方】(へこみのない)立体の表面積は，立体を前後上下左右から見たときに見える図形の面積の和で求められることを利用する。**
階段状の立体について，上下左右から見たときに見える図形は1辺が10㎝の正方形なので，その面積の和は
(10×10)×4＝400(㎠)
したがって，前後から見たときに見える右図のような図形の面積は，(540－400)÷2＝70(㎠)

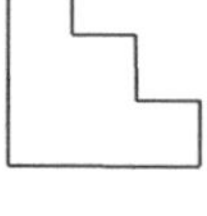

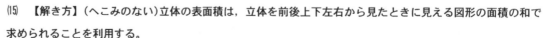

よって，階段状の立体は，底面積が 70 ㎠，高さが 10 ㎝の柱体なので，体積は，70×10＝700(㎤)

2 (1) 底面の円周は１×3.14＝3.14(㎝)だから，高さは，3.14×３＝9.42(㎝)

(2) 糸の長さが最短となるとき，糸は展開図上に直線で表される。よって，展開図は⑤である。

(3) **【解き方】糸を展開図上に表すと，右図の太線となる(破線は長方形をたてに４等分したときの線)。直角三角形ＰＱＲについて，辺の長さの比に注目する。**

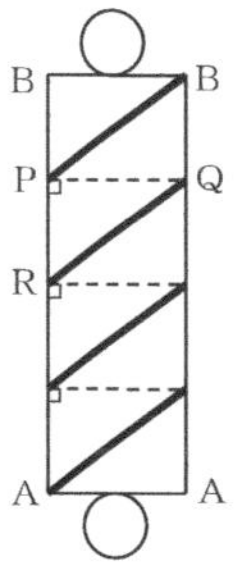

直角三角形ＰＱＲについて，ＰＱ＝3.14 ㎝，ＰＲ＝(3.14×３)÷４＝3.14×$\frac{3}{4}$(㎝)

よって，ＰＱ：ＰＲ＝3.14：(3.14×$\frac{3}{4}$)＝４：３だから，三角形ＰＱＲは３辺の長さの比が３：４：５の直角三角形だとわかる。

したがって，ＱＲ＝3.14×$\frac{5}{4}$(㎝)だから，糸の長さは，(3.14×$\frac{5}{4}$)×４＝3.14×５＝15.7(㎝)

3 (1) 弟は家から分速 60m で 25 分歩いて学校に着いたので，求める距離《きょり》は，60×25＝1500(m)

(2) **【解き方】同じ距離を進むのにかかる時間の比は，速さの比の逆比に等しいことを利用する。**

兄が㋐家を出てから家に戻り始めるまでに進んだ距離と，㋑家に戻り始めてから家に戻るまでに進んだ距離は等しい。

兄の㋐と㋑の速さの比は 60：100＝３：５だから，かかる時間の比は５：３である。

㋐と㋑で合わせて８分かかったから，求める時間は，８×$\frac{5}{5+3}$＝５(分後)

(3) **【解き方】つるかめ算の考えを利用する。**

兄が再び学校に向かって出発してから学校に着くまで，25－９＝16(分)かかる。最初から速さを分速 80m で 16 分間進むと，進む距離は 80×16＝1280(m)で，実際より 1500－1280＝220(m)足りない。１分間を分速 80m から分速 120m にすると，進む距離は 120－80＝40(m)長くなる。よって，求める時間は，220÷40＝5.5(分後)，つまり，５分 30 秒後である。

4 **【解き方】「１，２，３，４」の数の列を１グループ，「２，４，６，８」の数の列を２グループ，…とする。このとき，２グループの数の列は１グループの数の列の２倍，３グループの数の列は１グループの数の列の３倍，…となる。**

(1) 50÷４＝12 余り２より，50 番目までに 12 個のグループが並び，その後２つの数が並ぶ。

よって，50 番目の数は，13 グループの左から２番目の数だから，２×13＝26 である。

(2) **【解き方】１グループの数の和は，１＋２＋３＋４＝10 だから，２グループの数の和は 10×２，２グループの数の和は 10×３，…となる。また，１からｎまでの連続する整数の和は，$\frac{n\times(n+1)}{2}$で求められる。**

100÷４＝25 より，100 番目までに 25 個のグループが並ぶ。

よって，求める数は，10×１＋10×２＋…＋10×25＝10×(１＋２＋…＋25)＝10×$\frac{25\times26}{2}$＝3250

(3) **【解き方】右表のように，各グループをたてに並べて考える。各グループのＡ，Ｂ，Ｃ，Ｄの位置にある数はそれぞれ，連続する１，２，３，４の倍数になることがわかる。よって，同じ位置にある数は異なる数となるから，Ａ～Ｄの位置のうち，３か所で同じ数が見つかる場合について，場合分けをして考える。**

A	B	C	D
1	2	3	4
2	4	6	8
3	6	9	12
4	8	12	16
5	10	15	20
⋮	⋮	⋮	⋮

200÷４＝50 より，200 番目までに 50 個のグループが並ぶ。また，Ａ，Ｂ，Ｃ，Ｄの位置の最大の数はそれぞれ，１×50＝50，２×50＝100，３×50＝150，４×50＝200 である。

Ａ，Ｂ，Ｃの位置で同じ数が出る場合，Ｄの位置でその数が出ると４回出ることになるので，３回出てくる数は，１と２と３の最小公倍数である６の倍数のうち，４の倍数ではない，１×50＝50 以下の数である。６＝２×３，４＝２×２より，そのような数は，２×３×１＝６，２×３×３＝18，２×３×５＝30，２×３×７＝42 の４個ある。

Ａ，Ｂ，Ｄの位置で同じ数が出る場合，３回出てくる数は１と２と４の最小公倍数である４の倍数のうち，３の倍数ではない，50 以下の数である。そのような数は，４×１＝４，４×２＝８，４×４＝16，４×５＝20，４×７＝28，４×８＝32，４×10＝40，４×11＝44 の８個ある。

Ａ，Ｃ，Ｄの位置で同じ数が出る場合，その数は２の倍数であり（Ｄが４の倍数だから），Ｂにも同じ数が出る。よって，３回出てくる数はない。

Ｂ，Ｃ，Ｄの位置で同じ数が出る場合，３回出てくる数は２と３と４の最小公倍数である 12 の倍数のうち，51 以上 100 以下の数である（50 以下だとＡの位置で出てくるため）。そのような数は，12×５＝60，12×６＝72，12×７＝84，12×８＝96 の４個ある。

したがって，３回出てくる数は全部で，４＋８＋４＝16（個）ある。

《2022　社会　解説》

1　**問１**⑴　サンフランシスコ平和条約を結んだことで，日本は主権を回復した。アメリカをはじめとする 48 か国と結んだ平和条約で，吉田茂首相が調印した。また，同時にアメリカと日米安全保障条約に調印したことも覚えておきたい。　⑵　メキシコなどのスペイン語圏からの移民は，ヒスパニックとよばれ，メキシコとの国境沿いの州に多い。

問２　ウが誤り。アメリカは，輸入額が輸出額を上回る貿易赤字国である。

問３⑴　イが正しい。ＯＤＡは政府開発援助，ＰＫＯは（国連）平和維持活動，ＮＧＯは非政府組織の略称。

⑵　ウが正しい。アは携帯電話・ＰＨＳ，イはパソコン，エはタブレット側コンピュータ。

問４　アが石油化学コンビナートである。太平洋ベルト，特に京葉と瀬戸内に集中していることから判断する。イは製紙・パルプ工場，ウは自動車工場，エは製鉄所。

問５　難民が正しい。ミャンマーでは，バングラデシュとの国境付近に住むイスラム教徒はロヒンギャと呼ばれ，迫害を受け，国外に逃れ難民となっている。

2　**問１**⑴　「流域面積が最大」からクの利根川と判断する。　⑵　「三角州」「負の遺産」「世界遺産」からカの太田川と判断する。広島平野は，太田川の三角州からできた平野で，原爆ドームは，負の遺産として世界文化遺産に登録されている。　⑶　「日本一長い」からウの信濃川と判断する。新潟県では信濃川，長野県では千曲川と呼ばれる。　⑷　「木曽三川」からアの長良川である。

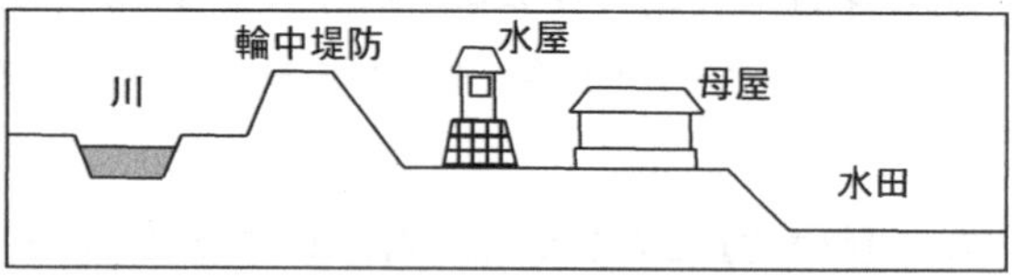

問２　輪中内の最も高い場所に水屋を建て，非常時の避難場所とした（右図参照）。

問３　Ａは「え」の関東平野，Ｃは「か」の讃岐平野，Ｄは「う」の越後平野である。「あ」は石狩平野，「い」は仙台平野，「お」は濃尾平野，「き」は広島平野，「く」は筑紫平野である。

問４　ウが正しい。「全国的なももやぶどうの産地」は山梨県だから，富士山と判断し，隣接する静岡県で生産される果実のみかんと関連付ける。

問５⑴　銚子港は，全国一の水揚げ量だが，近海魚が多いため，水揚げ金額では焼津港より低くなる。暖流である黒潮（日本海流）と寒流である親潮（千島海流）がぶつかる潮目が近く，魚種が豊富な漁場が多い。　⑵　ウが誤り 1970 年代に世界各国が排他的経済水域を設定したことで，規制を受けた遠洋漁業は衰退し，漁獲量は減っている。

問６　エが秋田県である。秋田県は米の割合が多い。果実の割合が多いアは青森県，畜産の割合が多いイは岩手県，畜産の割合が高く１農家当たりの耕地面積が極端に大きいウは北海道である。

問7　愛媛県が正しい。西部の宇和海沿岸にリアス海岸が広がる。広島県尾道市と愛媛県今治市を結ぶ尾道・今治ルートは，別名「瀬戸内しまなみ海道」と呼ばれる。今治市は，造船とタオルの町として知られる。

問8　ウが正しい。土砂崩れを防ぐための砂防ダムである。

問9　エが正しい。国内最大の工業地帯である中京工業地帯は，自動車の生産がさかんであり，名古屋港から運ばれる。アは成田国際空港，イは神戸港，ウは清水港。

3 **問1**　清少納言が書いた『枕草子』の冒頭「春はあけぼの…」の現代語訳である。

問2　近松門左衛門は，元禄文化を代表する脚本家である。

問3　慈照寺銀閣と同じ敷地内に建てられた東求堂同仁斎が，書院造の例としてよく用いられる。

問4　ａ（国風文化・平安時代）→ｃ（室町文化・室町時代）→ｂ（元禄文化・江戸時代）

問5　金印は，江戸時代に現在の福岡県の志賀島で発見された。

問6　ウがあてはまらない。南蛮屏風は，安土桃山時代の品物である。

問7　北条時宗は，鎌倉幕府の第八代執権である。

問8　エの石見銀山を選ぶ。

問9　エが誤り。平等院鳳凰堂を建立したのは，藤原道長の息子の藤原頼通である。

問10　御成敗式目は，貞永式目とも呼ばれる。鎌倉幕府の第三代執権の北条泰時によって制定された。

問11　ウが正しい。守護大名は，山名氏や細川氏などの室町時代前半の大名であり，下剋上の風潮によって現れた上杉氏，織田氏，伊達氏などの大名が戦国大名である。譜代大名と外様大名は江戸時代に存在した大名で，古くから徳川家に仕えた大名は譜代大名，関ヶ原の戦い前後に徳川家に仕えた大名は外様大名として区別された。

問12　史料は，江戸幕府の第三代将軍の徳川家光が，参勤交代を追加した武家諸法度（寛永令）である。

4 **問1**　「経済を発展さえて国を豊かに」する富国と，「近代的な軍隊をもつ」強兵を合わせたことばである。

問2　エが正しい。吉田松陰は，安政の大獄で処刑された尊王攘夷論者。市川房江は，平塚らいてうらとともに，新婦人協会を設立し，女性の権利獲得に尽力した政治家。尾崎行雄は，当選回数・議員勤続年数などの日本記録をもつ政治家で，「憲政の神様」「議会政治の父」などと呼ばれる。

問3　ウが誤り。明治時代の義務教育期間は３～４年であった。

問4　大隈重信は，日本初の政党内閣（第一次隈板内閣）をつくったことでも知られる。

5 **問1**　ウが正しい。国際労働機関はＩＬＯ，世界貿易機関はＷＴＯ，国際開発協会はＩＤＡが略称である。

問2　国際連合は，総会・安全保障理事会・経済社会理事会・信託統治理事会・国際司法裁判所などの主要機関と，ＩＬＯ，ＷＴＯ，ＷＨＯなどの専門機関からなる。

問5　イスラム教には，女性に対する制限のほか，１日５回の礼拝など，厳しい戒律がある。

問6　エが誤り。日本の石油の最大の輸入先はサウジアラビアである。

問7　ＳＤＧｓには17の持続可能な開発目標が定められている。

《2022　理科　解説》

1 **問1**　10×10×10＝1000（㎤）

問2　１㎤あたりの鉄の重さが８ｇだから，1000㎤では８×1000＝8000（ｇ）である。

問3　図１の形の鉄が水中に完全に沈《しず》むと，水面下の鉄の体積は1000㎤だから，1000㎤の水の重さと同じ大きさの浮力《ふりょく》がはたらく。1㎤あたりの水の重さは1gだから，1000㎤の水の重さは1000gであり，ばねばかりが示す値は問2よりも1000g小さい7000gになる。

問4　図2の形の鉄の体積は5×5×40＝1000(㎤)で，図1と同じだから，重さも図1と同じであり，水中に完全に沈んだときの浮力とそのときのばねばかりが示す重さも図1のときと同じである。ただし，図1の高さが10㎝であるのに対し，図2の高さは40㎝だから，沈めた深さが40㎝のときにばねばかりが示す重さがygになるグラフをかけばよい。

問5　1㎤あたりのひのき重さは0.4gだから，図1の形のひのきの重さは0.4×1000＝400(g)である。よって，ひのきにはたらく浮力が400gになればひのきは浮《う》くから，400gの水の体積と同じ400㎤が水中にあればよい。

問6　1㎤あたりの金の重さは40gだから，10㎤の金塊《きんかい》の重さは40×10＝400(g)である。10㎤の金塊には10gの浮力がはたらくから，金塊を水そうの底から浮かび上がらせるには400−10＝390(g)以上のおもりが必要である。

問7　図5で金塊が浮かび上がるのは，図4のときと同じ390g以上でひもが引かれるときである。ただし，図5では動かっ車が使われていて，動かっ車とおもりの重さは動かっ車の左右のひもに等しく分かれてかかるので，動かっ車とおもりの重さの合計は390×2＝780(g)であり，おもりの重さは780−200＝580(g)である。

問8(1)　浮力の大きさは物体の体積によって決まる。王冠《おうかん》が純金でつくられているとき，王冠と金塊の重さが同じであれば体積も同じだから，水に沈めたときの浮力も同じになり，つり合う。　(2)　鉄は1㎤あたりの重さが金よりも小さいから，金と鉄でつくられた王冠の体積は同じ重さの金塊よりも大きくなり，水に沈めたときの浮力も王冠の方が大きくなる。よって，王冠の方が上になるようにかたむく。

2　**問1**　図1で，温度が一定になっている部分があるが，これは加熱を止めているためではなく，水の状態が変化するのに熱がつかわれているためである。よって，①で氷が溶《と》け始め，②で氷が完全に溶けた。また，③で水が沸《ふっ》騰《とう》し始め，②で水が完全に蒸発したことになる。①までは氷のみ，①〜②は氷と水が混ざった状態，②〜③は水のみ，③〜④は水と水蒸気が混ざった状態，④からは水蒸気のみになっている。

問2　ものはふつう，液体から固体に変化するときに体積が小さくなるが，水は例外で，水から氷に変化するときに体積が大きくなる。状態が変化しても質量は変化しないので，密度(1㎤あたりの質量)は氷の方が小さく，密度が小さいものほど上にいくため，氷は水に浮く。

問3　状態が変化するときの温度は物質によって決まっているので，質量を変えてもその温度は変わらないが，質量が増えれば，その温度に達するまでの時間も増える。

問4　つぶとつぶの間かくが最も広いアが気体，最もせまいウが固体である。つぶとつぶの間かくが広いものほど体積が大きいと考えればよい。

問5　問4解説より，つぶとつぶの間かくを広げれば，固体から液体に，または液体から気体にすると考えられる。よって，問1解説の「状態が変化するのに熱がつかわれる」という表現を「つぶとつぶの間かくを広げるのに熱がつかわれる」と考えればよい。

問6　図4では，78℃付近で温度の上がり方がゆるやかになるが，一定にはなっていない。これは，水とエタノールのように，異なる物質を混ぜたものを加熱したときに見られる温度変化で，温度の上がり方がゆるやかになったのは，ある物質の状態が変化し始めたが，他の物質の状態は変化していないためである。水の状態が変化するのは100℃だから，78℃付近で状態が変化し始めたのはエタノールであり，はじめにエタノールを多くふくむ気体が発生するので，これを冷やすことでエタノールを取り出すことができる。

3　**問2**　光合成によってつくられたでんぷんが，イモの部分にたくわえられることでイモが大きくなる。よって，光合成を行わず，栄養を使うだけの花は，イモがよく育つのに都合が悪い。

問３　ジャガイモとして食べている部分は茎《くき》であるが，サツマイモとして食べている部分は根である。他にも，葉を食べるホウレンソウ，実を食べるトマト，種を食べるダイズ，花のつぼみを食べるブロッコリーなど，植物ごとに主に食用としている部分を覚えておこう。

問４(2)　でんぷんができたかどうかは，ヨウ素液を使って調べる。エタノールにつけて葉の緑色を抜いておくと，ヨウ素液の色の変化を観察しやすくなる。　**(3)**　主に植物の葉の緑色の部分に光があたると，水と二酸化炭素からでんぷんと酸素をつくり出す光合成が行われる。葉をアルミニウムはくでおおうと，葉に日光があたらなくなるので光合成が行われず，でんぷんがつくられない。

問５　う．主に葉でつくられたでんぷんは，水に溶けやすい物質に変えられて師管を通って，全身に運ばれる。なお，根から吸い上げた水を運ぶ管を道管といい，師管と道管が集まったものをまとめて維管束《いかんそく》という。

4　**問１**　南中した太陽はその後，西へ動く。南中した太陽を背にしたとき，左手側が西である。

問２　北極側から見たとき，自転の向きは反時計回りである。なお，図２において，地球は太陽の周りを１年に１回転している。この運動を公転といい，公転の向きも北極側から見て反時計回りである。

問３　太陽光があたっている部分とあたっていない部分の境界線は太陽光に対して垂直になる。太陽光の向きから，右半分が影《かげ》になるようにぬればよい。

問４　問３の図で，地軸を中心に地球を回転させたときの太陽光のあたり方を考える。北極やその周辺の高緯度地域では，地球が回転しても太陽光があたり続けるので，夏至の日だと考えられる。北半球が太陽の方向にかたむいているときが夏至の日だと覚えておこう。

問５　夏至の日は１年で最も昼の長さが長いので，ア～ウのうち，太陽の通り道が最も長いウを選べばよい。

問６　南半球では，太陽が東の地平線からのぼり，北の空で最も高くなって，西の地平線に沈んでいく。また，春分・秋分の日では，北半球でも南半球でも，日の出と日の入りの位置がそれぞれ真東と真西になる。さらに，北九州とシドニーで緯度はほぼ等しいから，太陽が最も高くなるときの高度が図４のイの南中高度と同じくらいになるようにする。

■ ご使用にあたってのお願い・ご注意

（1）問題文等の非掲載

著作権上の都合により，問題文や図表などの一部を掲載できない場合があります。

誠に申し訳ございませんが，ご了承くださいますようお願いいたします。

（2）過去問における時事性

過去問題集は，学習指導要領の改訂や社会状況の変化，新たな発見などにより，現在とは異なる表記や解説になっている場合があります。過去問の特性上，出題当時のままで出版していますので，あらかじめご了承ください。

（3）配点

学校等から配点が公表されている場合は，記載しています。公表されていない場合は，記載していません。

独自の予想配点は，出題者の意図と異なる場合があり，お客様が学習するうえで誤った判断をしてしまう恐れがあるため記載していません。

（4）無断複製等の禁止

購入された個人のお客様が，ご家庭でご自身またはご家族の学習のためにコピーをすることは可能ですが，それ以外の目的でコピー，スキャン，転載（ブログ，ＳＮＳなどでの公開を含みます）などをすることは法律により禁止されています。学校や学習塾などで，児童生徒のためにコピーをして使用することも法律により禁止されています。

ご不明な点や，違法な疑いのある行為を確認された場合は，弊社までご連絡ください。

（5）けがに注意

この問題集は針を外して使用します。針を外すときは，けがをしないように注意してください。また，表紙カバーや問題用紙の端で手指を傷つけないように十分注意してください。

（6）正誤

制作には万全を期しておりますが，万が一誤りなどがございましたら，弊社までご連絡ください。

なお，誤りが判明した場合は，弊社ウェブサイトの「ご購入者様のページ」に掲載しておりますので，そちらもご確認ください。

■ お問い合わせ

解答例，解説，印刷，製本など，問題集発行におけるすべての責任は弊社にあります。

ご不明な点がございましたら，弊社ウェブサイトの「お問い合わせ」フォームよりご連絡ください。迅速に対応いたしますが，営業日の都合で回答に数日を要する場合があります。

ご入力いただいたメールアドレス宛に自動返信メールをお送りしています。自動返信メールが届かない場合は，「よくある質問」の「メールの問い合わせに対し返信がありません。」の項目をご確認ください。

また弊社営業日（平日）は，午前９時から午後５時まで，電話でのお問い合わせも受け付けています。

2025 春

株式会社教英出版

〒422-8054　静岡県静岡市駿河区南安倍３丁目 12-28

TEL　054-288-2131　　FAX　054-288-2133

URL　https://kyoei-syuppan.net/

MAIL siteform@kyoei-syuppan.net

教英出版

教英出版 2025　18の1　照曜館中

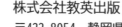

教英出版の中学受験対策

中学受験面接の基本がここに！
知っておくべき面接試問の要領

面接試験に，落ち着いて自信をもってのぞむためには，あらかじめ十分な準備をしておく必要があります。面接の心得や，受験生と保護者それぞれへの試問例など，面接対策に必要な知識を１冊にまとめました。

- 面接の形式や評価のポイント，マナー，当日までの準備など，面接の基本をていねいに指南「面接はこわくない！」
- 書き込み式なので，質問例に対する自分の答えを整理して本番直前まで使える
- ウェブサイトで質問音声による面接のシミュレーションができる

定価：770円(本体700円+税)

入試テクニックシリーズ

必修編

基本をおさえて実力アップ！
1冊で入試の全範囲を学べる！
基礎力養成に最適！

こんな受験生には必修編がおすすめ！

- 入試レベルの問題を解きたい
- 学校の勉強とのちがいを知りたい
- 入試問題を解く基礎力を固めたい

定価：1,100円(本体1,000+税)

発展編

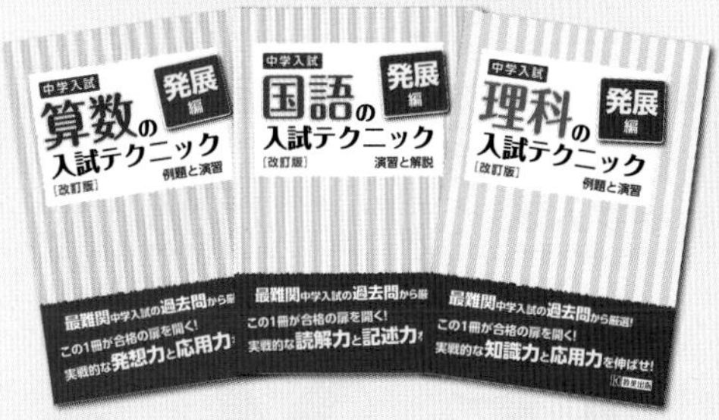

応用力強化で合格をつかむ！
有名私立中の問題で
最適な解き方を学べる！

こんな受験生には発展編がおすすめ！

- もっと難しい問題を解きたい
- 難関中学校をめざしている
- 子どもに難問の解法を教えたい

定価：1,760円(本体1,600+税)

絶賛販売中！

詳しくは教英出版で検索

教英出版　検索

URL https://kyoei-syuppan.net/

教英出版　2025年春受験用　中学入試問題集

学校別問題集

✿はカラー問題対応

北海道

①[市立]札幌開成中等教育学校
②藤女子中学校
③北嶺中学校
④北星学園女子中学校
⑤札幌大谷中学校
⑥札幌光星中学校
⑦立命館慶祥中学校
⑧函館ラ・サール中学校

青森県

①[県立]三本木高等学校附属中学校

岩手県

①[県立]一関第一高等学校附属中学校

宮城県

①[県立]宮城県古川黎明中学校
②[県立]宮城県仙台二華中学校
③[市立]仙台青陵中等教育学校
④東北学院中学校
⑤仙台白百合学園中学校
⑥聖ウルスラ学院英智中学校
⑦宮城学院中学校
⑧秀光中学校
⑨古川学園中学校

秋田県

①[県立]
- 大館国際情報学院中学校
- 秋田南高等学校中等部
- 横手清陵学院中学校

山形県

①[県立]
- 東桜学館中学校
- 致道館中学校

福島県

①[県立]
- 会津学鳳中学校
- ふたば未来学園中学校

茨城県

①[県立]
- 日立第一高等学校附属中学校
- 太田第一高等学校附属中学校
- 水戸第一高等学校附属中学校
- 鉾田第一高等学校附属中学校
- 鹿島高等学校附属中学校
- 土浦第一高等学校附属中学校
- 竜ヶ崎第一高等学校附属中学校
- 下館第一高等学校附属中学校
- 下妻第一高等学校附属中学校
- 水海道第一高等学校附属中学校
- 勝田中等教育学校
- 並木中等教育学校
- 古河中等教育学校

栃木県

①[県立]
- 宇都宮東高等学校附属中学校
- 佐野高等学校附属中学校
- 矢板東高等学校附属中学校

群馬県

①
- [県立]中央中等教育学校
- [市立]四ツ葉学園中等教育学校
- [市立]太田中学校

埼玉県

①[県立]伊奈学園中学校
②[市立]浦和中学校
③[市立]大宮国際中等教育学校
④[市立]川口市立高等学校附属中学校

千葉県

①[県立]
- 千葉中学校
- 東葛飾中学校

②[市立]稲毛国際中等教育学校

東京都

①[国立]筑波大学附属駒場中学校
②[都立]白鷗高等学校附属中学校
③[都立]桜修館中等教育学校
④[都立]小石川中等教育学校
⑤[都立]両国高等学校附属中学校
⑥[都立]立川国際中等教育学校
⑦[都立]武蔵高等学校附属中学校
⑧[都立]大泉高等学校附属中学校
⑨[都立]富士高等学校附属中学校
⑩[都立]三鷹中等教育学校
⑪[都立]南多摩中等教育学校
⑫[区立]九段中等教育学校
⑬開成中学校
⑭麻布中学校
⑮桜蔭中学校
⑯女子学院中学校
✿⑰豊島岡女子学園中学校
⑱東京都市大学等々力中学校
⑲世田谷学園中学校
✿⑳広尾学園中学校(第2回)
✿㉑広尾学園中学校(医進・サイエンス回)
㉒渋谷教育学園渋谷中学校(第1回)
㉓渋谷教育学園渋谷中学校(第2回)
㉔東京農業大学第一高等学校中等部(2月1日 午後)
㉕東京農業大学第一高等学校中等部(2月2日 午後)

神奈川県

①[県立]
- 相模原中等教育学校
- 平塚中等教育学校

②[市立]南高等学校附属中学校
③[市立]横浜サイエンスフロンティア高等学校附属中学校
④[市立]川崎高等学校附属中学校
✿⑤聖光学院中学校
✿⑥浅野中学校
⑦洗足学園中学校
⑧法政大学第二中学校
⑨逗子開成中学校（1次）
⑩逗子開成中学校（2·3次）
⑪神奈川大学附属中学校（第1回）
⑫神奈川大学附属中学校（第2·3回）
⑬栄光学園中学校
⑭フェリス女学院中学校

新潟県

①[県立]
- 村上中等教育学校
- 柏崎翔洋中等教育学校
- 燕中等教育学校
- 津南中等教育学校
- 直江津中等教育学校
- 佐渡中等教育学校

②[市立]高志中等教育学校
③新潟第一中学校
④新潟明訓中学校

石川県

①[県立]金沢錦丘中学校
②星稜中学校

福井県

①[県立]高志中学校

山梨県

①山梨英和中学校
②山梨学院中学校
③駿台甲府中学校

長野県

①[県立]
- 屋代高等学校附属中学校
- 諏訪清陵高等学校附属中学校

②[市立]長野中学校

岐阜県

①岐阜東中学校
②鶯谷中学校
③岐阜聖徳学園大学附属中学校

静岡県

①[国立]静岡大学教育学部附属中学校（静岡·島田·浜松）
②
- [県立]清水南高等学校中等部
- [県立]浜松西高等学校中等部
- [市立]沼津高等学校中等部

③不二聖心女子学院中学校
④日本大学三島中学校
⑤加藤学園暁秀中学校
⑥星陵中学校
⑦東海大学付属静岡翔洋高等学校中等部
⑧静岡サレジオ中学校
⑨静岡英和女学院中学校
⑩静岡雙葉中学校
⑪静岡聖光学院中学校
⑫静岡学園中学校
⑬静岡大成中学校
⑭城南静岡中学校
⑮静岡北中学校
⑯
- 常葉大学附属常葉中学校
- 常葉大学附属橘中学校
- 常葉大学附属菊川中学校

⑰藤枝明誠中学校
⑱浜松開誠館中学校
⑲静岡県西遠女子学園中学校
⑳浜松日体中学校
㉑浜松学芸中学校

愛知県

①[国立]愛知教育大学附属名古屋中学校
②愛知淑徳中学校
③
- 名古屋経済大学市邨中学校
- 名古屋経済大学高蔵中学校

④金城学院中学校
⑤椙山女学園中学校
⑥東海中学校
⑦南山中学校男子部
⑧南山中学校女子部
⑨聖霊中学校
⑩滝中学校
⑪名古屋中学校
⑫大成中学校
⑬愛知中学校
⑭星城中学校
⑮名古屋葵大学中学校（名古屋女子大学中学校）
⑯愛知工業大学名電中学校
⑰海陽中等教育学校（特別給費生）
⑱海陽中等教育学校（I·II）
⑲中部大学春日丘中学校
新刊⑳名古屋国際中学校

三重県

①[国立]三重大学教育学部附属中学校
②暁中学校
③海星中学校
④四日市メリノール学院中学校
⑤高田中学校
⑥セントヨゼフ女子学園中学校
⑦三重中学校
⑧皇學館中学校
⑨鈴鹿中等教育学校
⑩津田学園中学校

滋賀県

①[国立]滋賀大学教育学部附属中学校
②[県立]
- 河瀬中学校
- 守山中学校
- 水口東中学校

京都府

①[国立]京都教育大学附属桃山中学校
②[府立]洛北高等学校附属中学校
③[府立]園部高等学校附属中学校
④[府立]福知山高等学校附属中学校
⑤[府立]南陽高等学校附属中学校
⑥[市立]西京高等学校附属中学校
⑦同志社中学校
⑧洛星中学校
⑨洛南高等学校附属中学校
⑩立命館中学校
⑪同志社国際中学校
⑫同志社女子中学校（前期日程）
⑬同志社女子中学校（後期日程）

大阪府

①[国立]大阪教育大学附属天王寺中学校
②[国立]大阪教育大学附属平野中学校
③[国立]大阪教育大学附属池田中学校

④[府立]富田林中学校
⑤[府立]咲くやこの花中学校
⑥[府立]水都国際中学校
⑦清風中学校
⑧高槻中学校（A日程）
⑨高槻中学校（B日程）
⑩明星中学校
⑪大阪女学院中学校
⑫大谷中学校
⑬四天王寺中学校
⑭帝塚山学院中学校
⑮大阪国際中学校
⑯大阪桐蔭中学校
⑰開明中学校
⑱関西大学第一中学校
⑲近畿大学附属中学校
⑳金蘭千里中学校
㉑金光八尾中学校
㉒清風南海中学校
㉓帝塚山学院泉ヶ丘中学校
㉔同志社香里中学校
㉕初芝立命館中学校
㉖関西大学中等部
㉗大阪星光学院中学校

兵庫県

①[国立]神戸大学附属中等教育学校
②[県立]兵庫県立大学附属中学校
③雲雀丘学園中学校
④関西学院中学部
⑤神戸女学院中学部
⑥甲陽学院中学校
⑦甲南中学校
⑧甲南女子中学校
⑨灘中学校
⑩親和中学校
⑪神戸海星女子学院中学校
⑫滝川中学校
⑬啓明学院中学校
⑭三田学園中学校
⑮淳心学院中学校
⑯仁川学院中学校
⑰六甲学院中学校
⑱須磨学園中学校（第1回入試）
⑲須磨学園中学校（第2回入試）
⑳須磨学園中学校（第3回入試）
㉑白陵中学校
㉒夙川中学校

奈良県

①[国立]奈良女子大学附属中等教育学校
②[国立]奈良教育大学附属中学校
③[県立] 国際中学校
　　　　 青翔中学校
④[市立]一条高等学校附属中学校
⑤帝塚山中学校
⑥東大寺学園中学校
⑦奈良学園中学校
⑧西大和学園中学校

和歌山県

①[県立] 古佐田丘中学校
　　　　 向陽中学校
　　　　 桐蔭中学校
　　　　 日高高等学校附属中学校
　　　　 田辺中学校
②智辯学園和歌山中学校
③近畿大学附属和歌山中学校
④開智中学校

岡山県

①[県立]岡山操山中学校
②[県立]倉敷天城中学校
③[県立]岡山大安寺中等教育学校
④[県立]津山中学校
⑤岡山中学校
⑥清心中学校
⑦岡山白陵中学校
⑧金光学園中学校
⑨就実中学校
⑩岡山理科大学附属中学校
⑪山陽学園中学校

広島県

①[国立]広島大学附属中学校
②[国立]広島大学附属福山中学校
③[県立]広島中学校
④[県立]三次中学校
⑤[県立]広島叡智学園中学校
⑥[市立]広島中等教育学校
⑦[市立]福山中学校
⑧広島学院中学校
⑨広島女学院中学校
⑩修道中学校
⑪崇徳中学校
⑫比治山女子中学校
⑬福山暁の星女子中学校
⑭安田女子中学校
⑮広島なぎさ中学校
⑯広島城北中学校
⑰近畿大学附属広島中学校福山校
⑱盈進中学校
⑲如水館中学校
⑳ノートルダム清心中学校
㉑銀河学院中学校
㉒近畿大学附属広島中学校東広島校
㉓AICJ中学校
㉔広島国際学院中学校
㉕広島修道大学ひろしま協創中学校

山口県

①[県立] 下関中等教育学校
　　　　 高森みどり中学校
②野田学園中学校

徳島県

①[県立] 富岡東中学校
　　　　 川島中学校
　　　　 城ノ内中等教育学校
②徳島文理中学校

香川県

①大手前丸亀中学校
②香川誠陵中学校

愛媛県

①[県立] 今治東中等教育学校
　　　　 松山西中等教育学校
②愛光中学校
③済美平成中等教育学校
④新田青雲中等教育学校

高知県

①[県立] 安芸中学校
　　　　 高知国際中学校
　　　　 中村中学校

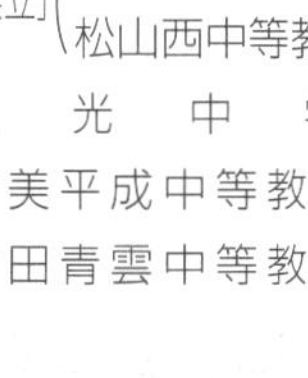

福岡県

①[国立]福岡教育大学附属中学校（福岡·小倉·久留米）
②[県立]育徳館中学校
　　　　門司学園中学校
　　　　宗像中学校
　　　　嘉穂高等学校附属中学校
　　　　輝翔館中等教育学校
③西南学院中学校
④上智福岡中学校
⑤福岡女学院中学校
⑥福岡雙葉中学校
⑦照曜館中学校
⑧筑紫女学園中学校
⑨敬愛中学校
⑩久留米大学附設中学校
⑪飯塚日新館中学校
⑫明治学園中学校
⑬小倉日新館中学校
⑭久留米信愛中学校
⑮中村学園女子中学校
⑯福岡大学附属大濠中学校
⑰筑陽学園中学校
⑱九州国際大学付属中学校
⑲博多女子中学校
⑳東福岡自彊館中学校
㉑八女学院中学校

佐賀県

①[県立]香楠中学校
　　　　致遠館中学校
　　　　唐津東中学校
　　　　武雄青陵中学校
②弘学館中学校
③東明館中学校
④佐賀清和中学校
⑤成穎中学校
⑥早稲田佐賀中学校

長崎県

①[県立]長崎東中学校
　　　　佐世保北中学校
　　　　諫早高等学校附属中学校
②青雲中学校
③長崎南山中学校
④長崎日本大学中学校
⑤海星中学校

熊本県

①[県立]玉名高等学校附属中学校
　　　　宇土中学校
　　　　八代中学校
②真和中学校
③九州学院中学校
④ルーテル学院中学校
⑤熊本信愛女学院中学校
⑥熊本マリスト学園中学校
⑦熊本学園大学付属中学校

大分県

①[県立]大分豊府中学校
②岩田中学校

宮崎県

①[県立]五ヶ瀬中等教育学校
②[県立]宮崎西高等学校附属中学校
　　　　都城泉ヶ丘高等学校附属中学校
③宮崎日本大学中学校
④日向学院中学校
⑤宮崎第一中学校

鹿児島県

①[県立]楠隼中学校
②[市立]鹿児島玉龍中学校
③鹿児島修学館中学校
④ラ・サール中学校
⑤志學館中等部

沖縄県

①[県立]与勝緑が丘中学校
　　　　開邦中学校
　　　　球陽中学校
　　　　名護高等学校附属桜中学校

もっと過去問シリーズ

北海道

北嶺中学校
7年分（算数・理科・社会）

静岡県

静岡大学教育学部附属中学校
（静岡·島田·浜松）
10年分（算数）

愛知県

愛知淑徳中学校
7年分（算数・理科・社会）
東海中学校
7年分（算数・理科・社会）
南山中学校男子部
7年分（算数・理科・社会）
南山中学校女子部
7年分（算数・理科・社会）
滝中学校
7年分（算数・理科・社会）
名古屋中学校
7年分（算数・理科・社会）

岡山県

岡山白陵中学校
7年分（算数・理科）

広島県

広島大学附属中学校
7年分（算数・理科・社会）
広島大学附属福山中学校
7年分（算数・理科・社会）
広島学院中学校
7年分（算数・理科・社会）
広島女学院中学校
7年分（算数・理科・社会）
修道中学校
7年分（算数・理科・社会）
ノートルダム清心中学校
7年分（算数・理科・社会）

愛媛県

愛光中学校
7年分（算数・理科・社会）

福岡県

福岡教育大学附属中学校
（福岡·小倉·久留米）
7年分（算数・理科・社会）
西南学院中学校
7年分（算数・理科・社会）
久留米大学附設中学校
7年分（算数・理科・社会）
福岡大学附属大濠中学校
7年分（算数・理科・社会）

佐賀県

早稲田佐賀中学校
7年分（算数・理科・社会）

長崎県

青雲中学校
7年分（算数・理科・社会）

鹿児島県

ラ·サール中学校
7年分（算数・理科・社会）

※もっと過去問シリーズは
国語の収録はありません。

教英出版
〒422-8054
静岡県静岡市駿河区南安倍3丁目12−28
TEL 054-288-2131
FAX 054-288-2133
詳しくは教英出版で検索
教英出版　検索
URL https://kyoei-syuppan.net/

令 和 6 年 度

入 学 試 験 問 題

国　語

実 施 日 ： 令和 6 年 1 月 5 日（金）

時 間 帯 ： 9 時 30 分～10 時 30 分

《注 意 事 項》

- 解答はすべて解答用紙に記入すること。

照 曜 館 中 学 校

2024(R6) 照曜館中
教英出版

一　次の文章Ⅰ・Ⅱを読んで、後の問いに答えなさい。句読点等は、字数として数えること。

文章Ⅰ

環境を考えるうえで、倫理《りんり》の知識は欠かせない。倫理というと、いちおう学校の道徳の時間に学んだ気がするけれど、あまり力を入れて勉強しなかったなあ、ちゃんと覚えてないなあという人も多いだろう。（　A　）日本の小中学校で教えられる道徳教育は個人の感情に訴《うった》えて良心を形成するというものが多い気がするけれど、ここでは、世界の社会や経済を動かすパワーを持つ原理になり得る倫理について学んでみよう。倫理・思想・哲学《てつがく》というと、なにやら世の中の役に立たなそうな①机上《きじょう》の空論というイメージを持つ人もいるかもしれない。ところがどっこい、これこそが環境保護の原動力になり得るのである。

人間の役に立たない生物を保護する必要はあるのだろうか。この本を手に取ったあなたのような②環境意識の高い人は何の疑問も持たず、「自然界の生物や生態系を保護することは大事」「a絶滅にひんしている生きものを救うべき」と答えることだろう。（　B　）ドラマで見るような冷徹《れいてつ》なビジネスマンが実在するとしよう。その生きものを保護することでお金は儲《もう》かるの？　それとも逆にお金がかかるの？　それになんのメリットがあるの？　と冷静に問い詰《つ》められたときにどう答えたらいいだろう。「生きものがかわいそうだから」という感情だけでは、お金儲けしか眼中にないビジネスマンを説得することは不可能だ。そこで考え出されたのが③生態系サービスという概念《がいねん》である。この考え方は、自然の恵《めぐ》みを金銭で定量化することが特徴だ。自然は人間にどれくらいの恩恵《おんけい》を与えてくれているのかを具体的に数字で示すことができる。だから自然を保護することの価値を客観的に示すことが可能だ。経済的な恩恵があることが分かれば、お金にしか興味のないビジネスマンでも自然保護に賛成することだろう。生態系サービスで経済と環境を両立させる。生命が人間や社会に役立つことを、お金に換算《かんさん》してまとめる。このように自然保護の論理的根拠《こんきょ》を示すことで、環境保全は一部の意識高い人の行いではなく、社会全体で取り組むべき価値があると自信を持っていえるのだ。

環境保全について考えるとき、僕らは「平等」という倫理上の概念に直面する。たとえば、先進国に住む僕らと発展途上国の人びととの平等。現代の地球の総人口のかなりの部分は発展途上国が占《し》めている。発展途上国では、一人当たりの二酸化炭素排出量が少ない。（　C　）日本やアメリカのような先進国と違って、自家用車やエアコンなどがあまりｂ普及していないからだ。□発展途上国が発展し、僕ら日本人とおなじような生活水準を持つに至《いた》ったらどうなるだろう。そのときは地球全体の二酸化炭素排出量がさらに増加し、地球温暖化はさらに深刻さを増してしまう。それならば発展途上国に経済援助をするのをやめて、彼らには貧しいままでいてもらうのがよいのだろうか。次の章で詳しく考えるが、地球温暖化を止めるためには、世界の不平等が大きくかかわってくる。その章まではみなさんへの宿題としておきたい。少し考えてみてください。

平等については、④世代間の平等という概念も必要だ。いま僕らは、化石燃料をガンガン燃やして豊かな暮らしを享受《きょうじゅ》している。しかしこのような人間の放漫《ほうまん》な暮らしは、いつまでも続けられるわけではない。世界の環境収容力には限界があるからだ。僕らが資源をどんどん使い環境をｃ汚染してしまうと、次の世代の人たちが僕らのツケを払わざるを得なくなり、その暮らしは悲惨《ひさん》なものになってしまうかもしれない。（　D　）そう考えると果たして僕らは、次世代のことを考えずに好き勝手わがままに暮らしていいのだろうか。これが世代間の平等の問題である。これは「持続可能な発展」という概念との関係が深い。僕らは豊かな暮らしを追い求める人間の性《さが》を持っているけれど、それが持続可能か、つまり次の世代も、その次の世代も、この調子で暮らして良いかどうか考える必要がある。

文章Ⅱ

世界にはいろんな国があり、それぞれ事情が違う。日本のような先進国では有効なことでも、その手法が発展途上国でも使えるとは限らない。「発展途上国」という言葉があらわすように、これらの国は、なんとか先進国に追いつこうとしている。そんな国々に「石炭石油を使うな、森林伐採《ばっさい》をするな」と命令したところで、⑤まともな効果は生まれない。「日本やアメリカは、これまでさんざん石炭や石油を燃やして森林を伐採しまくった結果先進国になったのではないか。我が国がおなじことをするのを禁じるのは不平等だ」と言われてしまうのである。そう、発展途上国には発展する権利があり、その可能性をうばってはならない。無理やりその権利を奪《うば》おうとしても、それはできない。想像してみてほしい。読者のみなさんがいままさに飢《う》えや病気に苦しんでいる状況だとして、果たして世界の環境を守るために逆境を甘《あま》んじて受け入れることはできるだろうか。□僕がそのような状況に置かれたら、がまんするのは難しいと思う。温暖化で世界の環境を破壊している罪深い先進国の人びとが快適で気楽に暮らしているのに、まずしい自分ががまんを強いられるなんてまっぴらごめんだ。暖を取るため、食べものを炊事《すいじ》するためにそのへんの木を切って燃やすだろう。石炭が手に入るなら喜んで燃やすだろう。絶滅危惧《きぐ》種の動物だって殺して食べてしまうだろう。

（伊勢武史『２０５０年の地球を予測する　科学でわかる環境の未来』ちくまプリマー新書より　一部改変）

問一　＝＝線部ａ「絶滅」・ｂ「普及」・ｃ「汚染」の読みをそれぞれ答えなさい。

問二　次の一文が入る場所として、最も適当なものを本文中の（　Ａ　）～（　Ｄ　）の中から選び、記号で答えなさい。

しかしそれって、世界じゅうの人に通じる考え方だろうか。

問三 ——線部①「机上の空論」と同じ意味のことわざを次の中から一つ選び、記号で答えなさい。

ア 転ばぬ先のつえ
イ 一寸《いっすん》先は闇
ウ 絵に描いた餅《もち》
エ 言わぬが花

問四 ——線部②「環境意識の高い人」とありますが、これと対照的な立場を表す語句を、本文中から六字で抜き出しなさい。

問五 ——線部③「生態系サービスという概念」とありますが、これはどういう考えですか。三十字以上四十字以内で答えなさい。

問六 本文中の二箇所《かしょ》の□に共通してあてはまる語句を考えて、ひらがな二字で答えなさい。

問七 ——線部④「世代間の平等」とありますが、これを実現するために今の世代の人々がすべきことは何ですか。「持続可能」という言葉を用いて、三十字以上四十字以内で答えなさい。

問八 ——線部⑤「まともな効果」とありますが、この「効果」とは、何につながるものですか。最も適当なものを次の中から選び、記号で答えなさい。

ア 先進国がさらなる経済成長を果たすこと
イ 環境問題が解決に近づくこと
ウ 人々が苦しみを訴えられるようになること
エ 先進国に罪をつぐなわせること

問九　**文章Ⅰ・Ⅱを読んだ生徒が、自分の意見を述べています。筆者の考え方に最も近い意見を持っている生徒は誰ですか。後のア〜エから一つ選び、記号で答えなさい。**

Ａさん「発展途上国の人たちは豊かな生活を求めて国を発展させようとしています。しかし、豊かな生活を一度経験すれば、さらなる豊かさを求めて環境破壊を繰り返すかもしれません。だから、先進国は援助《えんじょ》を積極的に行うべきではありません。」

Ｂさん「今の技術では、発展途上国の人たちを貧しさから救う方法がありません。一方で、寒い時に暖を求めるのは人間として当たり前の行動だと思います。先進国は途上国への支援の前に、高性能な暖房器具の開発にお金をかけてほしいです。」

Ｃさん「誰だって、国を豊かにしたいと思うのは当然でしょう。これまで先進国は充分《じゅうぶん》すぎるほど楽な暮らしをしてきたはずなので、自国の成長をいったんストップし、発展途上国の人たちと同じ水準の生活を体験してもらいたいです。」

Ｄさん「発展途上国が貧しいままだと、生活するために環境破壊を続けるかもしれません。先進国からの経済援助によって途上国の経済が発展し、社会が安定すれば、環境を破壊することも少なくなり、その結果、温暖化対策になると思います。」

ア　Ａさん　　イ　Ｂさん　　ウ　Ｃさん　　エ　Ｄさん

二　次の文章を読んで、後の問いに答えなさい。句読点等は、字数として数えること。

町の東に広がる山並《やまな》みから一つ取り残されたように、黒爪山《くろづめやま》はあった。

桜並木とお堀《ほり》のある大きな公園が町のはずれにあり、そのおくが山の入り口になっている。そこには遊具やトイレのほかに黒爪山歴史資料館が建っていて、近くで発見されたという数百年前の屋敷跡《やしきあと》の史料を公開している。

建物をすぎて行くと、ゆるやかだった坂は急になり、道は山へ分け入る細い石段へ変わる。石段のはじめに色あせた赤い鳥居《とりい》が立ち、のぼりきった先の林に境内《けいだい》があり、お社《やしろ》が［　Ⅰ　］たたずんでいる。

虫とりあみをふり回し、皇輝《こうき》と智哉《ともや》はお社の前でトンボを追いかけていた。

せみの鳴き声が林に盛大《せいだい》にひびくのを、悠馬《ゆうま》は足を止めて聞いた。汗《あせ》でしめったTシャツにときおりすずやかな風がふいてくる。

（去年クワガタとったのって、もっと先だったよな）

悠馬は二人からはなれ、お社の横を通りすぎた。木もれ日が屋根を行ったり来たりゆれながら、ぼんやりと光っている。古ぼけたお社は戸が閉まっていて、暗闇《くらやみ》に何かがひそんでいるかのような想像をかきたてる。背すじがひやりとして、①悠馬はわざとはなれたところを歩いていった。

裏にまわると、細い小道がやぶの中へのびている。小道をのぼっていこうとする悠馬の背後に、太く低い声がひびいた。

「どこまで行く。山に入りすぎるんじゃないぞ」

②（うわっ、でた）

花木の下にしゃがみこんでいた老人が、いきなり声をかけてきた。

ここに遊びに来ると必ず声をかけてくる老人だった。母親の話では、元々この神社の神主《かんぬし》をしていた人だという。公園のすぐ横の大きな家に住んでいるらしい。神社の敷地《しきち》で遊ぶことを注意してくるわけではなかったけれど、Aぶっきらぼうな話し方のせいか、悠馬たちにとっては少し不気味な存在だった。

分かってまーすと、と悠馬は調子よく返事をする。すると老人は立ち上がり、aカタホウの足を引きずりながら向こうへ行ってしまった。

黒爪山にこわいうわさがあることは、だれもが知っている。

雨の日には黒い霧《きり》が立ちこめている。だれかが流す涙《なみだ》のように黒い湧《わ》き水《みず》が道路へつたってくる。山深く入ると、神様の爪《つめ》にひっかけられていなくなってしまう。そんな話がまことしやかにささやかれて、大人でも近よるのをいやがった。そしてじっさいに、足をふみ入れてはならない場所——B禁足地《きんそくち》があるという。

悠馬は虫とりあみをにぎりなおす。そんなに遠くまで行くわけじゃない、と言いきかせ先へいそぐ、皇輝は大物をとると必ずじまんしてくる。自分もたまにはおどろかせてやりたい。

小道の先は草地になって、太い木があちらこちらに生えている。その幹にできたうろをのぞいていたときだった。

スニーカーの近くを何かが横切っていく気配がした。ぎくりとして飛びのくと、草むらを細長いものがするすると動いた。

「うわ、ヘビだ!」

金属のように光る小さなヘビを見つけ、夢中になってあとを追った。

「まてまてまてっ」

ヘビはおいしげるやぶの中へあっという間に消えていく。にがしてしまった。

気をとりなおしてふり返り、悠馬はふたたび草むらに目をやった。見たこともない真っ黒なかげが動いてくる。今はいているスニーカーと同じくらいの大きさはある、大物だ。草をかきわけ、ものすごい勢いではってくる。爬虫類《はちゅうるい》が平気な悠馬も一瞬《いっしゅん》、たじろいだ。

いけ!　と悠馬はあみをふり、黒い影《かげ》のような生きものにかぶせた。

「やった!」

今度はbセイコウだ。　Ⅱ　動く胸の音が、耳にまで聞こえてきそうだ。

おーい、と遠くから皇輝と智哉の声がとどいた。二人ともきっと自分のとったものを見せに来たのだ。悠馬はすばやくあみの中をさぐり、あばれるとかげを急いで虫かごに入れた。

「見ろよ、すごいぞ!」

智哉が走ってきて、自分の虫かごを持ち上げる。中にいたのは、白と緑のまだら模様の蛾《が》だった。朝、自動販売機《はんばいき》にくっついていた蛾の何倍もありそうだ。

「でっか!」悠馬は目を大きく見開いた。

息をはずませる智哉のうしろに、おくれて皇輝がやってきた。「ただの蛾じゃん」と、すっぱり切りすてて、どうだとオニヤンマの入ったかごを見せびらかした。すっかり勝ったつもりでいるのか、得意げな顔をしている。

③悠馬はにやけてくるのをがまんし、自分の虫かごをつき出す。

「おれは、とかげ!」

皇輝はとかげの大きさにぎょっとして、顔を近づけてきた。④それからしばらく見て、ブッとふき出す。

「悠馬、なんだよ、それ……おもちゃかよ!　おどろかすなよ!」

えっ、と悠馬は目を丸くした。あわててかごに手をつっこんで、黒とかげのしっぽを持ち上げた。

あれ――。

暑さのせいで、まぼろしを見ているのだろうか。目の前にあるそれは、さっきつかまえたつやのあるとかげではなくなっていた。さわった感触《かんしょく》もぜんぜんちがって、かさかさしている。何度まばたきしても、そこにいるのは黒い紙でできたとかげだった。

うそだろ、と悠馬は目をこらした。紙は紙でも、ぺしゃんこのおりがみじゃない。紙をぎゅっと手でまとめたみたいに、密《みつ》に折られて厚みがある。首も体も太く、手のひらにのせるとちゃんと足で立つ。皇輝の言うように、もしおもちゃなら電池のカバーがあるはずだ。ひっくり返して見た黒い腹には、一点、白くにじんでいるところがあるだけで、すきまはどこにもない。

「さっき、動いてたのをつかまえたはずなんだけど」

悠馬が何度言っても、皇輝も智哉も腹をかかえて笑うだけだった。

「だれがすてたんだ、こんなの」と智哉がおもしろ半分に、宇宙人の落としもの説をとなえた。なぜここにこんなものが落ちているのか、たしかに不思議だ。
「だいじょうぶかよ、悠馬。ちゃんと起きてっか～？」
皇輝がからかいをまぜて、顔をのぞいてくる。
黒い紙は、命を失ってしまったかのようにぴくりとも動かない。
「でもたしかに……」と言いかけた言葉を、悠馬はぐっとのみこんだ。きっとかんちがいだ。ただの紙が動くはずなんてないのだ。こんなにcニたものを草むらに置かれたら、本物とまちがえて当然だった。
「寝《ね》ぼけてた？　おれ」
悠馬は頭をかきながら、おどけるしかなかった。
西にかたむいた黄色い太陽を合図に、三人は神社から公園へゆっくりもどりはじめる。あの老人も帰っていったのか、すがたはどこにもなかった。
「あーのどかわいた。はやく帰って麦茶でも飲もうぜ」
日にまぶしそうに目を細め、皇輝がふり向く。
おう、と悠馬は明るく答え、⑤石段のとちゅうで神社をふり返った。とかげを元の場所へ置いてきたほうがよかったかもしれない。そう思いながらも、どきどきする手でズボンにとかげをつっこんだ。
（気のせいだって、動くわけないんだし）
作りがリアルでみょうに気に入ってしまったのだ。
鳥居をくぐりながら、悠馬は⑥記憶《きおく》の再生ボタンをおしてみる。
とかげは体をゆらしながらやってくる。
何度くり返しても、同じだった。

（鳥美山貴子『黒紙の魔術師と白銀の龍』）

問一 ═線部a「カタホウ」・b「セイコウ」・c「ニ（た）」を漢字に直して書きなさい。

問二 Ⅰ ・ Ⅱ にあてはまる語句として最も適当なものを次の中から選び、それぞれ記号で答えなさい。

Ⅰ　ア　ふらりと　イ　ひっそりと　ウ　ぽつぽつと　エ　ぴたりと

Ⅱ　ア　ずきずき　イ　ぐらぐら　ウ　さらさら　エ　どくどく

問三 〰線部A「ぶっきらぼうな」・B「まことしやかに」の意味として最も適当なものを次の中から選び、それぞれ記号で答えなさい。

A「ぶっきらぼうな」
ア　愛想のない
イ　ぎこちない
ウ　人を見下した
エ　反抗《はんこう》的な

B「まことしやかに」
ア　誰かが計画したかのように
イ　特別なことのように
ウ　冗談《じょうだん》のように
エ　本当のことであるように

問四 ──線部①「悠馬はわざとはなれたところを歩いていった」とありますが、悠馬がこのような行動をとったのはなぜですか。最も適当なものを次の中から選び、記号で答えなさい。

ア　老人に声をかけられないように、見つかりづらい場所を歩きたかったから。
イ　暗闇で方向を見失い、一度明るいところまで戻るべきだと判断したから。
ウ　得体《えたい》の知れない何かの気配を感じ、お社を避《さ》けたくなったから。
エ　背すじに寒気《さむけ》を感じるほど怖《こわ》くなり、家に帰りたくなったから。

問五　――線部②「うわっ、でた」とありますが、この反応から読み取れる悠馬の「老人」に対する印象として最も適当なものを次の中から選び、記号で答えなさい。

ア　何を言っても理解を示さない頑固《がんこ》な人

イ　誰に対してでも話しかけてくるなれなれしい人

ウ　突然大声を上げておどろかせてくる迷惑《めいわく》な人

エ　なるべく関わりたくない謎《なぞ》めいた人

問六　――線部③「悠馬はにやけてくるのをがまんし、自分の虫かごをつき出す」とありますが、このときの悠馬について説明したものとして最も適当なものを次の中から選び、記号で答えなさい。

ア　とかげを捕まえた瞬間の高ぶった気持ちがよみがえり、興奮を抑《おさ》えられないでいる。

イ　皇輝と智哉の捕まえてきた虫と同程度の大きさのとかげを捕まえられたことに自信を持っている。

ウ　とかげを見た皇輝と智哉が一緒に喜んでくれる姿を想像し、笑いがこみ上げてきている。

エ　皇輝と智哉に誇《ほこ》れる大物を捕まえることができたと確信し、満足感にひたっている。

問七　――線部④「それからしばらく見て、ブッとふき出す」とありますが、皇輝はなぜ「ふき出」したのですか、二十五字以上三十五字以内で答えなさい。

問八　――線部⑤「石段のとちゅうで神社をふり返った」とありますが、悠馬がこのような行動をとったのはなぜですか。最も適当なものを次の中から選び、記号で答えなさい。

ア　敷地内のものを勝手に外に持ち出すことに後ろめたさを感じたから。

イ　とかげを自宅に持ち帰るために、勇気を奮い立たせようとしたから。

ウ　生き物なんて捕まえるべきではなかったという後悔《こうかい》が押《お》し寄せてきたから。

エ　神社で起きた出来事を老人に報告せずに帰ってはいけない気がしたから。

問九　――線部⑥「記憶の再生ボタンをおしてみる」とは、具体的にどうすることですか。「とかげ」という語句を用いて、十五字以上二十五字以内で答えなさい。

問十　授業でこの文章を読んだ照太さんと曜子さんは、文章内の表現の特徴やその効果についてまとめ、発表することになりました。次に示すのは、二人の話し合いの様子です。――線部ア～エの中から、本文に合わないものを一つ選び、記号で答えなさい。

照太さん「この文章には、悠馬、皇輝、智哉という三人の子どもが登場するけれど、ア初めから終わりまでずっと悠馬の視点なのは変わらないよ。」

曜子さん「三人が会話しているシーンでは、イ短文を多用しているから、登場人物それぞれの心情が生き生きと伝わってくる。話し言葉でしか使わない表現もたくさん使われていて、子どもらしい無邪気《むじゃき》さが感じ取れるね。」

照太さん「いっぽうで、老人や黒爪山に目を向けると、ウ子どもたちの様子とは対照的な雰囲気《ふんいき》で描かれているよ。」

曜子さん「黒爪山や山中で暮らす生き物たちの様子は、エ事実のみを淡々《たんたん》と述べることで、私たち読者が誤解しないようにしているんだろうね。」

照太さん「いろいろな表現の工夫によって、作品の世界は創《つく》り上げられているんだなあ。表現の特徴について考えることで、より一層この作品の良さを理解できた気がするよ。」

三 次の文章を読んで、後の問いに答えなさい。句読点等は、字数として数えること。

お誕生日会が大嫌いだった。小学四年生のときのこと。クラスメート同士でお誕生日会をやるのが暗黙《あんもく》の習わしで、自宅に友だちを呼んでもてなす。呼ばれた人は、プレゼントを持って集まった。

誰かの家に呼ばれるたびに、［　A　］した。

①どの家に呼ばれても、自分の家よりすごかった。キチンとした身なりのお父さんとお母さんが笑顔で迎《むか》えてくれる。お母さんがつくったケーキに、おしゃれな料理。野菜もカラフルで、ハンバーグはそれぞれのお皿に盛りつけてあった。

玄関に脱いだ自分のスニーカーの汚れが気になった。それに手を触れ、かかとをそろえられて恥《は》ずかしかった。

プレゼントも、僕のだけ、明らかに［　B　］だった。決定的にお金がなかった。宮沢賢治の文庫本を自分で包装して持っていく。友だちに渡しても微妙《びみょう》な顔をされた。

やがて、一月。僕の番が回ってきた。

僕の家は狭《せま》い社宅で、母は内職の毎日。妹や弟の面倒《めんどう》を僕が見るのが当たり前のことだった。僕は生まれて初めて、母に②わがままを言った。

「お母さん、お誕生日会をやるので、コロッケをつくって」

母は、笑顔で

「［　C　］」と言ってくれた。

僕は、母がつくったコロッケが大好きだった。ほくほくしたジャガイモがたっぷりで、分厚くて香《こう》ばしい。

誕生日当日。十人あまりのクラスメートが家にやってきた。ケーキはない。野菜はサラダではなく、ただ、洗ったきゅうり。

「［　D　］、たくさん食べてね」

母がテーブルに置いたのは、大皿に山積みになったキツネ色のコロッケだった。

③一瞬、みんながその皿を見つめる。

違うんだお母さん、一個一個、お皿に並べるんだ。そう思ったけど、時すでに遅《おそ》し。
コロッケに手をつける同級生はほとんどいなかった。友だちが帰ったあと、テーブルに、冷えたコロッケが残っていた。
僕と妹と弟と母で、その残り物を食べた。
④僕はどこかで怒っていた。もっとおしゃれに盛りつけてほしかった。もっと見栄《みえ》を（　　）ほしかった。
コロッケは、冷えても、美味《おい》しかった。
「お兄ちゃん、なんだか、[E]」
と母が言った。急に哀《かな》しくなった。
僕は何も言えず、コロッケを食べた。⑤何個も何個も食べた。妹も弟もニコニコ笑って食べた。
大げさかもしれないけれど、そのとき、思った。⑥生きていくのは、こんな哀しさの連続なんだろう。
⑦ただ思い出すのは、冷えたコロッケが、びっくりするくらい、美味しかったこと。

（北阪昌人「冷えたコロッケ」『思い出ごはん』所収　PHP研究所）

問一　[A]・[B] にあてはまる語句として、最も適当なものを次の中から選び、それぞれ記号で答えなさい。

A…　ア　気配り　　イ　気移り　　ウ　気後《おく》れ　　エ　気抜《ぬ》け

B…　ア　斬新《ざんしん》　　イ　軽率《けいそつ》　　ウ　独特　　エ　貧相

問二　[C]～[E] にあてはまる語句として、最も適当なものを次の中から選び、それぞれ記号で答えなさい。

ア　わかったよ　　イ　ごめんねえ　　ウ　やめとこうよ　　エ　はい、どうぞ

問三 ――線部①「どの家に呼ばれても、自分の家よりすごかった」とありますが、当時の「僕」が置かれている状況を象徴しているものを本文中から八字で二つ探して、それぞれ抜き出しなさい。

問四 ――線部②「わがまま」とありますが、それはどのようなものですか。最も適当なものを次の中から選び、記号で答えなさい。

ア　友だちをもてなすために、自分が大好きな料理を用意してもらうこと

イ　他では食べられない高級な料理を友だちにふるまってもらうこと

ウ　宮沢賢治の本で紹介《しょうかい》されたコロッケと同じものを作ってもらうこと

エ　友だちが食べきれないくらい大量の料理を準備してもらうこと

問五 ――線部③「一瞬、みんながその皿を見つめる」とありますが、このときの「みんな」はどんな気持ちですか。適当なものを次の中から二つ選び、記号で答えなさい。

ア　驚き　　イ　恐れ　　ウ　怒り　　エ　哀しみ　　オ　戸惑《とまど》い

問六 ――線部④「僕はどこかで怒っていた」とありますが、これはどのような怒りですか。最も適当なものを次の中から選び、記号で答えなさい。

ア　お誕生日会に期待していた大切なケーキを準備してもらえなかった怒り

イ　金銭面で多少無理をしてでも立派な料理を用意してもらえなかった怒り

ウ　母の美味しい料理を食べることなく帰ってしまった友だちに対する怒り

エ　お誕生日会の食べ物のしきたりを母は知らないというやり場のない怒り

問七　本文中の（　　　）にあてはまる語句を考えて、ひらがな三字で答えなさい。

問八　――線部⑤「何個も何個も食べた」とありますが、それはなぜですか。理由として最も適当なものを次の中から選び、記号で答えなさい。

ア　母に対して自分の哀しい気持ちを伝えるため。
イ　哀しくて仕方なく他にどうすることもできないため。
ウ　自分でもわけのわからない怒りをおさえ込むため。
エ　コロッケのおいしさに夢中になっていたため。

問九　――線部⑥「生きていくのは、こんな哀しさの連続なんだろう」とありますが、この「哀しさ」とはどのような哀しさですか。次の中から適当でないものを一つ選び、記号で答えなさい。

ア　他人との違いをいやがうえにも意識する哀しさ
イ　自分の期待することを察してもらえない哀しさ
ウ　周りに気をつかっても友だちに恵まれない哀しさ
エ　誰も悪いことをしていないのにわき起こる哀しさ

問十　――線部⑦「ただ思い出すのは、冷えたコロッケが、びっくりするくらい、美味しかったこと」とありますが、この部分について、照太さんと曜子さんと先生が話しています。（　　　　　　　　）に入る言葉を十字以上二十字以内で考えて書きなさい。

照太さん「『冷えたコロッケ』が印象に残りました。冷えたコロッケを何個も何個も食べる『僕』の気持ちを想像するとたまらなくなります。」

曜子さん「そうですね。私にも同じような経験があって切なくなりました。ただ、お母さんが作ってくれたコロッケは『冷え』ていたかもしれませんが、そのコロッケには（　　　　　　　　）が感じられるからこそ、美味しかったのではないでしょうか。筆者は大人になってからもこの『コロッケ』の美味しさと、そこに込められたお母さんの思いを重ね合わせて思い出しているのでしょう。わたしもお母さんのコロッケが食べたくなってきました。」

先　生「二人とも、文章の細かい部分にまで注意しながら読解することができていますね。他のクラスメートの意見も聞いて、さらに読み深めていきましょう。」

2024(R6) 照曜館中
教英出版

2024(R6) 照曜館中
教英出版

令 和 6 年 度

入 学 試 験 問 題

算 数

実 施 日 ： 令和 6 年 1 月 5 日(金)

時 間 帯 ： 10時45分～11時45分

《注 意 事 項》

- 解答はすべて解答用紙に記入しなさい。
- 円周率は 3.14 を用いなさい。

照 曜 館 中 学 校

1 次の□にあてはまる，もっとも簡単な数を入れなさい。

（1） $42 \div (25 - 18) \times 4 = \square$

（2） $5.4 \times 2.5 - 3.2 \div 0.4 = \square$

（3） $3.14 \times 15 - 31.4 \times 0.5 = \square$

（4） $\left(1\frac{3}{8} - \frac{1}{4}\right) \times \frac{2}{3} \div 1\frac{7}{8} = \square$

（5） $\left\{\left(\square + 2\right) \times 9 - 11\right\} \times 23 = 2024$

（6） $\frac{27}{49} \div \left(\frac{5}{7} - 0.5\right) \times 2\frac{1}{3} - \left(5.6 \div 1.75 + \frac{3}{4} - 3.5\right) \times 2\frac{2}{9} = \square$

（7） 分数 $\frac{7}{37}$ を小数で表したとき，小数第23位の数字は□です。

（8） 1から50までの整数のうち，2または3で割り切れる整数は全部で□個あります。

（9） 定価の3割引で買った品物の代金は4200円でした。このとき，定価は□円です。

（10） Aさんが受けた5つのテストの平均点は90点でした。そのうち，1つのテストを除くと平均点は3点上がります。このとき，除いたテストの点数は□点です。

（11） 容器Aに1500g，容器Bに500gの水が入っています。それぞれの容器から同じ量の水を取り出したところ，残った水の量の比は5：1になりました。それぞれの容器から取り出した水の量は□gです。

2024(R6) 照曜館中
K 教英出版

(12)　右の図で，㋐の角度は［　　　］度です。

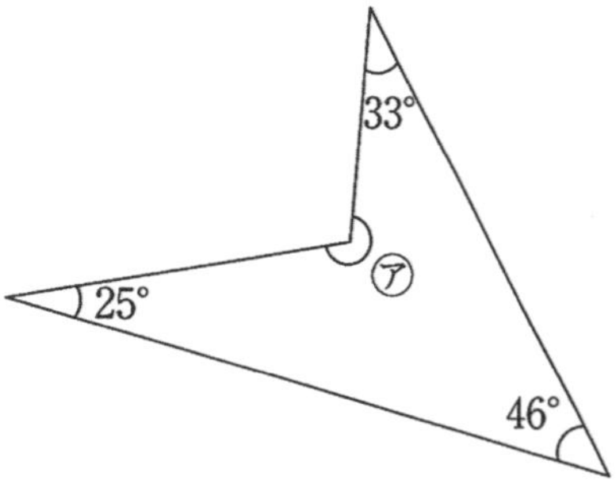

(13)　右の図は，直角二等辺三角形 ABC の 2 つの頂点 A，C を中心として，半径 20 cm のおうぎ形をかいたものです。このとき，色のついた部分の面積は［　　　］cm^2 です。

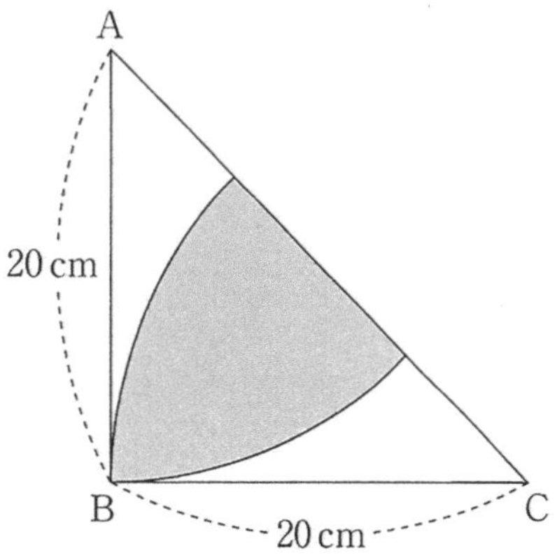

(14)　右の図のように，底面の半径が 8 cm の円すいを，頂点 O を中心として転がしたところ，1 周してもとの位置にもどるまでに 2 回転しました。OP の長さは［　　　］cm です。

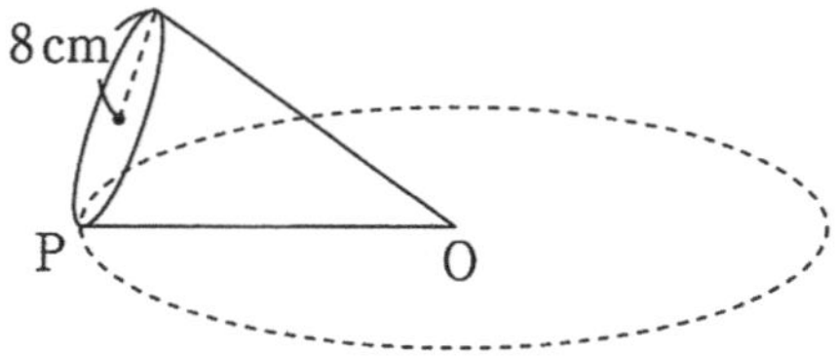

(15)　右の図の色のついている部分を㋐を軸に一回転させてできる立体の体積は［　　　］cm^3 です。

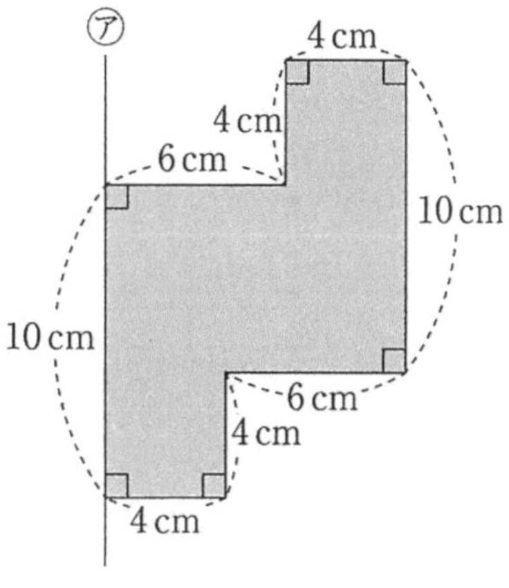

2 太郎さんが家からA町，B町，C町に自転車で移動します。太郎さんの自転車の速さは，平地では分速300 m，上り坂では分速240 m，下り坂では分速360 mです。

（1） 家からA町までは，平地の合計距離《きょり》が1.2 km，上り坂の合計距離が1.2 km，下り坂の合計距離が1.8 km，合わせて4.2 kmの道のりです。太郎さんが家からA町まで移動したとき，かかった時間は何分ですか。

（2） 家からB町までは，平地がなく，上り坂の合計距離と下り坂の合計距離が等しい道のりです。太郎さんが家からB町まで移動したとき，25分かかりました。上り坂にかかった時間は何分ですか。

太郎さんの家からC町までの道のりは，平地の合計距離が6 kmであり，他は坂道です。家からC町まで往復すると，行きは43分20秒，帰りは42分30秒かかりました。

（3） ①行きでは，上り坂の合計距離と下り坂の合計距離を比べると，どちらが何km長いですか。

②家からC町までの道のりは何kmですか。

3 【図１】のような AB ＝ 9 cm，BC ＝ 12 cm，CA ＝ 15 cm，AD ＝ 20 cm である三角柱の容器があります。

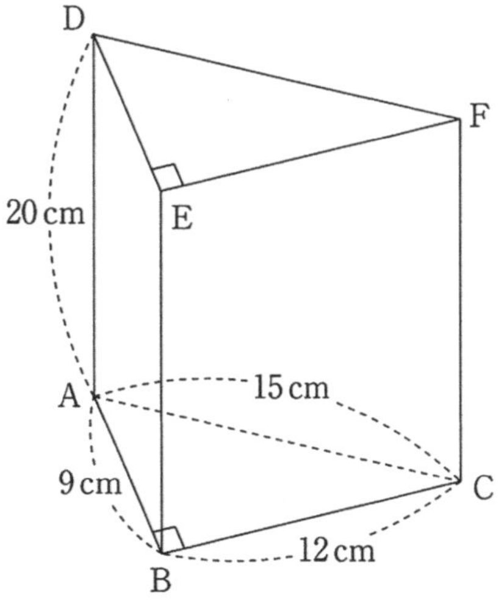

【図１】

（1） この容器に水を 810 cm^3 入れました。
面 ABC を床に置いたとき，水面の高さは何 cm ですか。

（2） この容器に水を 600 cm^3 入れました。

①【図２】のように，辺 BE と床が接するように容器を置いたところ，水面は四角形 AGHD になりました。このとき，BG の長さは何 cm ですか。

②【図３】のように，面 ACFD を床に置いたとき，水面の高さは何 cm ですか。

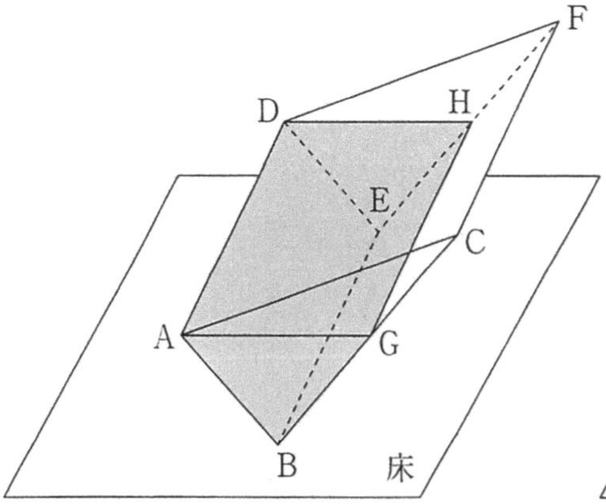

【図２】

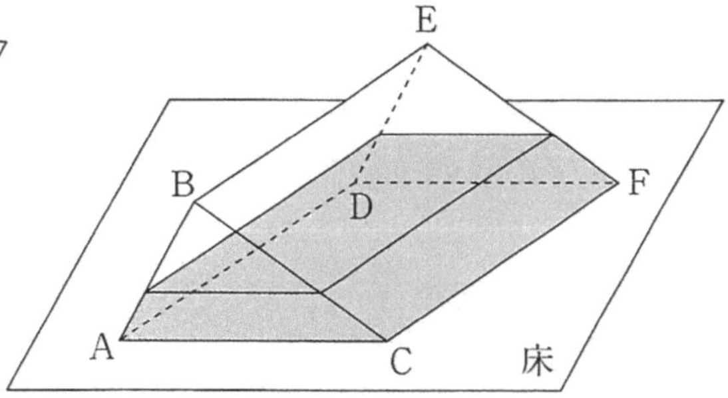

【図３】

4 次のきまり（ア）～（ウ）にしたがって数をかえていく【操作】を，その数が1になるまでおこないます。

【操作】
（ア）その数が偶数ならば2で割る
（イ）その数が3で割り切れる奇数ならば3で割る
（ウ）その数が3で割り切れない奇数ならば1を加えて2で割る

例えば，13は『13→7→4→2→1』のように4回の操作で1になり，18は『18→9→3→1』のように3回の操作で1になります。

（1） 93は何回の操作で1になりますか。

（2） 7回の操作で1になる数のうち，もっとも大きい数ともっとも小さい数をそれぞれ求めなさい。

（3） 5回の操作で1になる数は，全部で何個ありますか。

2024(R6) 照曜館中
K 教英出版

令 和 6 年 度

入 学 試 験 問 題

社　　会

実 施 日 ： 令和 6 年 1 月 5 日（金）

時 間 帯 ： 12時30分～13時10分

《注 意 事 項》

- 解答はすべて解答用紙に記入すること。

照 曜 館 中 学 校

1 次の会話文を読み、資料や図を見ながら、あとの問いに答えなさい。

照夫さん：昨年の５月に（　１　）市で主要国首脳《しゅのう》会議が開かれたね。ニュースや新聞ではＧ７サミットという言葉が使われていたけど。

曜子さん：サミットは山の頂上のことで、ＧはGroup（グループ）のGを意味していて、７という数字は、①参加国が７か国あるからだよ。

照夫さん：日本で前回行われたのは、2016年のＧ７伊勢志摩サミットだったけど、あまりおぼえていないなあ。

曜子さん：伊勢志摩サミットの前に日本で開かれたのは、2008年の北海道・洞爺湖《とうやこ》サミットだけど、その時はＧ８になっていて今より１か国多かったんだ。

照夫さん：それはどこの国だろう？

曜子さん：（　２　）だよ。2014年に（　２　）がクリミア侵攻をしたことで、参加資格が停止になったんだ。

照夫さん：（　２　）は2022年から隣の国と戦争をしているけれど、サミットに参加していたころは他の国々と話し合いができていたんだね。

曜子さん：（　１　）サミットでは、（　２　）をめぐる問題の他にも、「重要課題」として、世界にとって大切な内容を話し合っていて、ホームページにも出ているよ。

照夫さん：本当だ。「気候・エネルギー」の問題は、日本にとって欠かせないね。このところ、毎年②豪雨《ごうう》による大きな被害が出ているしね。

曜子さん：石油の価格が高くなったり、③電気代があがったりしていて、エネルギーの問題も大切だね。そもそもサミットが始まったのも、オイルショックが起きて世界の経済が混乱したからなんだ。

照夫さん：④たくさんの食料を輸入している日本にとっては、「食料」の問題について話し合うことも重要だね。

曜子さん：そうだね。サミットでとりあげられている重要課題を解決するためにも、世界の国々がお互いに協力することが大切だと思うよ。

（参考：外務省ホームページ）

【Ｇ７サミット2023参加国】（議長国順）

○フランス
○アメリカ合衆国
○イギリス
○ドイツ
○日本
○イタリア
○カナダ

資料１

【Ｇ７サミット2023　重要課題】

○地域情勢
○核軍縮・不拡散
○経済的強靭《きょうじん》性・経済安全保障
○気候・エネルギー
○食料
○保健
○開発

資料２

問1　会話文中の（　1　）にあてはまる日本の都市名を、漢字で答えなさい。

問2　会話文中の（　2　）にあてはまる国名を答えなさい。

問3　下線部①について、次の表1中A～Fは、資料1の【G7サミット2023参加国】のうち、日本をのぞいた6か国についてまとめています。資料1と表1を見ながら、あとの（1）・（2）の問いに答えなさい。

	人口 （万人）	面積 （万km^2）	日本の輸入品 （金額上位5品目・%）	ヨーロッパ連合（EU）加盟国	国連の安全保障理事会常任理事国
A	33700	983.4	一般機械12・電気機器11・医薬品10・液化石油ガス6・液化天然ガス5	×	○
B	8341	35.8	医薬品21・乗用車17・電気機器13・一般機械13・有機化合物5	○	×
C	6728	24.2	一般機械17・医薬品15・乗用車13・電気機器10・アルコール飲料5	×	○
D	6688	64.1	医薬品10・ワイン9・一般機械8・バッグ類6・香料と化粧品6	○	○
E	5924	30.2	たばこ19・医薬品11・バッグ類9・一般機械8・乗用車7	○	×
F	3816	998.5	なたね10・鉄鉱石9・豚肉8・銅鉱8・木材8	×	×

表　1　（2021年、データブックオブザワールド2023）

（1）A～Fのうち、日本の国土面積よりせまい国はいくつありますか、あてはまるものを次のア～オから1つ選び、記号で答えなさい。

ア．1　　イ．2　　ウ．3　　エ．4　　オ．あてはまる国はない

（2）カナダ、イギリスにあてはまるものを表1中のA～Fからそれぞれ1つずつ選び、記号で答えなさい。

問4　下線部②について、資料3は福岡県北九州市門司区に設置されている、1953年の豪雨による水害を伝える石碑《せきひ》です。このような、過去に起きた津波、洪水、火山災害、土砂災害等の自然災害の情報を伝える石碑やモニュメントを記す地図記号として、2019年に新しく「自然災害伝承碑」が作られました。このことについて、次の（1）・（2）の問いに答えなさい。

資料3
「水害殉難《じゅんなん》者之碑」

（1）自然災害伝承碑を表す地図記号を、次のア～エから1つ選び、記号で答えなさい。

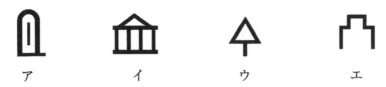

ア　　　イ　　　ウ　　　エ

（2）次の図1中のア～エは、九州地方にある自然災害伝承碑のうち、火山災害、津波、高潮、地震災害のいずれかを示しています。火山災害にあてはまるものを、ア～エから1つ選び、記号で答えなさい。

●…自然災害伝承碑がある場所

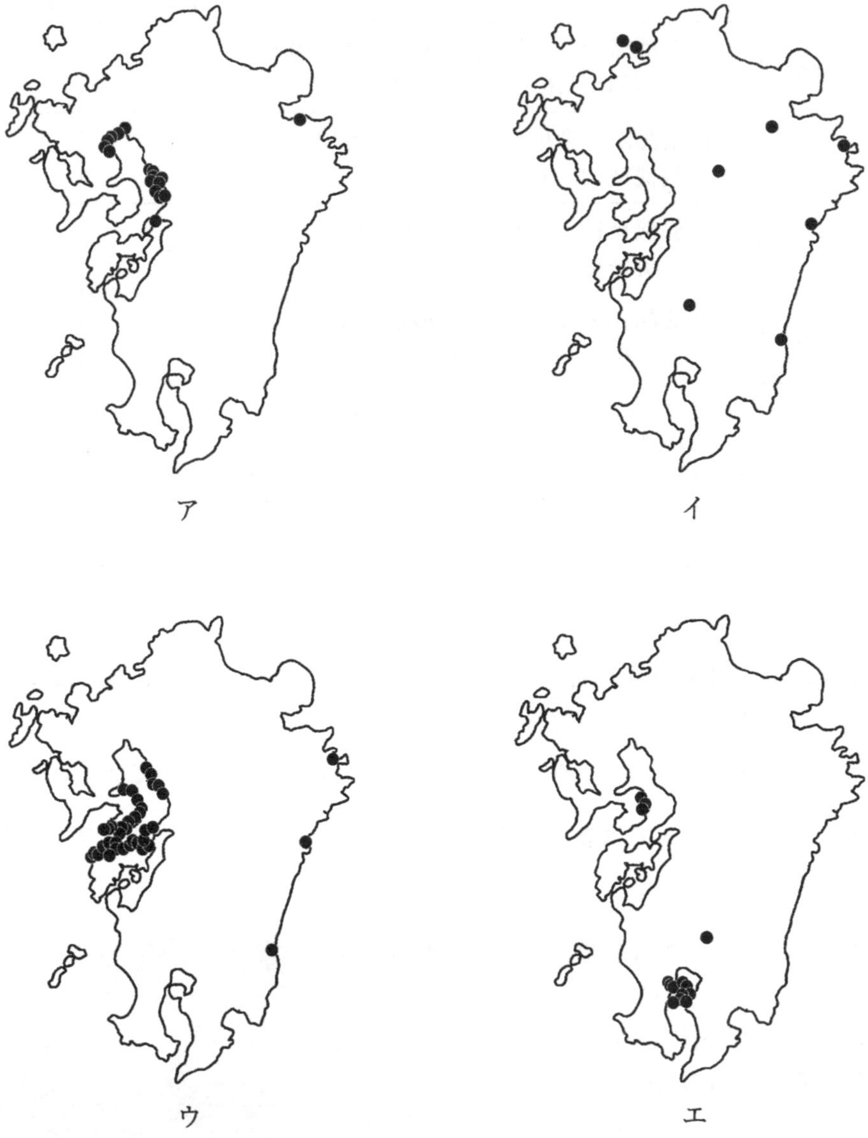

図　1

（国土地理院ホームページより）

問5　下線部③について、次のグラフのⓐ～ⓒは、日本の主な発電方法による電力量の変化を示しています。また、あとの表2中のX～Zは、グラフのⓐ～ⓒのいずれかを説明しています。これらを見ながら、あとの（1）・（2）の問いに答えなさい。

日本の発電電力量の変化

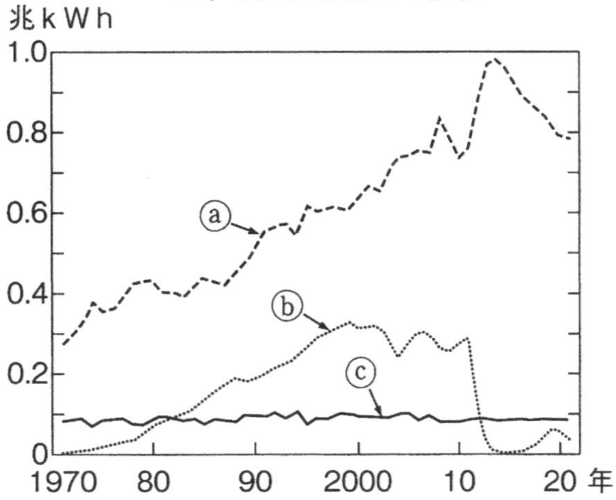

（日本国勢図会2022/23）

	発　電　の　特　徴
X	・発電量を調節しやすい。 ・YやZとくらべ、施設を建設しやすい。 ・燃料のほとんどを外国から買っている。 ・燃料に限りがあるといわれている。 ・地球温暖化の原因の一つとされる（　あ　）が出る。
Y	・発電の時に燃料を使わない。 ・発電の時に（　あ　）や廃棄物を出さない。 ・天候に影響を受けて、発電することができなくなる場合がある。 ・発電のための施設をつくるときに、環境に大きな影響を与える。
Z	・少ない燃料で多くの電気をつくることができる。 ・発電のときに（　あ　）を出さない。 ・燃料のほとんどを外国から買っている。 ・燃料に限りがあるといわれている。 ・燃料や廃棄物のあつかいが難しく、安全のための十分な備えが必要になる。

表　2

（1）表2中の（　あ　）に最も適する語句を、漢字で答えなさい。

（2）グラフのⓐ～ⓒとX～Zの正しい組み合わせを、あとの表3中のア～カから1つ選び、記号で答えなさい。

	ⓐ	ⓑ	ⓒ
ア	X	Y	Z
イ	X	Z	Y
ウ	Y	X	Z
エ	Y	Z	X
オ	Z	X	Y
カ	Z	Y	X

表　3

問6　下線部④について、次の（1）～（3）の問いに答えなさい。

（1）日本の食料自給率（2020年）について、最も近いものを次のア～エから1つ選び、記号で答えなさい。

ア．20%　　イ．30%　　ウ．40%　　エ．50%

（2）食料の輸入について述べた次の文中の□にあてはまる語句を、カタカナで答えなさい。

> 外国から大量の食料を船や自動車で運ぶと、石油などの燃料が多く使われ、「食料の重さ×輸送距離《きょり》」で表される□の数値が高くなる。多くの食料を外国から輸入している日本は、世界の中でも□が高い国となっている。

（3）次の図2は、日本の食料輸入先上位3か国までを表しており、ア～エは大豆、コーヒー豆、牛肉、さけ・ますのいずれかを示しています。大豆にあてはまるものを1つ選び、記号で答えなさい。

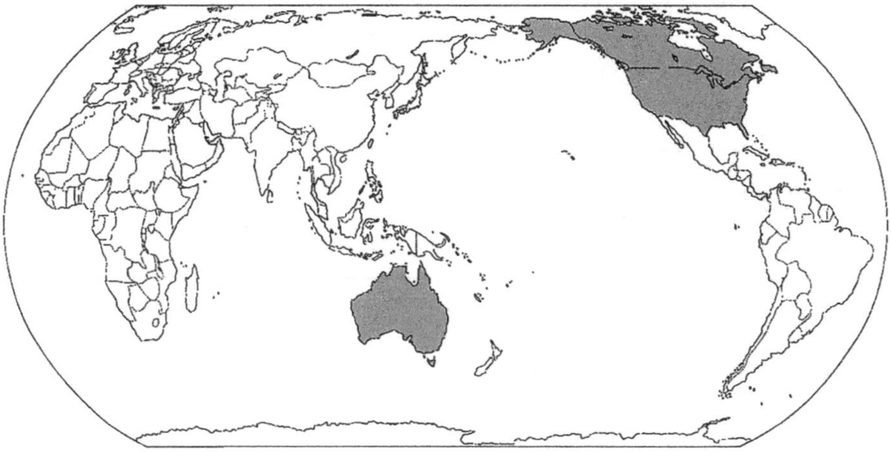

ア

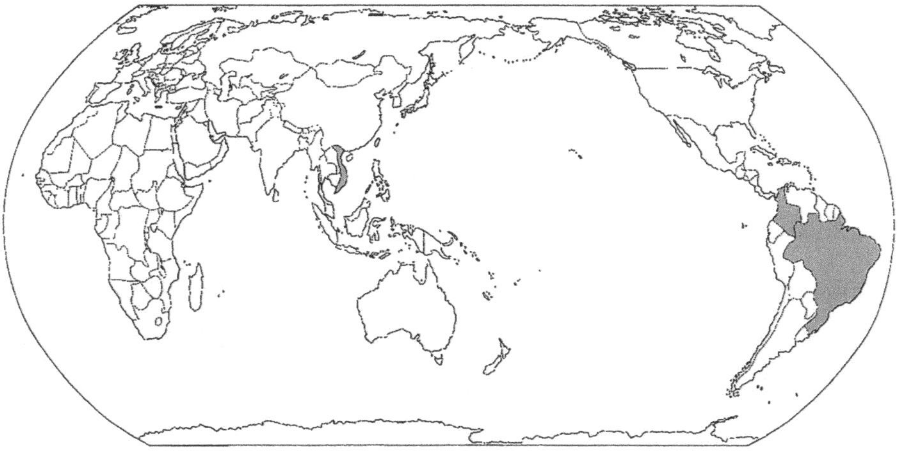

イ

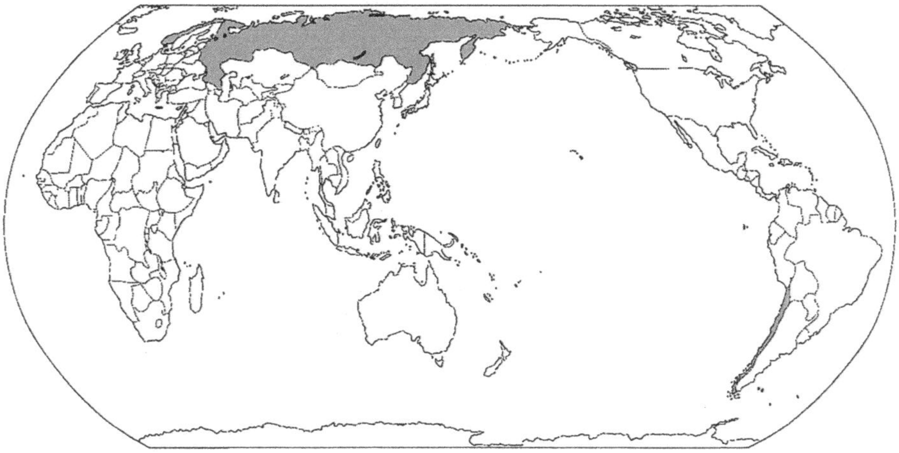

ウ

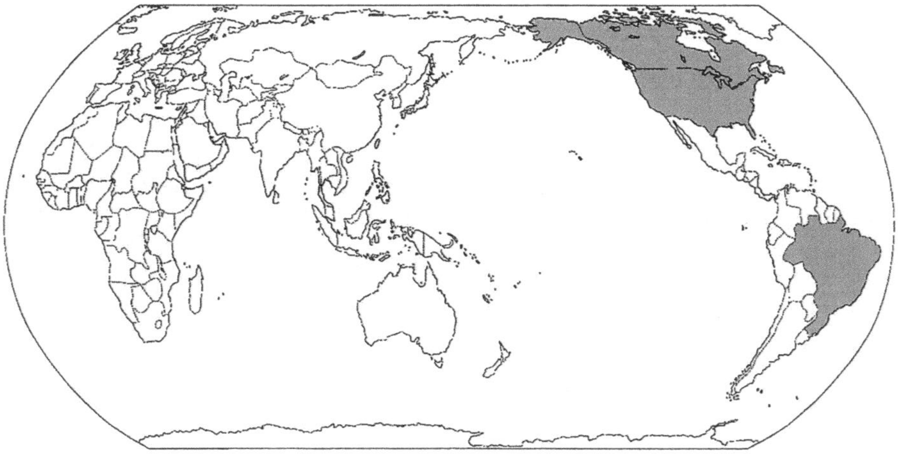

エ

図 2

2 次のＡ～Ｆの文は、東京都を除く関東地方の６県に関して説明したものです。これらの文を読み、図を見ながら、あとの問いに答えなさい。

Ａ　県庁所在地名と県名がことなる。南部には、となりの県との境界である（　１　）川の流域と霞ヶ浦《かすみがうら》を中心に、低地が広がっている。太平洋岸には、掘り込み式港を備えた鹿島臨海工業地域がある。

Ｂ　県庁所在地名と県名がことなる。（　２　）県との境界には浅間山があり、江戸時代の大噴火の際は大きな被害をもたらした。標高が高い嬬恋《つまごい》地区では、夏の涼しい気候を利用したキャベツの生産が盛んである。県内には、日本の近代化を支えた世界文化遺産がある。

Ｃ　県庁所在地名と県名がことなる。世界文化遺産がある都市には、日本で最初の公害事件が起きた（　３　）銅山もある。農業産出額は全国で９位（2021年）となっており、①いちごやかんぴょう、なしの他、生乳の生産がさかんである。

Ｄ　県庁所在地名と県名がことなる。かつて幕府がおかれた（　４　）市、関所があった箱根など歴史的に有名な地が多い。３つある②政令指定都市のうち、日米修好通商条約で開港した都市が、県庁所在地となっている。

Ｅ　県内に国際空港がある。東京湾沿いの埋め立て地には、③京葉工業地域が形成されているほか、リゾート地や会議場、倉庫がつくられるなど、はば広く利用されている。

Ｆ　中部地方の２県と接している。中央部を荒川が流れており、上流にある秩父《ちちぶ》では石灰石がとれることから、④セメント工業が発達している。

問１　各文中の（　１　）～（　４　）にあてはまる語句を、それぞれ漢字２字で答えなさい。

問２　Ａ～Ｃの文にあてはまる県を、図１中のあ～かからそれぞれ１つずつ記号で選び、県庁所在地名を漢字で答えなさい。

問３　下線部①について、次の表１中のⅠ～Ⅲは、いちご、なし、生乳のいずれかの生産上位５位の都道府県とその割合を表しています。Ⅰ～Ⅲにあてはまる組み合わせとして正しいものを、あとの表２中のア～カから１つ選び、記号で答えなさい。なお、表１中のＡ、Ｂ、Ｃ、Ｅは、説明文Ａ、Ｂ、Ｃ、Ｅで示した県を表しています。

図　１

Ⅰ　(%)		Ⅱ　(%)		Ⅲ　(%)	
北海道	56	C　県	5	E　県	11
C　県	5	福岡県	10	A　県	10
熊本県	4	熊本県	7	C　県	9
岩手県	3	愛知県	7	長野県	7
B　県	3	長崎県	7	福島県	6

表　1　(2021年、データブックオブザワールド2023他)

	Ⅰ	Ⅱ	Ⅲ
ア	なし	生乳	いちご
イ	なし	いちご	生乳
ウ	生乳	なし	いちご
エ	生乳	いちご	なし
オ	いちご	生乳	なし
カ	いちご	なし	生乳

表　2

問4　下線部②について、次の説明文にあてはまる政令指定都市の位置を、あとの図2のア～エから１つ記号で選び、都市名を漢字で答えなさい。

> この都市は、県庁所在地である。また、この都市がある県は１年間における晴れの日が全国で最も多く、県全体で平成元年から「晴れの国」として、広報活動を行っている（自治体のホームページより）。温暖な気候を利用した果物の生産がさかんで、特にぶどうは全国第４位の生産量である。　(2021年、データブックオブザワールド2023)

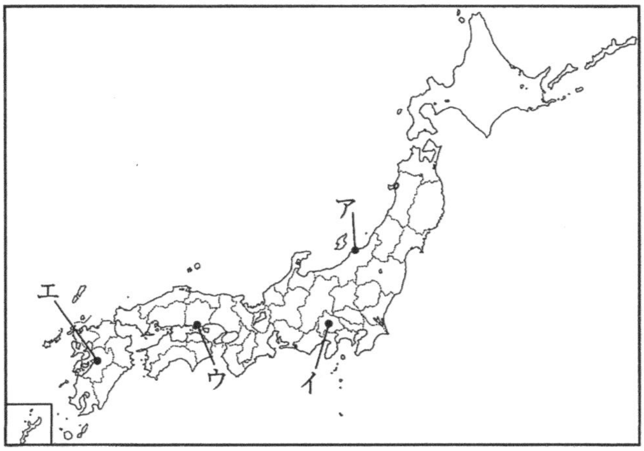

図　2

問5　下線部③について、次のア～エは、京葉工業地域、中京、京浜、阪神の三大工業地帯のいずれかの工業生産額の内訳を示しています。京葉工業地域にあてはまるものを１つ選び、記号で答えなさい。

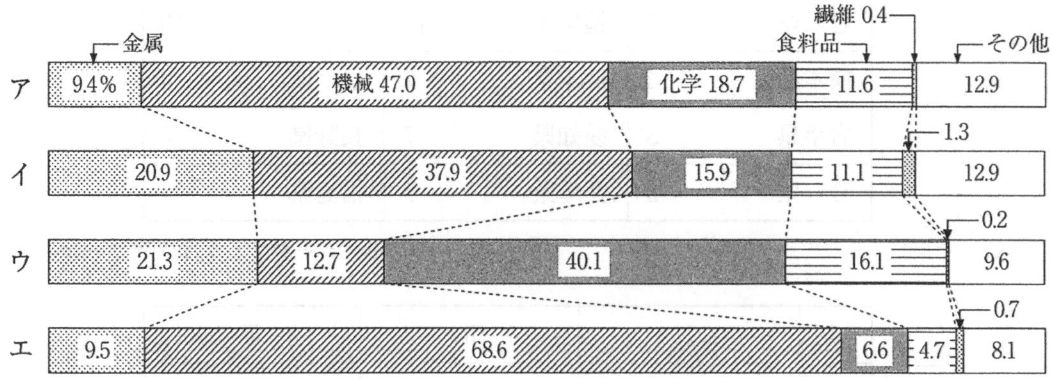

(2019年、日本国勢図会2022／2023)

【注】京葉工業地域･･･Ｅ県　　中京工業地帯･･･愛知県、三重県
京浜工業地帯･･･東京都、Ｄ県　　阪神工業地帯･･･大阪府、兵庫県

問6　下線部④について、次のア～エは、セメント工場、自動車工場、半導体工場、石油化学コンビナートのいずれかの主な分布を示しています。セメント工場にあてはまるものを１つ選び、記号で答えなさい。

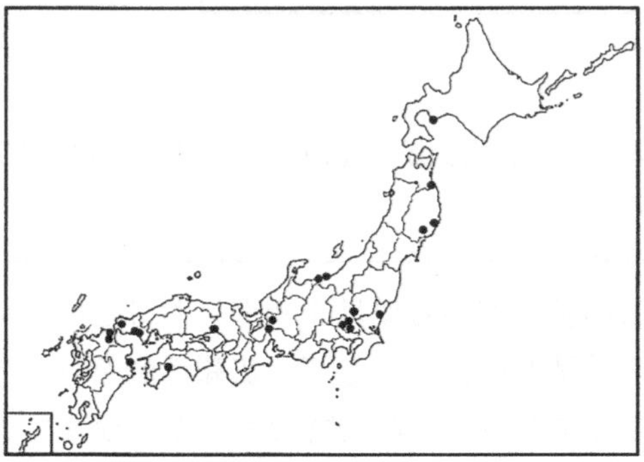

ア

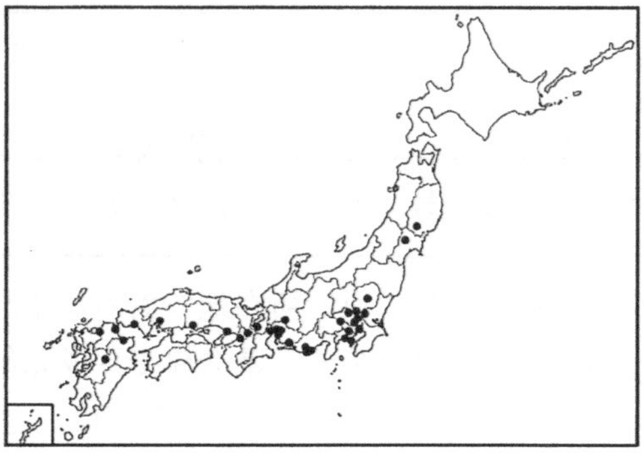

イ

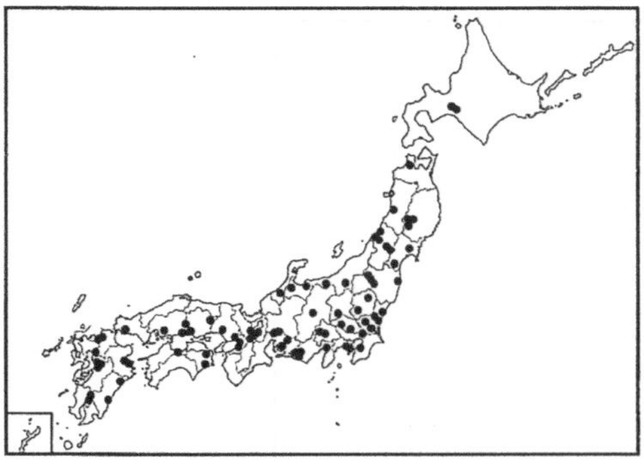

ウ

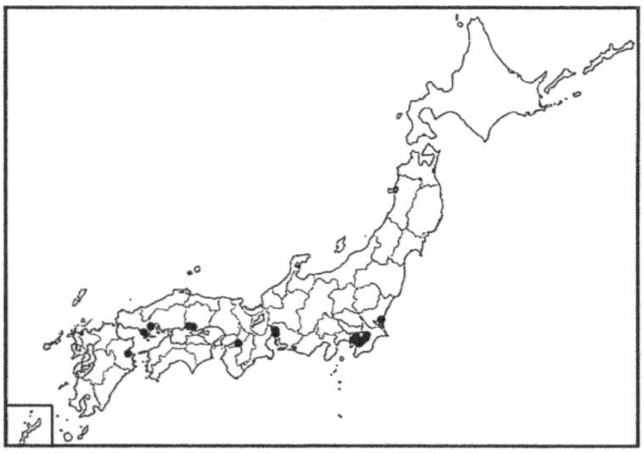

エ

3 曜子さんのクラスでは、社会科の授業で江戸時代までの日本の政治・文化について調べ学習をすることになりました。日本の政治・文化についてまとめた【A】～【E】のカードを見て、あとの問いに答えなさい。ただし、【A】～【E】のカードは時代順に並んでいません。

【A】
- ①中国（隋《ずい》）との国交が開かれ、進んだ政治のしくみや文化が取り入れられました。また、国づくりのよりどころとして仏教が重んじられるようになりました。
- 聖徳太子が建立《こんりゅう》した世界最古の木造建築物（　1　）をはじめ、数多くの寺院や仏像が作られました。大きな寺を建てたり仏像をつくる技術は、主に渡来人《とらいじん》やその子孫から伝わりました。

問1　下線部①について、国交を開くために、国書（手紙）をもって隋にわたった人物は誰か、漢字で答えなさい。

問2　カード【A】中の（　1　）にあてはまる建築物を次のア～エから1つ選び、記号で答えなさい。また、（　1　）にあてはまる語句を漢字で答えなさい。

ア

イ

ウ

エ

【B】

・たたみや障子《しょうじ》、ふすまなどを使い、現在の和室のもととなった日本独自の建築様式である②書院造がうまれました。書院造には掛け軸や陶磁器《とうじき》などをかざる床の間がありました。

・僧の（　2　）は、修行をしながら中国にわたって水墨画《すいぼくが》を学びました。帰国後、水墨画を日本風の様式に完成させ、全国各地の風景を描き、すぐれた作品を数多く生み出しました。

問3　下線部②について、書院造の庭には、石や砂を用いて、水の流れや山の風景を表現する様式の庭園が数多くつくられました。このような庭園の様式を何というか、漢字で答えなさい。

問4　カード【B】中の（　2　）にあてはまる人物は誰か、漢字で答えなさい。

【C】

・聖武天皇は、仏教の力を借りて国を守ろうと考え、全国に国分寺を建てることを命じ、都には東大寺を建て、大仏をつくることを決めました。

・朝廷は③仏教を正しく教え広めてくれるすぐれた僧を求めて、中国に使いを送りました。人々の行き来を通して、政治のしくみや大陸の文化が伝えられました。

問5　カード【C】の時代について説明した次の文ア～エのうち、まちがっているものを1つ選び、記号で答えなさい。

ア．律令に基づき、天皇を中心に天皇の一族や貴族によって政治が進められた。

イ．都は現在の京都府に唐の長安にならってつくられ、産物を取り引きする市が開かれた。

ウ．日本の成り立ちを国の内外に示すため、「古事記」や「日本書紀」を完成させた。

エ．農民は、税として稲や特産物を納める他に、都や九州などの兵役についた。

問6　下線部③について、僧たちが学ぶための寺院として唐招提寺《とうしょうだいじ》を開いて、仏教の発展に大きな役割を果たした人物は誰か、漢字で答えなさい。

【D】

・④ポルトガルやスペインの商人が来て、貿易が盛《さか》んに行われるようになりました。ヨーロッパのさまざまな品物や文化が伝わりました。

・豊臣秀吉は、⑤織田信長の死後、大阪城を築き政治の拠点とし、支配力を強めていきました。国内を統一した豊臣秀吉は、中国を征服しようと考え、2度にわたり朝鮮に大軍を送りました。

問7　下線部④について、ポルトガル人の乗った船が日本に流れ着き、そのときに鉄砲が伝えられました。流れ着いた島を、次の地図中のア～エから1つ選び、記号で選びなさい。

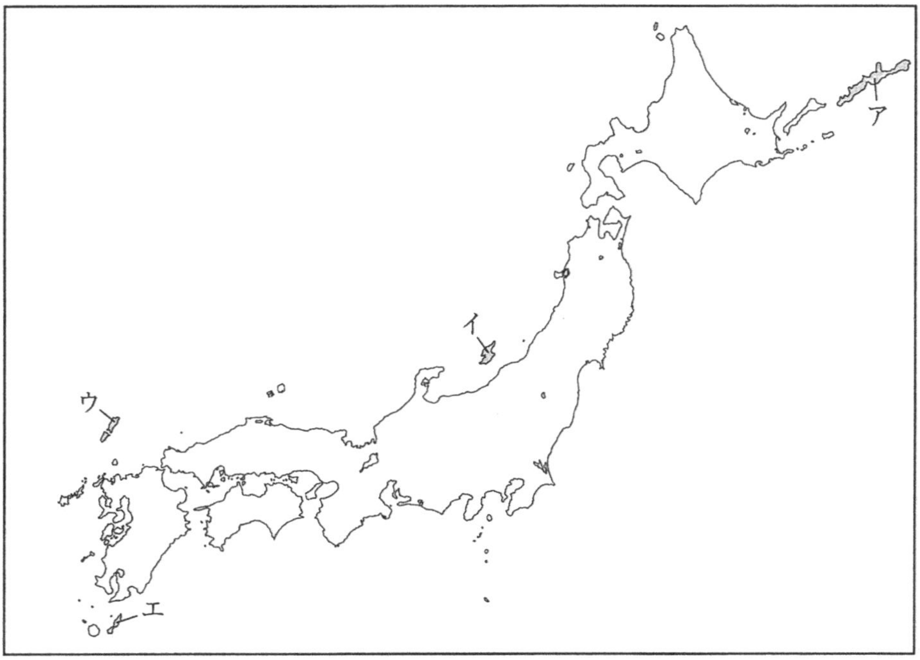

問8　下線部⑤について述べた次の文ア～エのうち、まちがっているものを1つ選び、記号で答えなさい。

ア．今川義元の軍を桶狭間の戦いで破った。

イ．将軍を追放して、室町幕府を滅ぼした。

ウ．禁教令を出して、キリスト教を弾圧した。

エ．明智光秀に裏切られ、本能寺で自害した。

【E】

・菅原道真の意見もあって、遣唐使がとりやめになりました。そのころ、中国の文化をもとにした日本風の文化がうまれました。たとえば、［　　X　　］。

・都の⑥貴族は、寝殿造とよばれる建築様式の屋しきに住み、季節ごとにさまざまな行事や儀式を行いました。有力な貴族は勢力を争い、政治を動かすほどの権力を持つ者も現れました。

問9　カード【E】中の［　　X　　］にあてはまる文を、次のア～エから1つ選び、記号で答えなさい。

ア．能が大成され、茶を飲む風習も広まりました

イ．かな文字を用いた文学作品がつくられました

ウ．歌舞伎や浮世絵がさかんになりました

エ．軍記物や力強い彫刻などがつくられました

問10　下線部⑥について、中臣鎌足《なかとみのかまたり》の子孫で、カード【E】の時代に強大な権力を握《にぎ》った一族について説明した次の文ア～エのうち、正しいものを1つ選び、記号で答えなさい。

ア．平泉を中心に東北地方を支配した。

イ．将軍にかわり、執権《しっけん》として実権を握った。

ウ．娘たちを次々に天皇のきさきにして、強い力をもつようになった。

エ．摂津《せっつ》の港を整え、中国（宋）とさかんに貿易を行った。

問11　曜子さんは、次のカード【F】を新たに作成しました。このカード【F】は、カード【A】～【E】を時代の古い順に並べた時、何番目になりますか、数字で答えなさい。

【F】

・幕府は、有力な御家人を守護や地頭に任命して全国各地に置き、武士による政治の体制を整えました。御家人たちは、命令があると「いざ鎌倉」と将軍のもとにかけつけました。

・肥後の御家人だった竹崎季長《たけざきすえなが》は、中国（元）との戦いでの自分の手柄《てがら》を示そうと「蒙古《もうこ》襲来絵詞《しゅうらいえことば》」を描かせました。

4 照夫さんたちは、社会科の授業で、「江戸時代の終わりごろに結ばれた不平等条約の改正は、どのようにして実現されたのだろうか」という学習問題について、条約改正にむけてのできごとを、年表にまとめました。次の年表を見て、また、会話文を読んで、あとの問いに答えなさい。

西暦	できごと
1858年	日米修好通商条約を結ぶ
1868年	明治政府ができる
1871年～1873年	岩倉使節団が外国をおとずれる
1883年	鹿鳴館が建てられる
1886年	（　d　）事件がおこる
1889年	大日本帝国憲法が発布される
1880年代～1890年代	日本の産業は（　e　）を中心に急速に発展する
1894年	イギリスとの条約の一部を改正する
1894年～1895年	日清戦争
1902年	日英同盟を結ぶ
1904年～1905年	日露戦争
1911年	アメリカとの条約を改正する

照夫さん：a日米修好通商条約は日本にとって、不利な条約だったんだね。

曜子さん：そうだね。明治政府は早く条約改正を行おうとして、b岩倉使節団を派遣したんだよ。でも、改正交渉は失敗におわったんだ。

照夫さん：だから、明治政府は西洋の文化や政治のしくみを学んだり取り入れたりして、条約改正の交渉の相手国と対等になることを目指したんだね。

曜子さん：明治政府がc明治のはじめに行った改革が、のちの条約改正の達成につながっていると思うよ。

照夫さん：でも、急激な改革が反発を生むこともあったようだよ。鹿鳴館をつかっての外交に反対する人たちもかなりいたみたいだよ。

曜子さん：条約改正については、特に（　d　）事件をとおしてその思いは強まっていったんじゃないかな。

照夫さん：1889年には日本はアジアで唯一の憲法をもつ国家となった。さらに、外国の技術を取り入れ、（　e　）を中心に産業も急速に発展してきて、欧米の国々に近づいていったと思うよ。

曜子さん：まずfイギリスとの間で条約の一部改正に成功するんだね。

照夫さん：そのあと、g日清戦争に勝利して、国際的にも認められていくんだね。

曜子さん：日英同盟は、イギリスが日本を対等な国として認めたってことだよね。

照夫さん：また、h日露戦争をとおして、日本の国際的な地位はさらに向上することになるよね。［　X　］。

問1　次の文は下線部ａについての説明文です。本文中の〰〰〰で示された権利を何と言いますか、漢字で答えなさい。

> 　江戸幕府は、日米修好通商条約と同様の条約を、オランダ・ロシア・イギリス・フランスとも結びました。この条約は、日本にいる外国人が罪をおかしても日本の法律で裁《さば》くことができず、輸入品に自由に税をかける権利もないなど、日本にとって不利で不平等な内容でした。

問2　次の写真は、下線部ｂの中心的な人々を写したものです。あとの文ア～エのうち、写真に写っている人物について述べたものを１つ選び、記号で答えなさい。

ア．日本で最初の銀行のほか、500余りの会社の設立にたずさわり、日本の経済の発展に尽くした。

イ．幕府のもと役人であった勝海舟と話し合いをして、戦わずに江戸城を明けわたすことを決めた。

ウ．『学問のすゝめ』を著して、学問をすることで身を立てていくべきだと主張した。

エ．明治政府の指導者の一人となり、五か条の御誓文の作成に関わった。

問3　下線部ｃについて、明治政府は国の収入を安定させるため、これまでの年貢に代わって、土地の価格に応じた税をとる改革を行いました。この改革を何と言いますか、漢字で答えなさい。

問４　年表中・会話文中の（　　ｄ　　）には、次の風刺《ふうし》画で描かれた事件名が入ります。（　　ｄ　　）に適する語句を答えなさい。

問５　年表中・会話文中の（　　ｅ　　）に適する語句を次のア～エから１つ選び、記号で答えなさい。

ア．　繊維産業　　　イ．　化学工業　　　ウ．　製鉄業　　　エ．　農業

問６　下線部ｆの時の外務大臣はだれか、次のア～エから１つ選び、記号で答えなさい。

ア．　大隈重信　　　イ．　伊藤博文　　　ウ．　板垣退助　　　エ．　陸奥宗光

問７　下線部ｇの講和条約によって、日本の領土となった地域を、次の地図中のア～エから１つ選び、記号で答えなさい。

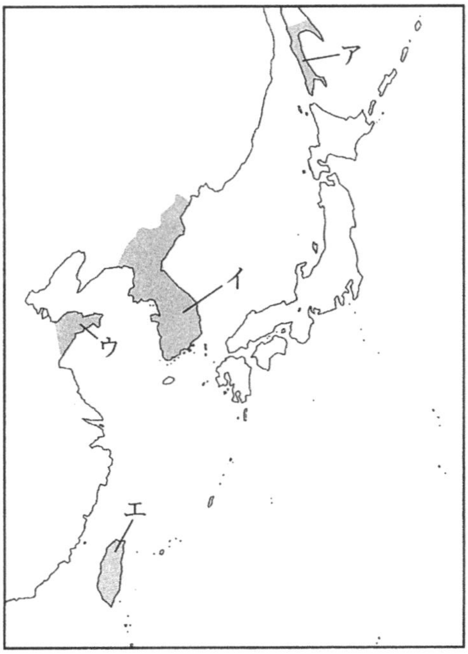

問8　下線部ｈについて述べた次のア～エの文のうち、まちがっているものを１つ選び、記号で答えなさい。

ア．日本海海戦では、東郷平八郎の指揮する艦隊が、ロシアの艦隊を破った。

イ．与謝野晶子は戦地にいる弟を思い、「君死にたまふことなかれ」をよんだ。

ウ．この戦争の講和条約は、アメリカのポーツマスで結ばれた。

エ．この戦争で得た賠償金をもとに、八幡製鉄所が拡張された。

問9　会話文中の［　　X　　］に最も適する文を次のア～エから１つ選び、記号で答えなさい。

ア．だけど、残りの不平等条約を改正してヨーロッパやアメリカと対等な関係になるために、日本は第一次世界大戦に参戦するんだよ

イ．だけど、残りの不平等条約を改正してヨーロッパやアメリカと対等な関係になるために、日本は太平洋戦争をしたんだよ

ウ．これで、東アジアの国々だけでなく、ヨーロッパやアメリカとも対等な関係が結ばれるね

エ．これで、ヨーロッパやアメリカとは対等な関係が結ばれるけど、東アジアの国々とは対等とは言えない関係になったね

5 次の図は、国民・国会・内閣・裁判所の関係を示したものです。この図を見て、あとの問いに答えなさい。

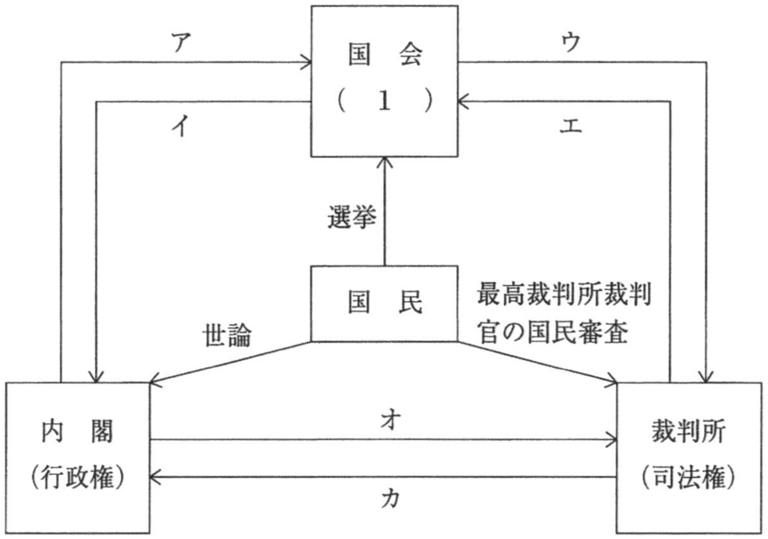

問1　図中の（　1　）にあてはまる語句を漢字で答えなさい。

問2　次のA・Bの役割は、それぞれ図中のア～カのどれにあてはまりますか、その組み合わせとして正しいものをあとの①～⑥から1つ選び、番号で答えなさい。

A　法律が憲法に違反していないかを審査する
B　内閣の不信任を決議する

	①	②	③	④	⑤	⑥
A	ウ	ウ	エ	エ	カ	カ
B	ア	オ	ア	イ	イ	オ

問3　国会・内閣・裁判所は、おたがいの役割がきちんと実行できているかどうかを調べることで、一つの機関に権力が集中しないようにしています。このしくみを何と言いますか、漢字で答えなさい。

令和6年度

入学試験問題

理科

実施日：令和6年1月5日(金)

時間帯：13時25分～14時05分

《注意事項》

- 解答はすべて解答用紙に記入すること。

照曜館中学校

1 てこやかっ車，輪じくを使っておもりを支えるときの力をばねばかりではかりました。次の問いに答えなさい。ただし，糸や輪じくの質量は無視できるものとし，かっ車の質量は40gであるものとします。

問1　図1のように，天じょうに定かっ車を固定して，片方に60gのおもりをつるし，他方にばねばかりをつなげて，おもりをもち上げ静止させました。ばねばかりが受ける力は何gになりますか。

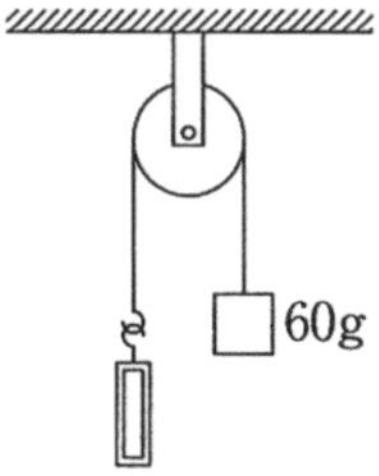

図1

問2　図2のように，天じょうに定かっ車を固定して，片方に60gのおもりを動かっ車につなげたものをつるし，他方にばねばかりをつなげて，おもりをもち上げ静止させました。ばねばかりが受ける力は何gになりますか。

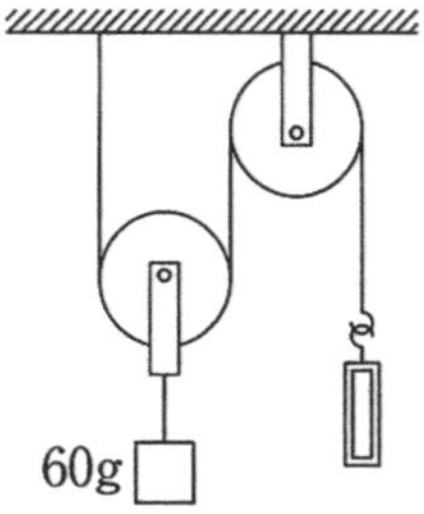

図2

問3　図3のように，天じょうに定かっ車を固定して，片方に60gのおもりをつるし，他方に動かっ車をつるして，その動かっ車にばねばかりをつなげて，おもりをもち上げ静止させました。ばねばかりが受ける力は何gになりますか。

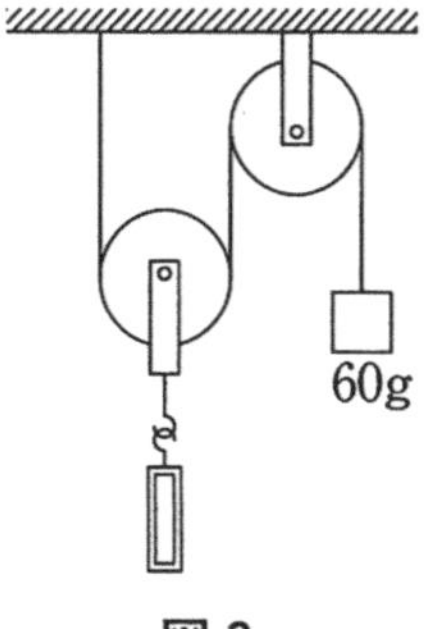

図3

問4　図4のように，天じょうに定かっ車と，定かっ車と動かっ車を組み合わせたものを固定し，動かっ車におもりをつるしました。ばねばかりをつなげて60gの力を加えるときに何gのおもりまで支えることができますか。

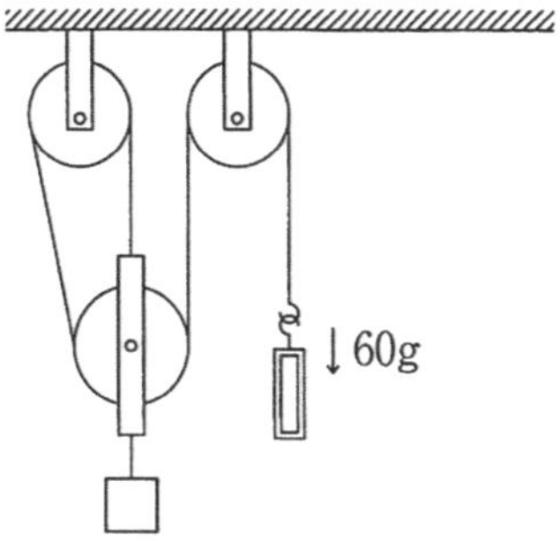

図4

問5　図5～7のように，てこにおもりをつるし，ばねばかりでささえて，水平にしました。ばねばかりの受ける力はそれぞれ何gですか。

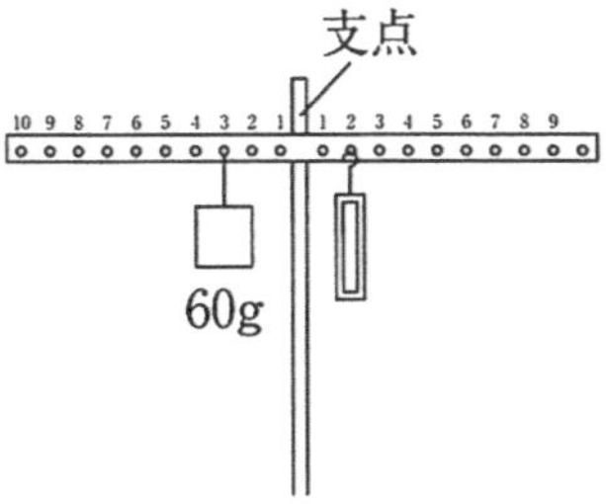

図5

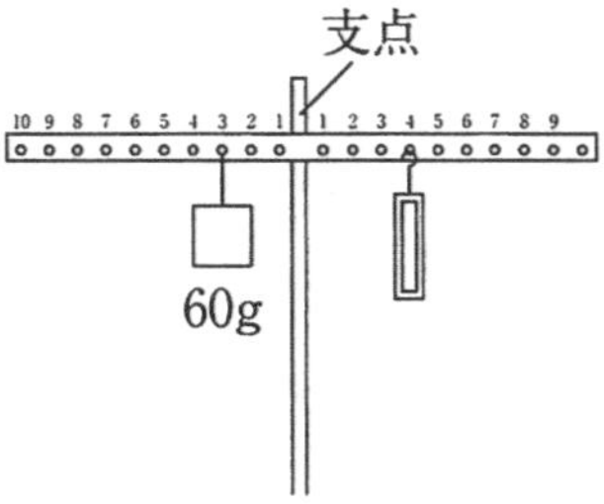

図6

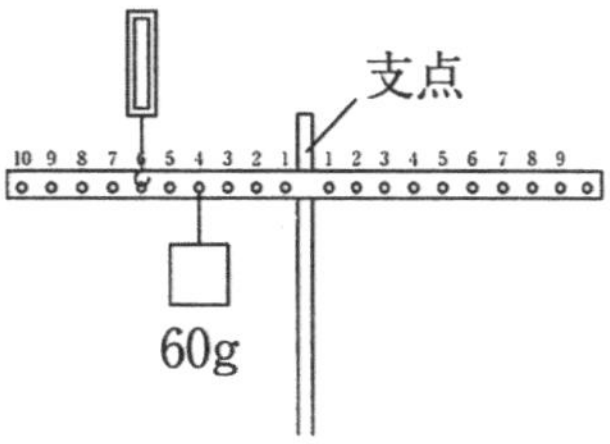

図7

問6　半径の大きい円盤（輪）と半径の小さい円盤（じく）の中心を合わせて固定し，輪とじくが一緒に回るようにしたものを輪じくといいます。図8のような輪じくの輪の部分に60gのおもりをつけ，軸の部分にばねばかりをつるしておもりをもち上げました。ばねばかりの受ける力は何gになりますか。

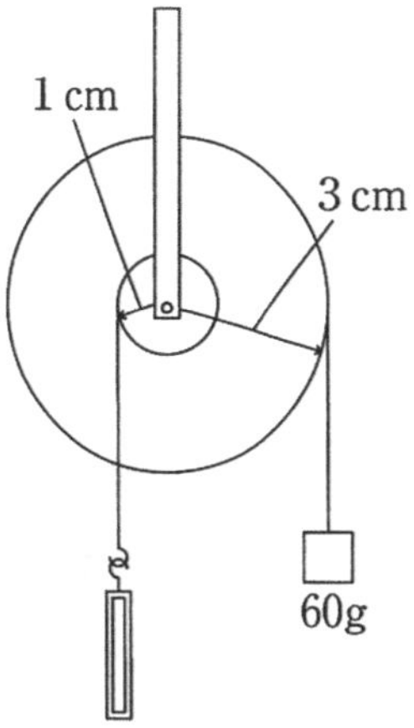

図8

2 30gの氷の状態変化を調べるために実験を行いました。次の問いに答えなさい。

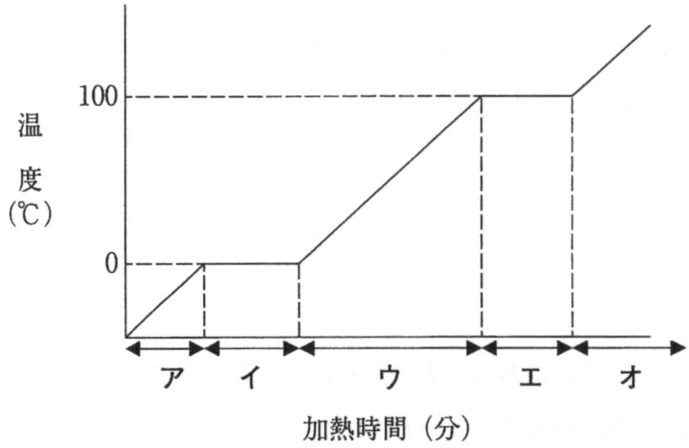

図

問1　水を熱し続けると，水からさかんにあわが出てきます。この状態を何といいますか。

問2　水があたためられて，目に見えないすがたに変わったものを，何といいますか。漢字で答えなさい。

問3　**図1**は実験の結果を示すグラフです。**図**の中で，液体の水のみが存在する部分，気体と液体の水が同時に存在する部分を，**図**中の**ア**～**オ**からそれぞれ１つずつ選び，記号で答えなさい。

問4　缶やペットボトルなどの飲み物の容器には，「こおらせないでください」と注意書きがあるものがあります。こおらせてはいけない理由を，**1**～**4**から１つ選び、記号で答えなさい。

1．缶やペットボトルの体積が大きくなり，容器をこわしてしまうかもしれないから。

2．飲み物の体積が大きくなり，容器をこわしてしまうかもしれないから。

3．飲み物の重さが大きく変化してしまうから。

4．一度こおらせてしまった飲み物は，溶かしたときに，よりくさりやすくなってしまうから。

問5　空気の体積を大きくするためには，空気の温度をどのようにすればよいですか。

問6　下の文は，気体の温度と体積の関係について述べたものです。（　①　），（　②　）は，小数第１位を四捨五入し，整数で答えなさい。（　③　）は，「上げる」または「下げる」のいずれかの言葉が入ります。ただし，気体は１℃温度が変化するごとに，０℃のときの体積の約273分の１ずつ変化します。

> 　空気中に含まれている酸素や二酸化炭素などの気体は，温度によって体積が変化します。０℃で1000mLの酸素は，20℃のとき（　①　）mLになると考えられます。また，０℃から（　②　）℃だけ（　③　）と，体積が計算上で０mLになると考えられます。

3 だ液のはたらきを調べる実験を行いました。次の問いに答えなさい。

【実験】

図1

① 図1のように，ご飯つぶを木綿の布に包んだものを水の入ったビーカーに入れて，ビーカーにご飯つぶをもみ出した。

② ビーカー内のご飯つぶをもみ出し，白くにごった部分の溶液 5 cm^3を 6 本の試験管A～Fに入れ，B，D，Fにはうすめただ液を 1 cm^3，A，C，Eには水を 1 cm^3 加えてよくかき混ぜて、図2のように、AとBは 0 ℃の氷水，CとDは40℃の湯，EとFは80℃の湯の中に入れてしばらくおいた。

図2

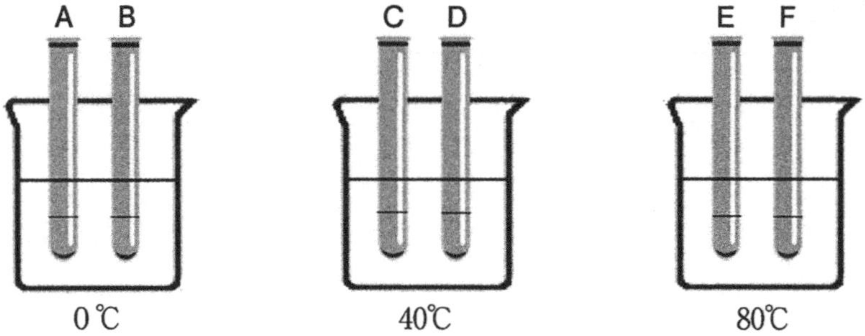

③ 20分後，A～Fの液体の一部を取り出し，2 種類の試薬をそれぞれ別々に加えたところ，表のような結果になった。

	試験管に入れたもの	液体の温度(℃)	入れた試薬	色の変化
A	白くにごった溶液＋水	0 ℃	ヨウ素液	変化あり
			ベネジクト液	（　X　）
B	白くにごった溶液＋だ液	0 ℃	ヨウ素液	変化あり
			ベネジクト液	変化なし
C	白くにごった溶液＋水	40℃	ヨウ素液	変化あり
			ベネジクト液	変化なし
D	白くにごった溶液＋だ液	40℃	ヨウ素液	変化なし
			ベネジクト液	変化あり
E	白くにごった溶液＋水	80℃	ヨウ素液	変化あり
			ベネジクト液	変化なし
F	白くにごった溶液＋だ液	80℃	ヨウ素液	（　Y　）
			ベネジクト液	変化なし

※ベネジクト液：うすい青色の液。糖をふくむ液体に加えて加熱すると赤かっ色の沈でんができる

令和六年度　入学試験解答用紙

照曜館中学校

国語	
受験番号	
氏名	
出身小学校	小学校

※100点満点
（配点非公表）

一

問一 a b c

問二

問三

問四

問五

問六

問七

問八

問九

二

問一 a b c（た）

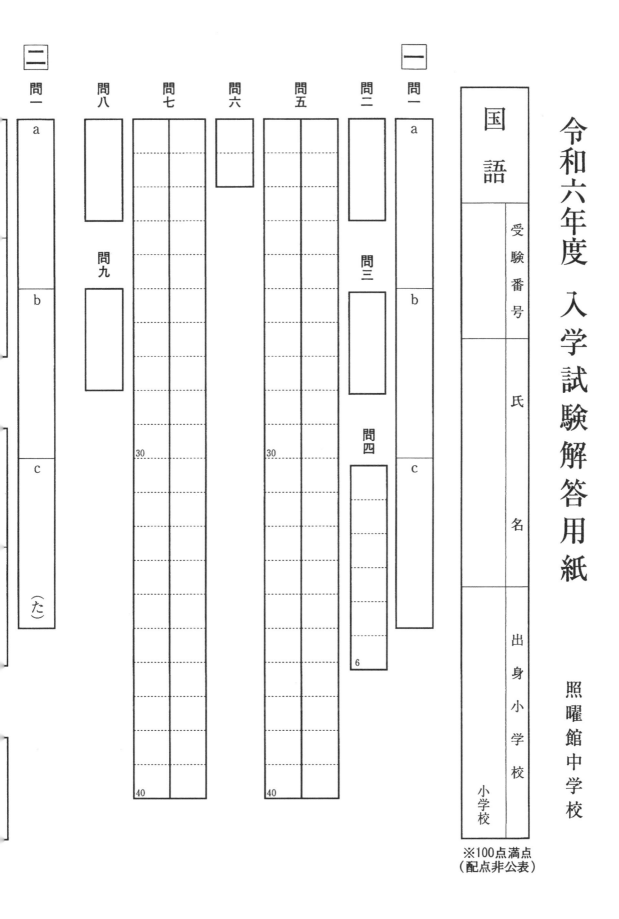

2

(1)	分	(2)	分
(3)	① が km 長い	② km	

2 小計

3

(1)	cm	(2)	① cm	② cm

3 小計

4

(1)	回	(2)	もっとも 大きい数 :	もっとも 小さい数 :
(3)	個			

4 小計

問 2		問 3	問 4		問 5	問 6
C						
記号	県庁所在地		記号	都市名		

小 計

3

問 1	問 2	
	記号	語句

問 3	問 4	問 5

問 6	問 7	問 8	問 9	問 10	問 11
					番目

小 計

4

問 1	問 2	問 3

問 4	問 5	問 6	問 7	問 8	問 9
事件					

5

問 1	問 2	問 3

小 計

問 6		
①	②	③

3

問 1	
含まれているもの	色

問 2		問 3
X	Y	

問 4	
1	2

3 小 計

4

問 1	問 2

問 3				問 4
①			②	
a	b	d	風化作用	

4 小 計

令和６年度　入学試験解答用紙

照曜館中学校

理科	受験番号	氏名	出身小学校
			小学校

総得点
※50点満点 （配点非公表）

1

問　1	問　2	問　3	問　4
g	g	g	g

問　5		
図５　g	図６　g	図７　g

問　6
g

1 小　計

2

問　1	問　2

問　3		問　4
液体のみ	液体と気体	

2 小　計

【解答用

令和６年度　入学試験解答用紙

照曜館中学校

社　会	受験番号	氏　　名	出身小学校
			小学校

総得点
※50点満点 （配点非公表）

1

問１	問２

問３			問４		問５	
（1）	（2）		（1）	（2）	（1）	（2）
	カナダ	イギリス				

問６		
（1）	（2）	（3）

2

問１			
（1）	（2）	（3）	（4）

問２	
A	B

令和６年度　入学試験解答用紙

照曜館中学校

算数	受験番号	氏名	出身小学校
			小学校

総得点
※100点満点（配点非公表）

1

(1)		(2)		(3)	
(4)		(5)		(6)	
(7)		(8)	個	(9)	円
(10)	点	(11)	g	(12)	度
(13)	cm^2	(14)	cm	(15)	cm^3

1 小計

【解答

問五

問六

問七

25

35

問八

問九

25

15

問十

三

問一

A

B

問二

C

D

E

問三

8

8

問四

問五

問六

問七

問八

問九

問十

10

20

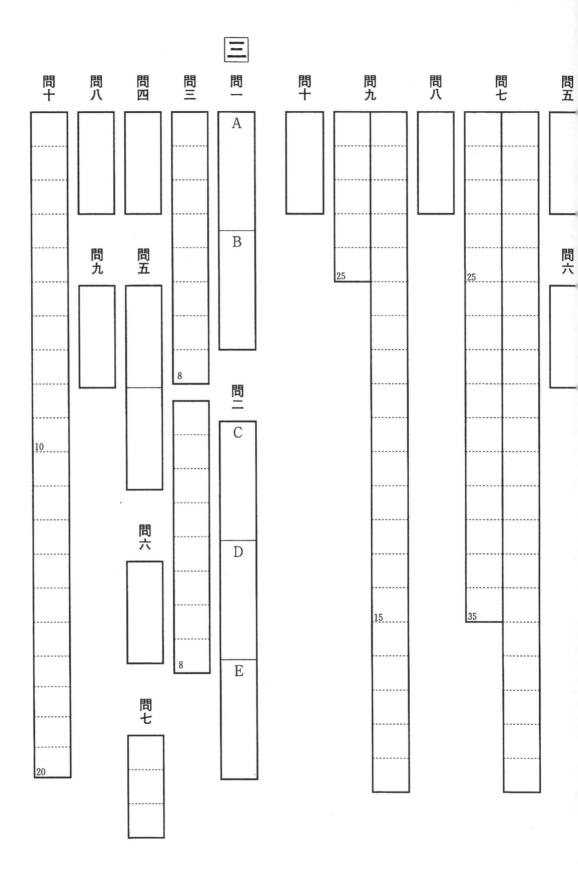

④　また，上記の結果でベネジクト液で色の変化がなかったBとFについて，②で試験管を40℃の湯を入れたビーカーに20分間入れたのち，再び，③のように試薬を加えたところ，以下の表のような結果になった。

	試験管に入れたもの	液体の温度(℃)	入れた試薬	色の変化
B	白くにごった溶液＋だ液	0℃→40℃	ヨウ素液	変化なし
			ベネジクト液	変化あり
F	白くにごった溶液＋だ液	80℃→40℃	ヨウ素液	変化あり
			ベネジクト液	変化なし

問１　試薬にヨウ素液を使うのは，ご飯つぶに何が含まれているからですか。含まれていると考えられるものを答えなさい。

また，ヨウ素液を入れて変化があった試験管では液は何色になりましたか。

問２　実験③の表中の（　X　），（　Y　）の結果を，**「変化あり」「変化なし」**で答えなさい。

問３　CとDの結果より，どのようなことがわかりますか。次のア～オからあてはまるものをすべて選び，記号で答えなさい。

ア．だ液には，デンプンを他のものに変えるはたらきがある。

イ．だ液がなくて水だけでも，デンプンは他のものに変わることがある。

ウ．だ液によって，糖がつくられる。

エ．だ液がなくて水だけでも，糖がつくられる。

オ．だ液も水も，デンプンを他のものに変えるはたらきはない。

問４　BとDとFの結果より，どのようなことがわかったかを説明した以下の文の（　1　）・（　2　）に入る言葉を答えなさい。

だ液の中には，デンプンを他のものに変えるはたらきを起こす「もの」が含まれており，この「もの」の性質は，低温（0℃）でははたらきにくく，（　1　）に近い温度（40℃）で活発になる。

また，一度高温（80℃）にすると，（　1　）に近い温度に戻しても、このはたらきが起こらなくなる。このことから，この「もの」はヒトのからだと同じ（　2　）でできていると考えられる。

4 次の文を読んで，以下の問いに答えなさい。

地表やその付近の岩石は，水によって，けずられるだけではなく，温度変化や水に溶けているものによって，次第にこわされたり，溶かされていったりします。このはたらきを風化作用《ふうかさよう》といいます。風化作用は，岩石がその成分が変わらずに，「力」でこわされる『機械的風化作用《きかいてきふうかさよう》』と，岩石が酸素や二酸化炭素を含んだ水と反応して，とけたりする『化学的風化作用《かがくてきふうかさよう》』があります。この２つのはたらきは，お互いに関係しながら進行しますが，その岩石がある場所や気候によって『機械的風化作用』起こったり，『化学的風化作用』が起こったりします。これらの風化作用によって，北九州市小倉南区の平尾台にある「カルスト地形」のような特徴的な地形がつくられます。また，熱帯地域で花こう岩がいちじるしく風化されると，ねん土がつくられ，さらに風化が進むと「ボーキサイト」がつくられて，アルミニウムの原料として利用されます。

問１　『機械的風化作用』と関係がないものを，次の**ア**～**エ**から１つ選び，記号で答えなさい。

ア．岩石の割れ目に入った水が凍《こお》って，ぼう張することによって岩石をこわす。

イ．岩石をつくっているものどうしが，温度によってぼう張したり収縮《しゆうしゆく》したりすることによってバラバラになる。

ウ．岩石をつくっている黒ウンモの周囲に鉄さびができる。

エ．昼夜の温度差が激しい。

問２　『化学的風化作用』が起こりやすい気候を，次の**ア**～**ウ**から１つ選び，記号で答えなさい。

ア．砂ばく気候

イ．温暖湿潤《おんだんしつじゅん》気候

ウ．夏期乾燥気候

問３　右の図は，平尾台にある「カルスト地形」の一部です。

① 図中の，すり鉢状の地形：（**a の部分**）と下にたれ下がってのびている部分：（**b の部分**），地下の空洞《くうどう》：（**d の部分**）はそれぞれなんと呼ばれる地形ですか。次の**ア**～**コ**からそれぞれ１つずつ選び，記号で答えなさい。

図

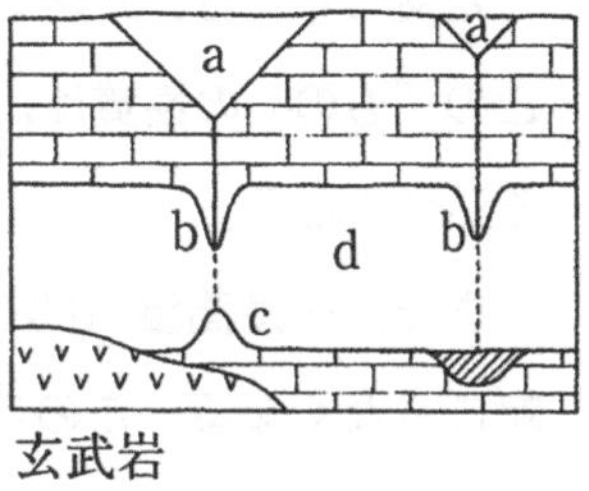

ア．つらら石（しょう乳石）　イ．カルデラ　ウ．グリーンタフ
エ．ドリーネ　オ．扇状地《せんじょうち》　カ．ウバーレ
キ．三角州　ク．しょう乳どう　ケ．三日月湖
コ．砂丘《さきゅう》

② このカルスト地形は，『機械的風化作用』と『化学的風化作用』のどちらの作用でつくられた地形ですか。

問4　図の左下にある「**玄武岩**」は，よく石灰岩台地と一緒にあります。石灰岩の材料から考えて，この玄武岩がどのようにしてつくられたかを説明した以下の文の（　　　）に入る言葉を答えなさい。

石灰岩の中にサンゴの化石をふくむことから，もとはサンゴ礁《しょう》だったものが，石灰岩になったと考えられる。

サンゴ礁は，ハワイ諸島のように，海にある（　　　）だった島のまわりにつくられるので，ここにある「玄武岩」は，（　　　）をつくる岩石であると考えられる。

令和５年度

入学試験問題

国語

実施日：令和５年１月６日(金)

時間帯：９時30分～10時30分

《注意事項》

- 解答はすべて解答用紙に記入すること。

照曜館中学校

一 次の文章を読んで、後の問いに答えなさい。句読点等は、字数として数えること。

東日本では雲が多く、だんだんと下り坂になります。午後はにわか雨の可能性もありますので、折りたたみ傘《がさ》があると安心です。陽《ひ》ざしが乏《とぼ》しいこともあり――。

「瀬奈、午後は雨が降るかもって。傘わすれないでね」

テレビの中で気象ヨホウ士のお姉さんがしゃべっているそばから、みこちゃんが言った。

①いまあたしも聞いてたよ、と心の中でつぶやきながらも、「わかった」と答える。だってこれは、みこちゃんの朝のお約束みたいなものだから。

いつまでたってもおチビあつかいでちょっとムカつくけど。

「折りたたみ傘、ランドセルに入ってるから大丈夫」

プチトマトを口に入れて、あたしがつけくわえると、みこちゃんは満足そうにうなずいて、ピーナッツバターをたっぷりぬったトーストを［ A ］やった。

みこちゃんは、亡くなったお母さんの妹で、あたしは五年前からみこちゃんのアパートで暮している。というのは、お父さんはいま、仕事の都合で外国に行っているから。

と、みこちゃんからは聞いている。

あたしはトーストの耳の部分を口に入れて「ごちそうさま」と牛乳で流し込んだ。

ランドセルをセオったまま歯磨きをすませて「行ってきまーす」と玄関を開けると、鼻先にふっと土のにおいがした。

土のにおいは、雨のにおいだ。

とくに嗅覚《きゅうかく》が優れているというわけじゃないけれど、あたしは雨のにおいには敏感《びんかん》だ。でも、このことはだれにも言ってない。そんなことを言ったら、みこちゃんは絶対に余計なことを考えて、またあたしにうそをつかなきゃいけなくなっちゃうから。

四年一組の教室の前まで行くと、手洗い場の鏡の前で仲良しのくーちゃんが憂鬱《ゆううつ》そうな顔をしていた。
「おはよう。どうしたの？」
鏡越しに顔をのぞきこむと、②くーちゃんは大きなため息をつきながら、少しうねっている前髪をひっぱった。
「今日、ぜーったい雨降るよ」
くーちゃんはあたし同様、雨を察知《さっち》できる。くーちゃんの場合は、においじゃなくて髪の毛の調子で、だけど。
雨の日、くーちゃんの髪はいつもより一・五倍増しで広がるし、うねる。でもおしゃれなくーちゃんは、雨を察知すると、広がってきた髪を素早く編みこみにしたり、お団子ヘアにしてのりきっている。ただ、前髪のうねりだけはどうしようもないみたいで、雨の日は授業中でも休み時間でも、しょっちゅう鏡を見て前髪をいじってる。
「瀬奈ちゃんはいいよねー、さらっさらでさ」
くーちゃんが恨《うら》めしそうに言った。
たしかにあたしの髪はザ・直毛だけど。
「そうかな、くーちゃんみたいに［　B　］したウエーブ、憧《あこが》れるけど」
あたしが言うと、くーちゃんはまんざらでもなさそうに、えーとか言いながら鏡をのぞきこんだ。
こういう素直で単純なところが、③くーちゃんのいいところだ。
「それにしても雨って、ことわざすら不吉だよね」
「そう？」
「血の雨が降る、とか」
いきなり怖いことわざを繰り出してきた。
「雨垂《だ》れは三途《さんず》の川、とか」
「聞いたことない」とあたしが言うと、家から出たらどんな災いがあるかわからないってことだって、とわかるようなわからないような説明をくーちゃんはした。

「あ、ほら、『雨が降ろうが槍《やり》が降ろうが』なんて、雨は槍と同格の怖いものになってるし」

くーちゃんの雨ぎらいはわかるけど、なんだかかなりcゴウインな気が……。

「でもさ、『雨降って地固まる』は、いいことの例えじゃない?」

そういうこともあるけどぉ、とくーちゃんは唇《くちびる》を尖《とが》らせて「雨降って土砂《どしゃ》崩《くず》れ、が現実じゃん」と言った。

……たしかに。と、押し黙ったとき、チャイムが鳴ってあたしたちは教室に入った。

一時間目が始まって少しした頃、雨が降り出した。ヨホウよりだいぶ早いなと思いながら、校庭を見ると、さっきまで体育をしていた小さい子たちの姿がなくなって、その向こうの通りには黄色や水色、黒や透明《とうめい》の傘が開いている。

みこちゃんが初めてあたしにうそをついた日も雨が降っていた。あれはあたしが保育園の年長さんのときだ。

あの日、お父さんがなかなかお迎えに来てくれなくて、あたしは最後まで保育園に残っていた。先生とふたりで折り紙をしながら、まだかなぁ……と思っていたら、「おそくなりました」ってみこちゃんが息を切らしながらやってきた。

——お父さん、お仕事の都合で遠くに行かないといけないから、しばらくうちにおいで。

みこちゃんはそう言った。あたしはみこちゃんのことが大好きだったし、それまでもお父さんのお仕事が忙しいときには、よくお泊りだってしていたから、特別めずらしいとも思わなかった。みこちゃんちに行くと、寝る前にふたりでアイスを食べたり、きれいな色のマニキュアをぬってもらったり、とっても楽しい。だから「やった!」って言ったら、みこちゃんはにこっとしながら、でもちょっと泣きそうな顔をして、あたしをぎゅっとした。

次の日もみこちゃんちにお泊りをした。「お父さんは?」って聞いたら、みこちゃんは「実はね」と言って、お父さんはものすごく大事なお仕事で外国へ行って、しばらく帰ってこれないのだと言った。

④いまならヘンだってわかるけど、年長さんだった頃のあたしはそれ以上深く考えることもなかった。

みこちゃんのうそに気づいたのは、次の年、お母さんの三回忌《さんかいき》にお寺へ行ったときだった。お坊さんがお経をよんだりお話をしたあと、みんなでごはんを食べた。まわりは大人ばっかりで、あたしがおしりをもぞもぞさせていたら、みこちゃんが「外であそんできてもいいよ」って。それでお寺の庭をひとりで探検していたとき、親戚《しんせき》のおばさんたちが話しているのを聞いてしまった。

お父さんがいるのは刑務所だって。

詳しいことは、いまもあたしにはわからない。わかっているのは、お父さんは車で死亡事故を起こしてしまったということだけ。

雨で視界が悪かったんでしょ――。

急いでいたんでしょうけどねぇ――。

保育園のお迎えくらい、だれかに頼めなかったのかしら――。

⑤おばさんたちはそんな話をしていた。

あの日以来、雨の日が苦手になった。

雨のにおいがすると胸の奥が[C]冷たくなる。

雨がお父さんを犯罪者にして、

雨が誰かの命を奪《うば》って、

雨がみこちゃんをうそつきにして、

雨があたしからお父さんを取り上げていった。

くーちゃんより、クラスのだれより、雨がきらいなのは、あたしだ。

もしもあの日、雨が降っていなかったら、いまはどんなだったんだろう。

ただいま、と折りたたみ傘を玄関先に置いて、家中（といっても部屋は二つだけだけど）の電気をつけて、テレビもつける。

⑥雨の日は必ずこうする。

ランドセルを下ろしたところで、靴箱《くつばこ》の横に赤い傘が立てかけてあることに気がついた。

……みこちゃんってば。

あたしには口うるさいほど「傘は」「ハンカチは」「宿題は」って言ってくるのに、自分はよく忘れものをする。

時計を見ると、もうすぐみこちゃんが駅に着く頃だった。

あたしは靴箱の上に置いたカギをつかむと、少し湿《しめ》った靴に足を入れた。

傘を開き、左手にみこちゃんの赤い傘を持ってアパートの階段を降りた。

駅へ向かう途中、去年まで通っていた学童クラブの前を通りかかると、建物の中から黄色いランドセルカバーをつけた一年生がお母さんと一緒に出てきた。その子はお母さんと並んで、嬉しそうに傘をくるくるさせている。

あぁそうだった。学童クラブは、ふだんはお迎えなしでほとんどの子がひとりで家に帰る。でも、雨とか雪とか台風の日なんかには、お迎えに来る保護者が結構《けっこう》いた。

みこちゃんも、雨の日はよくあたしを迎えに来てくれた。アパートまではそう遠くないし、ひとりでだって平気だけど、お迎えに来てくれるとなんだかすごく嬉しくて。ほんの数分、二人で並んで歩く時間はちょっと特別だった。

ぱらぱらぱらと、傘の上を雨粒が跳ねる。

あったんだ、雨の日にも嬉しいこと……。

傘の下から雨空を見上げて、息を吸い込んだ。

降り出してしまうと、あの雨のにおいはもうしない。

水たまりを［ D ］ふみつけて駅へ足を向けた。

みこちゃん、おどろくかな。喜んでくれるかな。⑦嬉しいなって思ってくれるかな。

あの日のあたしみたいに。

（いとうみく『雨のにおい』「飛ぶ教室 第69号」所収 光村図書出版）

問一　＝＝線部a「ヨホウ」、b「セオ（った）」、c「ゴウイン」のカタカナを漢字に直して答えなさい。

問二　[A]〜[D]に入る語句として、最も適当なものを次の中から選び、それぞれ記号で答えなさい。

ア　さくっと　　イ　しんと　　ウ　ばしゃっと　　エ　ふわっと

問三　――線部①「いまあたしも聞いてたよ、と心の中でつぶやきながらも、『わかった』と答える」とありますが、このときの「瀬奈」の気持ちとして最も適当なものを次の中から選び、記号で答えなさい。

ア　みこちゃんの忠告はいつものことであって、あきあきしながら受け入れている。
イ　みこちゃんの助言は自分を思いやってのことであって、感謝の気持ちがこみあげている。
ウ　みこちゃんの指摘は当たりまえのことであって、心の底から納得している。
エ　みこちゃんの命令は絶対であって、自分の意見は聞き入れられないとあきらめている。

問四　――線部②「くーちゃんは大きなため息をつきながら」とありますが、このときの「くーちゃん」の気持ちとして最も適当なものを次の中から選び、記号で答えなさい。

ア　瀬奈の直毛に対するあこがれ
イ　雨の日の憂鬱さに気付かれた恥ずかしさ
ウ　かっこ悪い髪型を見られてしまった悲しさ
エ　雨の日に繰り返される面倒ごとへの落胆《らくたん》

問五　――線部③「くーちゃんのいいところだ」とありますが、それはどんなところですか。二十字以上、二十五字以内で説明しなさい。

問六　——線部④「いまならヘンだってわかる」とありますが、どんなことが「ヘン」なのですか。「父親が、」から始まるように、続きを二十五字以上、三十字以内で答えなさい。

問七　——線部⑤「おばさんたちはそんな話をしていた」とありますが、「おばさんたち」の気持ちとして最も適当なものを次の中から選び、記号で答えなさい。

ア　父親の家族を優先する立派な行動に感心して、居合わせた全員でほめたたえている。
イ　父親の判断の甘さに対して怒りをおさえることができず、不満をもらしている。
ウ　父親の不運な巡《めぐ》りあわせに同情しながら、どうにもならないことを悔やんでいる。
エ　父親が刑務所に入っている現実を受け入れられず、話題にすることを恐れている。

問八　——線部⑥「雨の日は必ずこうする」とありますが、それはなぜですか。最も適当なものを次の中から選び、記号で答えなさい。

ア　帰ってきたみこちゃんが、瀬奈のいたずらに気付いて困る反応を楽しむため。
イ　家じゅうを明るくすることで、沈む自分の気持ちを少しでも持ち直させるため。
ウ　父親が早く家に帰ってくることを期待して、自分がいることをアピールするため。
エ　暗い雨の日でも明るくすれば、みこちゃんがうっかりした忘れ物に早く気付けるため。

問九　——線部⑦「嬉しいなって思ってくれるかな」とありますが、「瀬奈」は「みこちゃん」が何を嬉しがると期待していますか。「雨」「時間」の語句を必ず用いて、二十五字以上、三十五字以内で説明しなさい。

問十　〰〰線部「そんなことを言ったら、みこちゃんは絶対に余計なことを考えて、またあたしにうそをつかなきゃいけなくなっちゃうから」とありますが、それはなぜですか。最も適当なものを次の中から選び、記号で答えなさい。

ア　父親のことでうそをついたことを瀬奈が怒っていると感づいて、また別のうそをつくことで瀬奈の気持ちを慰《なぐさ》めようとするはずだから。

イ　母親のことをいつまでも忘れられない瀬奈がたくさん泣いていることを知っているので、涙を連想させる雨をなるべく瀬奈から遠ざけようとするから。

ウ　みこちゃんはうっかり者でおっちょこちょいな部分が多いので、瀬奈に忠告しておきながら自分が傘を忘れるような失敗を別の理由ではぐらかす必要があるから。

エ　家族と離れ離れになった記憶と雨のにおいが結びついていると考えて、瀬奈の気持ちが傷つかないことを優先するあまり、別の物語を用意することになるから。

問十一　本文の表現の特色について述べたものとして、最も適当なものを次の中から選び、記号で答えなさい。

ア　雨の日の情景描写《じょうけいびょうしゃ》や、雨に関することわざが用いられることで、登場人物の喜びや悲しみが豊かに描かれている。

イ　平易な会話文と、それ以外の改まった文が交互に重なるたびに印象が変わり、読者の興味を引きつけている。

ウ　みこちゃんや両親、おばさんたちと瀬奈との会話が繰り返され、本文全体に軽やかなリズムを生んでいる。

エ　「雨のにおい」の他にも五感でとらえた表現が使われることで、登場人物の個性が生き生きと伝わってくる。

二　次の文章を読んで、後の問いに答えなさい。句読点等は、字数として数えること。

子どものことばの創造性《そうぞう》に大人はいつも驚かされますが、①弱点もあります。また朝日新聞「あのね」欄《らん》からの例です。

姉の書き初《ぞ》めを「味があるねえ」とお母さんがほめたら、

「どこなめたの？」

ビターチョコを食べたお兄ちゃんが「大人の味がする」と言ったら、

「大人を食べたことあるの？」

≪　　　Ⅰ　　　≫

小さい子どもはことばを文字通りの意味のみで理解し、それから外れた比喩《ひゆ》的な意味は理解しないことが実はよくあります。「味がある」は文字通り、舐《な》めてわかる「味」と思い、「〇〇の味がする」は実際に舐めてその味がした、と思ったわけです。

②「味がある」や「大人の味」で使われる「味」の比喩の意味がわからなくても、自分が言っていることはおかしいかも、と気がつきそうなものだと思いますよね。でも、四歳《よんさい》くらいだと、自分の言っていることは今の状況に合わない、［　A　］、自分の知っていた意味ではない意味でそのことばが使われているのかもしれない、ということに気づかず、とんちんかんなことをよく言います。

「ブロッコリーを食べると、お肌《はだ》も髪《かみ》もツルツルになるよ」

「毛が抜けちゃうの？」

《　Ⅱ　》

この子は「つるつる」を「毛がない」という意味でしか理解しておらず、「すべるように滑《なめ》らか」という意味にとることができなかったのです。

《　Ⅱ　》

三歳の女の子が、おかあさんが漬物《つけもの》のぬか床《どこ》をかき回している時に③「たがやしてるの?」と言ったエピソードを紹介《しょうかい》しましたね。「耕《たがや》す」とはどのような意味でしょう?『広辞苑《こうじえん》』では「作物を植える準備として、田畑を掘り返す」とあります。田畑を耕す代わりにぬか床を耕す。ぬか漬けをおいしく漬ける準備のためにぬか床をひっくり返すのですから、確かに「耕す」というのはぴったりです。詩に使ってもよいくらい素敵な表現だと思いませんか?

ちなみに大人は「耕す」を田畑を耕すことを表す以外にも使っているでしょうか?

もちろん使っています。［　B　］、次のように。

a素質とは耳にした事柄《ことがら》をたやすくつかむ能力であり、修練《しゅうれん》とは④もって生まれた才能《さいのう》を耕し尽くすことであり、学習とは賞賛《しょうさん》bに値する生き方をしながら、日々の行いを学知《がくち》と結合させることを意味する。(『日本人はいかに生きるべきか』阿部謹也《あべきんや》著)

《　Ⅲ　》

この二つの表現をくらべてみると、一見、子どもは大人の詩人や小説家と同じことをしているように見えなくもありません。

しかし、子どもの創造性と⑤プロの文筆家《ぶんぴつか》の創造性とは本質的に異なるところがあります。それは、子どもはおもしろい表現、詩的な表現をするためではなく、適切なことばを知らないので新しい使い方を考え出すというところです。それが、たまたま、大人の耳には詩的で素敵に聞こえるのです。ぬか床を「耕す」と言った女の子も、「耕す」という語が持つ「将来の準備をする」という部分を理解してこのことばを使ったわけではなく、土を掘り返す動作とぬか床をかき混ぜる動作が「似ている」と思って使ったのではないかと思います。

それに対して、（プロの文筆家などの）大人のことばの熟練《じゅくれん》者は、慣習的なことばがあることを知った上で、あえて普通には言わない表現をします。その時に陳腐《ちんぷ》にならず、単なる間違いやヘンな表現にもせずに、読者をハッとさせ、新鮮な使い方だなあと思わせます。ただし、単なる修辞《しゅうじ》の技巧《ぎこう》として普通でない表現を使うと、わざとらしくなり、読む人の心を打ちません。子どもの感性はそのままに、たくさんのことばのレパートリーを持ち、一つ一つのことばの意味を熟知した上で新しい表現を紡《つむ》ぎだす。それが熟達した表現者でしょう。

ノーベル文学賞を受賞した小説家、川端康成は、

秋風に吹き起《おこ》されると、落葉《おちば》どもは一斉《いっせい》に立ち上《あが》って走り出し、ひとところに集まったと思ううちに、旋風《せんぷう》につれて舞《ま》い上《あが》った。（「落葉」）

という表現をしています。「立ち上がる」「走りだす」は日常で普通に使われる動詞《どうし》ですが、このような使い方をすると、落ち葉が生き物のように「立ち上がる」一瞬《いっしゅん》がc鮮やかに目に浮かびますね。

≪　Ⅳ　≫

語彙《ごい》を増やし、その中の一つ一つのことばを深く理解するようになることは、ことばの発達で大事なことです。［　C　］、その過程で、言語の決まりや慣習に慣れてしまい、創造性を失ってしまうのはあまりにももったいないことです。そのようにならないように、ことばに対する関心を持ち続け、ことばの意味の探究を続けて、感性を磨いていきましょう。

（今井むつみ『ことばの発達の謎を解く』ちくまプリマー新書）

問一　＝線部a「素質」、b「値」、c「鮮（やかに）」の読みをそれぞれひらがなで答えなさい。

問二　次の文は、《Ⅰ》〜《Ⅳ》のうちのいずれかに入ります。最も適当なものを選び、記号で答えなさい。

これも子どもがことばを自分で知っている意味でむりやり考えてしまい、とんちんかんな受け答えをしている例です。

問三　――線部①「弱点」とありますが、これはどういうものですか。本文中から三十九字で探し、初めと終わりの五文字を抜き出しなさい。

問四　――線部②「『味がある』や『大人の味』」とありますが、ここでの「味」の意味と同じものを次の中から一つ選び、記号で答えなさい。

ア　演技に味が出る。
イ　母の卵焼きは、私の思い出の味だ。
ウ　甘さと酸味のバランスが良い。
エ　父から味見を頼まれる。

問五　［A］〜［C］に入る語句として、最も適当なものを次の中から選び、それぞれ記号で答えなさい。

ア　しかし　イ　もしかしたら　ウ　なぜなら　エ　例えば　オ　つまり

問六　――線部③「『たがやしてるの？』」とありますが、女の子はなぜこのように発言したのですか。本文中の語句を用いて、三十字以上、四十字以内で答えなさい。

問七 ——線部④「もって生まれた才能を耕し尽くすこと」とありますが、これを説明する次の文の［　　］に入る語句を本文中から八字で抜き出しなさい。

自分の持っている才能を鍛え、一生懸命に［　　］こと。

問八 ——線部⑤「プロの文筆家の創造性」とはどのようなものですか。最も適当なものを次の中から選び、記号で答えなさい。

ア　子どものころの創造性を追い求め、少しでも当時の感覚に近づけてことばを用いること。
イ　あえて違和感のある表現を用いて、読者に正解を考え出す喜びを与えようとすること。
ウ　ことば本来の意味を正確に知った上で、読者がわくわくするような新しい表現を生み出すこと。
エ　自分の持つ豊富なことばをいかし、読み終わった後の充実感を生み出せること。

問九 本文の内容を受けて、生徒たちが話し合いをしています。この中で本文の内容とは異なる意見を述べているのは誰ですか。後のア～エの中から一つ選び、記号で答えなさい。

Aさん：子どもたちは自分の知っている範囲内でしか、ことばの意味を理解できなかったんだね。子どもたちが不思議な表現をするのには、ちゃんと理由があることに気付かされたよ。
Bさん：子どもは意識していないのに、大人からすると素敵な表現に感じるところも面白かったな。知識が豊富だからこそ、大人は子どもの発言に新鮮さを感じるんだなあ。
Cさん：大人になると、慣用句やことわざの知識ばかり増えるから、子どもの頃のような詩的な表現は難しくなるんだね。なんだかもったいないな。
Dさん：だからこそ、僕たちもことばの持つ意味に関心を持って、感性をしっかりと磨いていかないとね。大人になってからも、使いこなせる言葉の数を増やしていきたいな。

ア　Aさん　　イ　Bさん　　ウ　Cさん　　エ　Dさん

三　次の文章を読んで、後の問いに答えなさい。句読点等は、字数として数えること。

高校を卒業してから東京の私立大学に進学し、最初に就《つ》いたアルバイトはビルの清掃員だった。もう少し楽しそうなアルバイトもあるにはあったが、決して裕福ではない家庭からの仕送りはあてにできず、［　A　］を優先した結果だった。

週に三回ほど、下宿先から何本かの地下鉄を乗り継ぎ、夕刻のオフィス街に私は降り立った。見上げるほどのビルが建ち並ぶ中、仕事を終えたスーツ姿のサラリーマン達とすれ違うとき、私は「都会」を肌で感じ、①気後《きおく》れしながら道路の端を歩いた。

「第37Mビル」。そこが私の仕事場だった。まずは静まり返った夜のオフィスビルの裏口から入り、地下にあるロッカー室で作業着に着替える。マネージャーからその日の分担の階を指定され（たいていは同じ階だったが）、二人組で作業にあたる。作業は主に掃除機がけとゴミの収拾である。業務用の掃除機は大きくて重たく、長いコードを引きずりながら厚いカーペットと格闘した。ゴミ収拾は点々と置かれたゴミ箱の位置を把握して、取り忘れのないように大きな袋に集めていく。時にゴミ箱に残ったジュースの飲み残しが、私の腕を伝って脇の下まで流れ落ちたりした。

ドアに「役員室」と書かれていた部屋がいくつかあった。中は十畳ほどの広さで立派なデスクが置いてあり、広い窓に映る街が美しかった。

その中の一つの部屋のデスクに、おそらくはそのデスクの主であろう人物と、家族の写真が飾ってあった。②悪いことをするわけでもないのに、私は盗むようにのぞき見た。そこに写る一人一人の柔和《にゅうわ》な笑顔が、円満で幸せな家庭を物語っていた。ずいぶん子煩悩《こぼんのう》な人らしく、子供が幼い筆致《ひっち》で描いた絵が、壁に貼《は》ってあった。

他の部屋にはない人間味を感じたせいか、③私は知らず知らずこの部屋の主人に好意を抱いていたらしい。どの部屋より丁寧に、掃除機をかけたものだ。

ある日ドアを開けて驚いた。残業でもあったのだろうか、その部屋の主がデスクに座っていた。顔は写真立てのままだったが、笑ってはいなかった。私は知り合いの叔父《おじ》さんに出くわしたような気がして、④つい顔がほころびそうになるのをこらえた。そしていつも通り作業に取りかかろうとした。

ところが困ったことに、一箇所しかないコンセントを隠すように、書類が床に重ねられていたのである。私は少し迷ったが、書類を移動させようとそっと手を伸ばした。と、その瞬間、

「それはそのままでいい。」

と主人は静かに言った。しかしほんの少し、数センチ動かせばコンセントは顔をのぞかせる。このままでは仕事ができない。私はもう一度手を伸ばそうとした。その時、

「それに触るな。」

と、今度は明らかな［ B ］を含んだ声で主人は言った。⑤写真とは別人だった。

今思えば、なぜあの時事情を説明しようとしなかったのだろうと思う。そうすれば怒鳴られずにすんだはずだ。でも私はそうしなかった。おそらくは、⑥私が一方的に抱いていた好意を、過信《かしん》していたのだろう。

私は社会人となり、逆の立場でものを考えたとき、清掃員が掃除機のコンセントを探していることに気づく余裕を、常に持っていたいと思う。たとえば教師である私は、生徒に［ C ］言動があったとしても、まずはその理由を尋《たず》ねなければならない。思いも寄らない事情が潜《ひそ》んでいることがある。そんな場面に遭遇《そうぐう》するたび、この時のことを思い出す。

コンセントにたどり着けなかった私は、［ D ］しかなかった。清掃されることのなかった部屋の主《あるじ》は、⑦あとで書類に隠されたコンセントに気付いただろうか。⑧それともそれを承知した上での台詞《せりふ》だったのだろうか。

下宿に帰り着いても、私はそんなことを考え続けていた。⑨洗濯のために持ち帰った作業着が、汚れ物のかごの中で小さく丸まっていた。

（重富蒼子『まっ直ぐ行けば さす傘のない雨が降る』）

問一 [A]～[D]に入る語句として、最も適当なものを次の中から選び、それぞれ記号で答えなさい。

A　ア　時間　イ　給与　ウ　場所　エ　仕事内容

B　ア　嘲笑《ちょうしょう》　イ　殺気《さっき》　ウ　怒気《どき》　エ　哀《あわ》れみ

C　ア　不思議な　イ　あわれな　ウ　あくどい　エ　間違えた

D　ア　笑う　イ　立ち去る　ウ　立ちつくす　エ　手で拾う

問二 ――線部①「気後れしながら道路の端を歩いた」のはなぜですか。最も適当なものを次の中から選び、記号で答えなさい。

ア　オフィス街など、歩いたことがなかったから。

イ　地方から出てきたことを悟《さと》られないか、心配だったから。

ウ　田舎くさく、みすぼらしい格好をしていたから。

エ　都会の雰囲気に、十分になじめていなかったから。

問三 ――線部②「悪いことをするわけでもないのに、私は盗むようにのぞき見た」のはなぜですか。最も適当なものを次の中から選び、記号で答えなさい。

ア　他人のプライバシーに立ち入ることに抵抗があったから。

イ　他人の持ち物に勝手に触れることに抵抗があったから。

ウ　家族構成を許可無く知ることに抵抗があったから。

エ　誰かに見つかったら仕事を失うかもしれないから。

問四　――線部③「知らず知らずこの部屋の主人に好意を抱いていた」のはなぜですか。最も適当なものを次の中から選び、記号で答えなさい。

ア　部屋の主が身ぎれいな人だったから。
イ　部屋の主の笑顔が若々しかったから。
ウ　部屋の主の家族がいつも一緒だったから。
エ　部屋の主が心優しい人のようだったから。

問五　――線部④「つい顔がほころびそうになる」とありますが、それはなぜですか。最も適当なものを次の中から選び、記号で答えなさい。

ア　初めて見る部屋の主が、写真と全く同じ顔をしていたから。
イ　自分だけが顔を知っていることに、優越感を覚えたから。
ウ　いつも顔を合わせているような、親近感を覚えたから。
エ　自分が家族の顔を知っていることを、言い出しそうになったから。

問六　――線部⑤「写真とは別人だった」とはどういうことですか。二十字以内で簡潔に答えなさい。

問七　――線部⑥「私が一方的に抱いていた好意を、過信していた」とはどういうことですか。次の形式に合うようにして、［ア］を五字前後、［イ］を十字前後で答えなさい。

「部屋の主は［ア］なので、［イ］と思ったこと。」

問八　――線部⑦「あとで書類に隠されたコンセントに気付いただろうか」とありますが、もし「気付いた」としたら、部屋の主はどんな気持ちになっていたと考えられますか。最も適当なものを次の中から選び、記号で答えなさい。

ア　落胆《らくたん》　イ　焦《あせ》り　ウ　心配　エ　後悔

問九　――線部⑧「それ」とはどんなことを指しますか。二十字以内で、わかりやすく説明しなさい。

問十　――線部⑨「洗濯のために持ち帰った作業着が、汚れ物のかごの中で小さく丸まっていた」とありますが、それは何を意味していると考えられますか。最も適当なものを次の中から選び、記号で答えなさい。

ア　傷ついた筆者　イ　動揺する筆者　ウ　罪の意識を感じる筆者　エ　明日へ希望をたくす筆者

問十一　本文中に、時間の流れを止めて挿入《そうにゅう》された部分があります。その部分の初めと終わりの三文字を抜き出しなさい。

令和５年度

入学試験問題

算数

実施日：令和５年１月６日(金)

時間帯：10時45分～11時45分

《注意事項》

- 解答はすべて解答用紙に記入しなさい。
- 円周率は3.14を用いなさい。

照曜館中学校

1 次の $\square$ にあてはまる，もっとも簡単な数を入れなさい。

(1) $(43-19)\div 8\times 3=\square$

(2) $3.4\times 2.5-2.7\div 0.5=\square$

(3) $13.2\times 5.5-1.32\times 35=\square$

(4) $\left(12-2\frac{1}{3}\times 3\frac{3}{7}\right)\div\frac{2}{3}\times 4=\square$

(5) $\left\{\left(\square+22\right)\div 5-15\right\}\times 7=70$

(6) $\left\{3\frac{3}{10}-0.84\div\left(\frac{7}{5}-1.05\right)\right\}\div\left(1\frac{11}{20}-0.35\right)=\square$

(7) 4枚のカード $\boxed{0}$，$\boxed{1}$，$\boxed{2}$，$\boxed{3}$ があります。このうち3枚選んで左から1列に並べて3けたの整数を作るとき，偶数は全部で $\square$ 個できます。

(8) 1560 m ある池の周りを，分速 85 m の A と分速 72 m の B が同時に同じ所から同じ方向に進みました。A が B に初めて追いつくのは $\square$ 分後です。

(9) 48個のあめ，56枚のせんべい，72個のクッキーがあります。これをなるべく多くの子どもに公平に分けます。余りが出ないように配るとき，最大で $\square$ 人に配れます。

(10) 1％の食塩水 200 g があります。これに，5％の食塩水 100 g を混ぜます。さらに，水を $\square$ g 入れると，1％の食塩水になります。

(11) 8人で10日間仕事をすると全体の $\frac{1}{4}$ が終わります。20人で全ての仕事を終えるのは，8人で全ての仕事を終えるより $\square$ 日早く終わります。

(12)　右の図で，㋐ の角度は □ 度です。

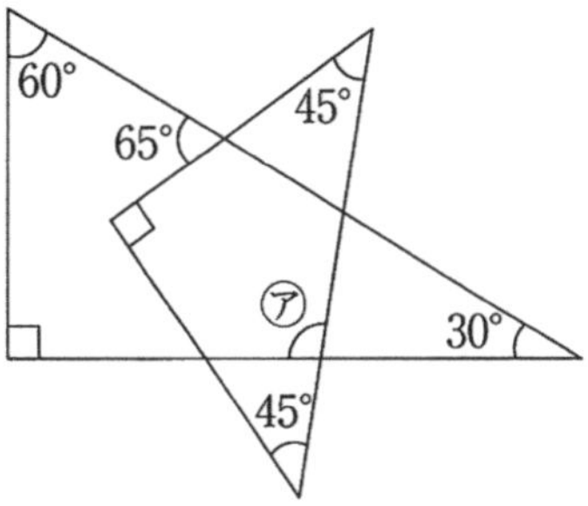

(13)　右の図のような直方体があります。この直方体を頂点B，D，Eを通る平面で切り取ります。切り取られた三角錐において，面積が14 cm^2 の三角形BDEを底面としたときの高さは □ cmです。

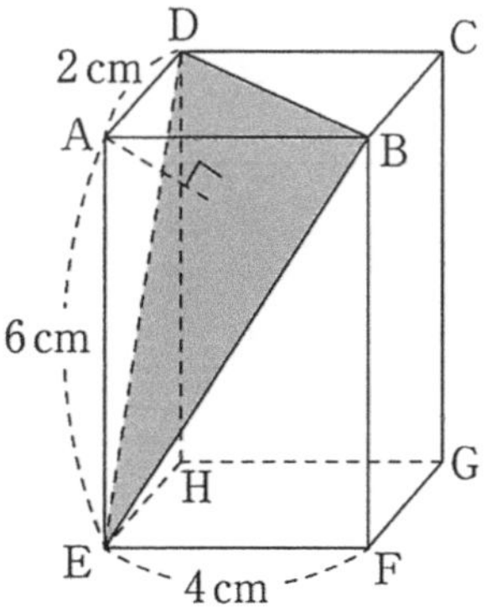

(14)　右の図は1辺が4 cmの正方形とおうぎ形を組み合わせた図形です。色のついた部分の面積は □ cm^2 です。

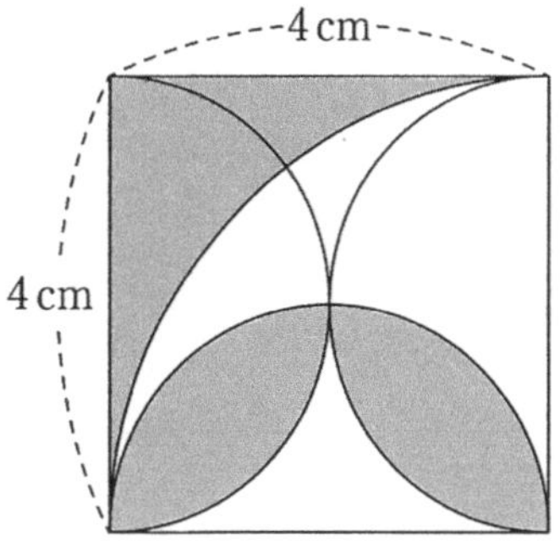

(15)　右の図の色のついている部分を ㋐ を軸に一回転させてできる立体の体積は □ cm^3 です。

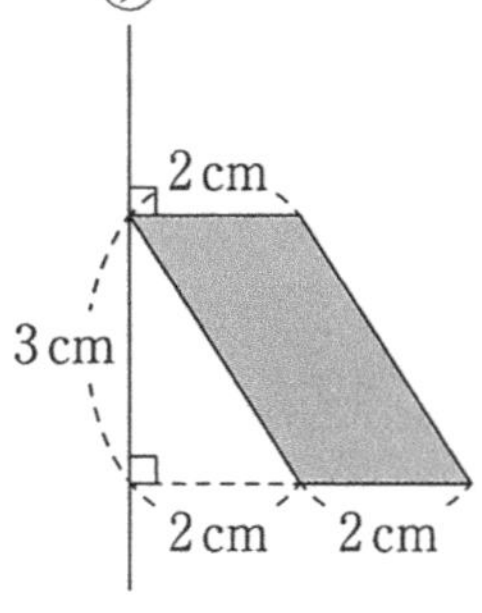

2023(R5) 照曜館中
教英出版

2 【図１】のような縦 40 cm，高さ 50 cm の水そうがあります。また，この水そうの横 30 cm のところに，高さが 30 cm の仕切りを水そうの底面に垂直に入れ，あ と い の２つの部分に分けました。ただし，仕切りの厚さは考えないものとします。

この水そうのあの部分に一定の割合で水を注いだとき，水を入れ始めてからの時間と，あの部分での水面の高さとの関係が【図２】のようなグラフになりました。

【図１】

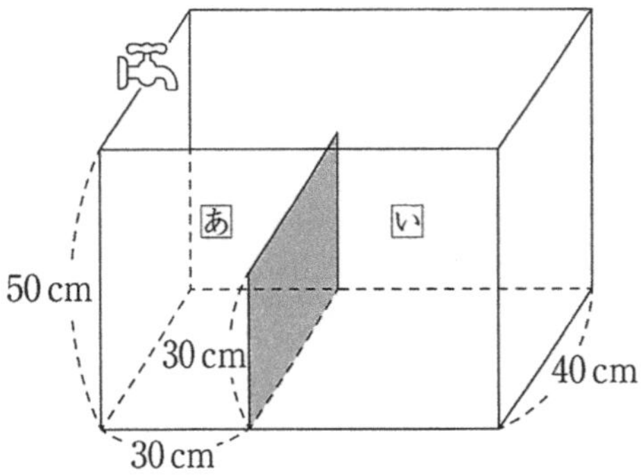

【図２】

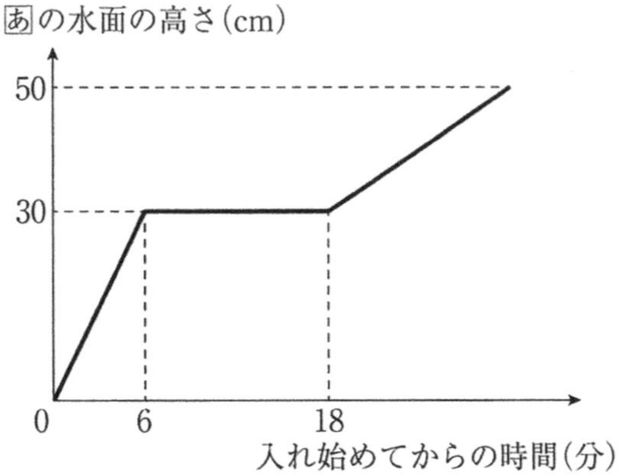

（１） １分間に注がれる水の量は何 cm^3 ですか。

（２） この水そうがいっぱいになるのは水を入れ始めてから何分後ですか。

さらに，【図３】のように，【図１】の水そうの い の部分の側面に，穴を開けました。この水そうに水を注いだとき，水を入れ始めてからの時間と，あ の部分での水面の高さとの関係が【図４】のようなグラフになりました。

ただし，水面が穴の高さに達すると，一定の割合で排水されるものとします。

【図３】

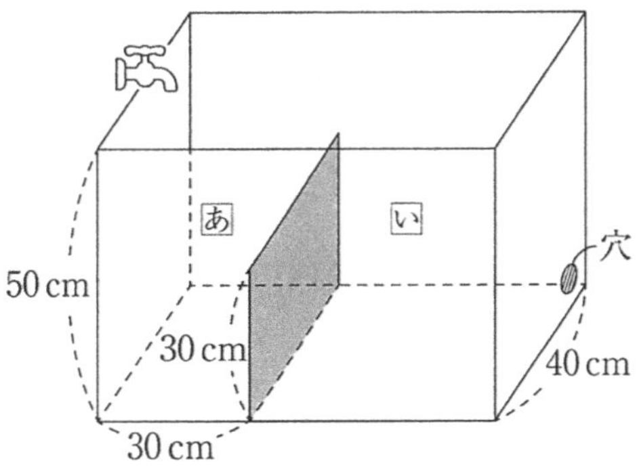

【図４】

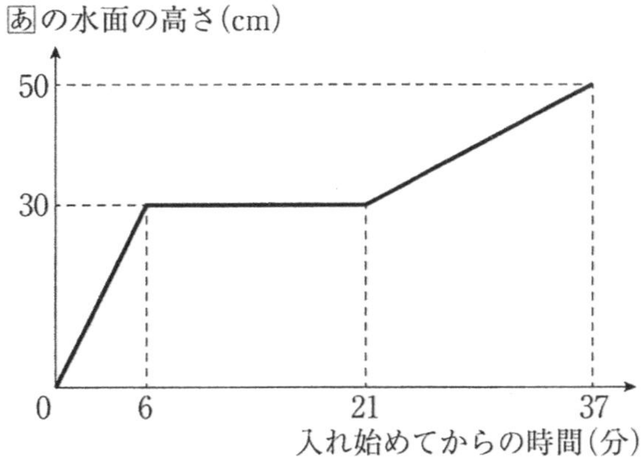

（3） 1分間に穴から排水される水の量は何 cm^3 ですか。

（4） 穴の高さは底面から何 cm のところにありますか。

3 数字の書かれた３枚のカードを並べ，次の【操作】をしてカードを増やしていきます。

【操作】
隣り合う２枚のカードの数の和が書かれたカードを，その２枚の間に加える。

例えば，最初に『1，2，3』のカードを並べると，１回目の【操作】の後は『1，3，2，5，3』となり，２回目の【操作】の後は『1，4，3，5，2，7，5，8，3』となります。このとき，次の問いに答えなさい。

（1） 最初に『1，2，3』のカードを並べたとき，４回目の【操作】の後に並んでいるカードの中で最も大きい数字は何ですか。

（2） 最初に『1，1，1』のカードを並べたとき，10回目の【操作】の後に並んでいるカードの中で最も大きい数字は何ですか。

（3） 最初に『2，A，3』のカードを並べたとき，７回目の【操作】の後に並んでいるカードの中で最も大きい数字は207でした。Aに書かれている数字は何ですか。

4 【図1】のような AB = 8 cm，BC = 6 cm，AE = 8 cm である直方体があります。この直方体を頂点 A，B，G，H を通る平面で切断すると，BG = 10 cm となりました。その後に辺 CG 上に GI = 2 cm となる点 I をとります。点 I を通り，平面 ABCD に平行な平面で切断すると【図2】のような立体になりました。3 点 J, K, L は切断面と各辺が交わる点です。このとき，次の問いに答えなさい。

【図1】

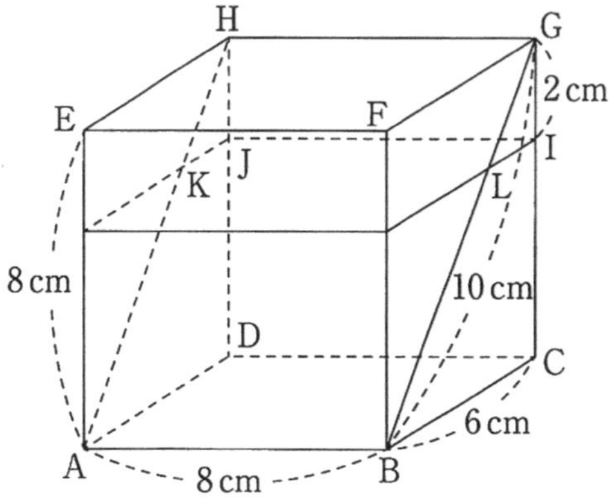

【図2】

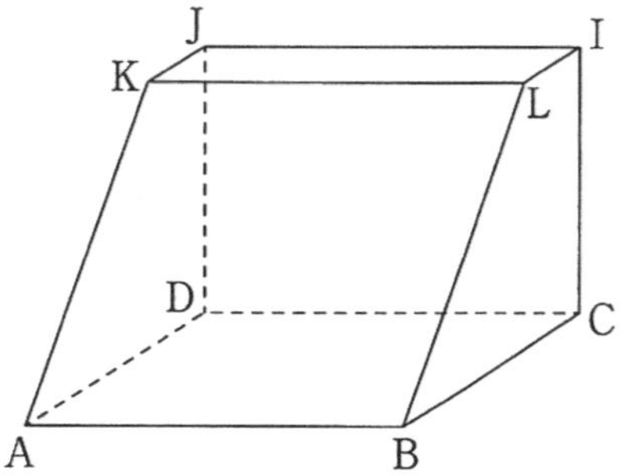

（1） IL の長さは何 cm ですか。

（2）【図2】の立体の表面積は何 cm^2 ですか。

（3）【図2】の立体を頂点 B，C，J，K を通る平面で切断したとき，L を含む立体の体積は何 cm^3 ですか。

令和５年度

入学試験問題

社会

実施日：令和５年１月６日(金)
時間帯：12時30分～13時10分

《注意事項》

- 解答はすべて解答用紙に記入すること。

照曜館中学校

1 次の会話文を読み、地図を見ながらあとの問いに答えなさい。

照男さん：今、世界で一番①人口の多い国は②中国だよね。

曜子さん：そうだね。でも、この前ニュースで流れていたのだけれど、2023年のうちには [1] が中国をぬいて世界一になるらしいよ。

照男さん：中国と [1] は、どちらも [2] 大陸に位置する国だね。教科書には中国の人口が世界一と書いてあるから、新しく書きかえられるのかな。

曜子さん：③中国はいろいろな統計で、1位になっているね。工業もさかんで、身の回りには中国で生産された製品がたくさんあるよ。

照男さん：④中国は日本にとって最大の貿易相手国だから、強い結びつきがあるといえるね。照曜館中学校がある北九州市は、中国の⑤ターリエン（大連）市と姉妹都市の関係を結んでいるよ。

曜子さん：この前、社会の授業で⑥九州地方を勉強したときに調べたね。どちらも港湾都市で早くから工業が発達したという共通点があって、友好を深めるために北九州市が申し込んだそうだよ。

照男さん：姉妹都市であることを記念して、ターリエン市には「北大橋《ほくだいきょう》」というつり橋が、北九州市には「大北亭《だいほくてい》」という中国風の建物が作られていたよね。

曜子さん：どちらも、ターリエン市と北九州市の一文字目をとって名付けられているよ。ターリエン市は、日清戦争後の下関条約で日本の領土となったリャオトン半島にあるね。

照男さん：そう考えると、かつて⑦戦争をした国どうしがこうして友好を深め合う関係を続けているのは、本当に大切なことだと思うよ。

ターリエン市にある北大橋

北九州市にある大北亭

（参考：北九州市ホームページ）

問1　下線部①について、2022年の世界の人口に最も近い数字を次のア～エから1つ選び、記号で答えなさい。

ア．40億　　イ．60億　　ウ．80億　　エ．100億

問2　下線部②について説明した次の文ア～エのうち、まちがっているものを1つ選び、記号で答えなさい。

ア．中国の人口の約9割は漢民族である。

イ．中国のシャンハイは、コンテナの取り扱い量が多い貿易港である。

ウ．中国の国土面積、排他的経済水域はどちらも日本より広い。

エ．日本に住んでいる外国人の数を国籍別に見ると、中国が一番多い。

問3　下線部③について、次の（1）・（2）の問いに答えなさい。

（1）次の表1は中国が1位となる統計を示しており、ア～エは鉄鋼の生産量、自動車の生産台数、二酸化炭素の排出量、綿織物の生産量のいずれかをあらわしています。また、表1中の[1]と会話文中の[1]は同じ国を示しています。鉄鋼の生産量に当てはまるものを表1中のア～エから1つ選び、記号で答えなさい。また、[1]にあてはまる国名を答えなさい。

ア		イ		ウ		エ	
中　国	32.5	中　国	32.5	中　国	28.4	中　国	57.6
[1]	29.3	アメリカ	11.4	アメリカ	14.7	[1]	5.4
パキスタン	18.9	日　本	10.4	[1]	6.9	日　本	4.5
インドネシア	4.5	ドイツ	4.8	ロシア	4.7	ロシア	4.0
ブラジル	3.7	韓　国	4.5	日　本	3.2	アメリカ	4.0

（数字は%、二酸化炭素は2018年、綿織物は2014年、他2020年、データブックオブザワールド2022）

表　1

（2）中国は、産業用ロボットの使用台数についても、世界第1位となっています。現在、世界では大量の情報を処理して人間のように考える人工知能が開発され、さまざまな場面で使用されるようになっています。この人工知能のことをアルファベット略称で何というか、答えなさい。

問4　会話文中の[2]にあてはまる語句を答えなさい。

問５　下線部④について、貿易の進め方に関して説明した次の文中の【　Ａ　】にあてはまる語句を、漢字２字で答えなさい。

> 貿易は国内の産業やくらしに欠かせないが、外国の食料や製品を大量に安く輸入すると、産業がおとろえる心配もある。そこで、各国では輸入品に【　Ａ　】をかけて値段を上げることで、国内の産業を守ってきた。ここ20年ほどは、世界の国々がおたがいに【　Ａ　】をなるべくなくし、自由な貿易を進める動きが世界で広がっている。

問６　下線部⑤について、次の（１）・（２）の問いに答えなさい。

（１）ターリエン市の位置を次の図１中のア～エから１つ選び、記号で答えなさい。

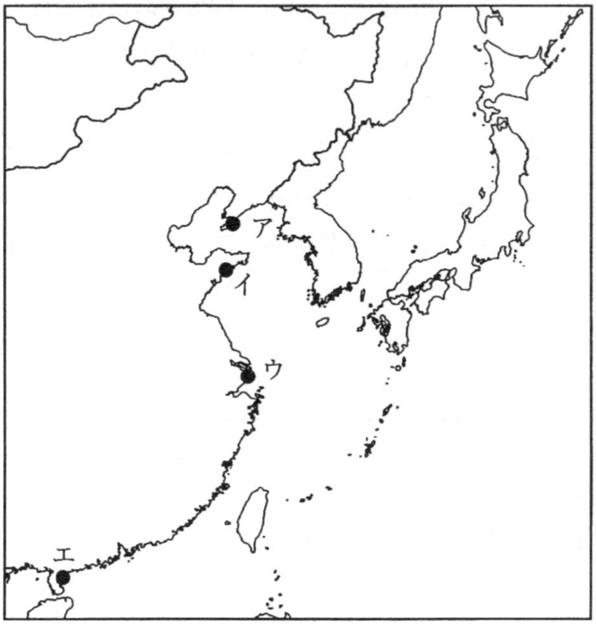

図　１

（２）ターリエン市は北九州市の他に、秋田県、大阪府大阪市、佐賀県伊万里市などの自治体とも友好関係を結んでいます。次の表２は、福岡県、秋田県、大阪府、佐賀県の４つの府県について、森林率、１農家当たりの耕地面積、製造品出荷額を示しており、ア～エは４つの府県のいずれかを表しています。表２中のア～エのうち、福岡県にあてはまるものを１つ選び、記号で答えなさい。

	森林率（%）	１農家当たりの耕地面積（ha）	製造品出荷額（十億円）
ア	30	0.60	17561
イ	45	1.93	10238
ウ	45	2.72	2065
エ	72	3.95	1336

（森林率は2017年、耕地面積は2020年、製造品出荷額は2018年、林野庁ホームページおよびデータブックオブザワールド2022）

表　２

問7　下線部⑥について、次の文は、九州地方のある平野を説明しています。この文を読み、あとの（1）・（2）の問いに答えなさい。

> 九州最大の河川の流域に形成された平野で、河口は干拓地で知られる海に注いでいる。クリークとよばれる水路が発達していて、稲作が盛んであり、米の収穫後に小麦などを栽培している。

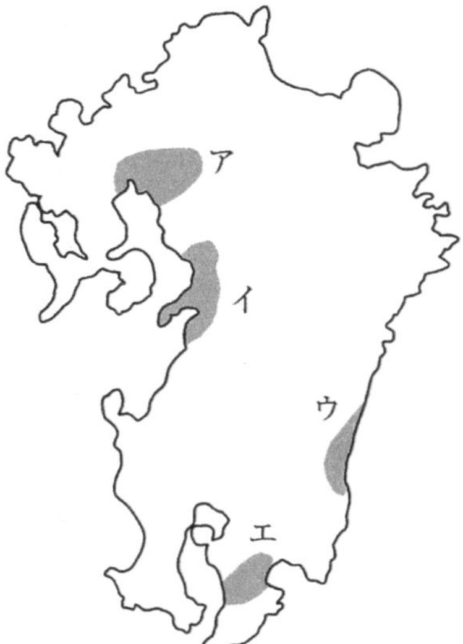

図　2

（1）説明にあてはまる平野の位置を、図2中のア～エから1つ記号で選び、平野名を漢字で答えなさい。

（2）文中の下線部のように、同じ土地で1年間に2種類の異なる作物を栽培することを何というか、漢字3字で答えなさい。

問8　下線部⑦について、2022年2月24日、ロシアが隣国《りんこく》に攻《せ》め入りました。このことについて説明した次の文を読み、あとの（1）・（2）の問いに答えなさい。

> ロシアが攻め入った隣国の［　Ⅰ　］は、かつてロシアとともにソ連を形成していた共和国の1つで、1991年に独立した。現在、アメリカ合衆国を中心とする（　Ⅱ　）への加盟を目指しているが、ロシアは反対している。また、［　Ⅰ　］では発電量の54%を（　Ⅲ　）発電がしめており、ザポリージャや、1986年に事故がおきたチョルノービリ（チェルノブイリ）などの（　Ⅲ　）発電所と、それに関連した施設が多い。そのため、今回のロシアの攻撃によって大きな被害につながる危険が指摘されている。

（1）文中の［　Ⅰ　］にあてはまる国名を答えなさい。

（2）文中の（　Ⅱ　）・（　Ⅲ　）にあてはまる語句の組み合わせとして正しいものを、あとの表3中のア～カから1つ選び、記号で答えなさい。

	（　Ⅱ　）	（　Ⅲ　）
ア	ＥＵ	原子力
イ	ＥＵ	火力
ウ	ＥＵ	太陽光
エ	ＮＡＴＯ	原子力
オ	ＮＡＴＯ	火力
カ	ＮＡＴＯ	太陽光

表　3

2 次のＡ～Ｃの文は、日本の島について説明しています。これらの文を読み、あとの問いに答えなさい。

Ａ　①日本の標準時子《し》午《ご》線が通っている。1995年に、この島の北部を震源とする②巨大地震が発生し、震度７を記録した。この島には二つの連絡橋があり、一つは島が属する（　１　）県と、もう一つは（　２　）県と結ばれている。③たまねぎの生産が盛んな他、沿岸で養殖も行われている。

Ｂ　本土四島（本州、北海道、九州、四国）に次ぐ面積であり、北方領土を形成している。日本最北端の島であり、島内には多くの④活火山が存在する。島の名前は、先住民族である【　３　】の人々の言葉に由来するが、現在、【　３　】語はユネスコによって「消滅の危機にある言語」と分類されている。

Ｃ　（　４　）県に属するこの島には金山があり、かつて国内一の産出量をほこっていた。現在は採掘《さいくつ》を終了しており、跡地を整備して⑤世界遺産登録を目指している。

（参考：総務省及び自治体ホームページ、日本国勢図会2022/23など）

問１　各文中の（　１　）、（　２　）、（　４　）にあてはまる県名を漢字で、【　３　】にあてはまる語句をカタカナで、それぞれ答えなさい。

問２　Ａ～Ｃの文にあてはまる島を、次のア～オからそれぞれ１つずつ選び、記号で答えなさい。

ア．屋久島　　イ．佐渡島　　ウ．択捉島　　エ．淡路島　　オ．国後島

問３　下線部①について、東経何度の経線ですか、あてはまる数字を答えなさい。

問４　下線部②、④について、地震や火山に関して述べた次の文ア～エから、まちがっているものを１つ選び、記号で答えなさい。

ア．日本の国土とその周辺にはプレートの境が集中しており、そのプレートがおし合い、たまった力によって岩石の層《そう》がずれたりわれたりして、地震が発生する。

イ．地震や火山の噴火など、自然災害に備えて市町村ごとに被害の想定や避難場所などをのせた地図を、ロードマップという。

ウ．日本各地に気象庁が設置した地震計があり、地震の発生をただちに伝えることができる「緊急地震速報」のしくみが整えられている。

エ．巨大地震が起きると、停電や水道管破裂《はれつ》などにより生活に大きな支障が出ることがあるが、これら電気や水道など生活に必要不可欠なものをライフラインという。

問5 下線部③について、次の（１）・（２）の問いに答えなさい。

（１）次の表１中のX～Zは、たまねぎの生産、のりの養殖、かきの養殖について上位５位の道県のいずれかを表しています。また、表１中の（　１　）県と文中の（　１　）県は同じ県を示しています。X～Zにあてはまる組み合わせとして正しいものを、あとの表２中のア～カから１つ選び、記号で答えなさい。

X　(%)		Y　(%)		Z　(%)	
北海道	63	広島県	61	佐賀県	26
佐賀県	10	宮城県	13	(　1　)県	21
(　1　)県	7	岡山県	8	福岡県	16
長崎県	3	(　1　)県	5	熊本県	13
愛知県	2	岩手県	4	宮城県	5

表　1

(2020年、データブックオブザワールド2022)

	X	Y	Z
ア	たまねぎの生産	のりの養殖	かきの養殖
イ	たまねぎの生産	かきの養殖	のりの養殖
ウ	のりの養殖	たまねぎの生産	かきの養殖
エ	のりの養殖	かきの養殖	たまねぎの生産
オ	かきの養殖	たまねぎの生産	のりの養殖
カ	かきの養殖	のりの養殖	たまねぎの生産

表　2

（２）Aの島では、出荷されずに残ったたまねぎや、使い終わった天ぷら油などから燃料を作って、環境にやさしいエネルギーを使用する取り組みを行っています。このように、植物の一部や動物のふんなどを使って生みだすエネルギーのことを何というか、解答らんにあわせてカタカナ５字で答えなさい。

問６　下線部⑤について、近畿地方の７つの府県全てに世界遺産があります。次の文は近畿地方のある府県について説明しています。説明文にあてはまる府県名を漢字で答え、その位置を図１中のア～キから１つ選び、記号で答えなさい。

1993年に、日本で最初に登録された世界遺産がある。また、かつて日本の都が置かれた場所があり、その文化財が世界遺産にも選ばれている。古墳の数も多く、文化庁の資料によれば、横穴も含めるとその数は9000を超える。南部の山地は標高が高く、霊場《れいじょう》と参詣道《さんけいどう》が世界遺産となっている。また、高級なブランド材として有名な杉の産地ともなっている。

図　1

（注・湖や島は省略してある）

3 曜子さんのクラスでは、社会の授業で歴史上の人物について調べ学習をすることになりました。曜子さんは、人物Ａ～Ｄについて調べ、その内容を【Ａ】～【Ｄ】のカードにまとめました。これらのカードを見て、あとの問いに答えなさい。

【Ａ】

源氏の将軍がとだえたあと、朝廷は幕府をたおそうとして兵をあげました。この時、a源頼朝の妻であったＡは、御家人たちの前で源頼朝から受けたb恩を説き、いまこそ力を合わせて幕府を守ることを訴えました。Ａは、動揺する御家人たちを団結させて朝廷の軍を破り、幕府の危機を救いました。

【Ｂ】

（　c　）の子孫として生まれたＢは、人々に熱心に仏教の教えを広めました。それとともに、ため池や道路、橋などをつくる土木工事を行い、人々からしたわれていました。d聖武天皇は、はじめはＢの活動を取りしまりましたが、位の高い僧に任命して大仏づくりに協力させました。Ｂの協力は、人々の力を集めるうえで大きな力になりました。

【Ｃ】

Ｃは大名たちを集め、次のように言ったといわれています。「e私の祖父（家康）や父（秀忠）は、昔はおまえたちとともに戦った仲間であった。しかし私は、生まれながらの将軍である。これからは、おまえたちを家来としてあつかう。もし不満なら領地にもどって心を決め、幕府に戦いをしかけてきてもかまわない。」

【Ｄ】

Ｄは戦いでうばった多くの領地のほか、貿易で栄えた堺・博多・長崎などの都市や、f鉱山を直接支配して、そこから大きな利益を手に入れました。またＤは、キリスト教をはじめは保護していましたが、やがて全国統一のさまたげになると考え、宣教師の国外追放を命じました。しかし、貿易は別であるとして外国の商船の来航を認めました。

問1　カード中のA～Dにあてはまる人物名を、それぞれ漢字で答えなさい。

問2　下線部aについて述べた次の文ア～エのうち、まちがっているものを1つ選び、記号で答えなさい。

ア．平治の乱に敗れて、伊豆に流された。
イ．応仁の乱で、平氏の軍を打ち破った。
ウ．有力な御家人を守護や地頭に任命した。
エ．征夷大将軍に任命された。

問3　下線部bについて、幕府と御家人は土地を仲立ちとした関係で結ばれています。ご恩に対して、都や鎌倉を守ることなどを何と言いますか、漢字で答えなさい。

問4　（　c　）には、すぐれた技術でヤマト政権に貢献した、中国や朝鮮半島から日本へやってきた人々をあらわす言葉が入ります。漢字で答えなさい。

問5　下線部dについて述べた次の文ア～エについて、正しいものを1つ選び、記号で答えなさい。

ア．中国にならって律令とよばれる法律をつくり、新しい政治のしくみを定めた。
イ．藤原京から、唐の都の長安にならってつくられた平城京に都を移した。
ウ．家がらによらず能力のある者を役人にするしくみとして、冠位十二階を定めた。
エ．伝染病やききんがひろがるなかで、全国に国分寺を建てることを命じた。

問6　下線部eについて述べた次の文ア～エについて、まちがっているものを1つ選び、記号で答えなさい。

ア．三河の大名の家に生まれたが、幼いころは今川氏の人質として過ごした。
イ．1600年の関ヶ原の戦いでは、対立する西軍を破り、勝利した。
ウ．1603年に征夷大将軍に任命され、死ぬまで将軍職についていた。
エ．朝鮮に使者を送り、途《と》絶《だ》えていた交流を再開した。

問7　次のア～ウはCの人物が活躍したころの出来事です。ア～ウを時代の古い順に並べ、記号で答えなさい。

ア．日本人が海外に行くことも、海外から帰ることも禁止した。
イ．貿易相手国を、中国とオランダに限った。
ウ．島原や天草で、天草四郎（益田時貞）を中心に一揆が起こった。

問８　下線部ｆについて、地図中の銀山は、当時、世界有数の銀山で、現在は世界遺産に指定されています。この銀山名を漢字で答えなさい。

問９　Ａ～Ｄの人物が活躍した時代の建築物として、あてはまらないものを次のア～オから１つ選び、記号で答えなさい。

ア．金閣

イ．日光東照宮陽明門

ウ．東大寺南大門

エ．大坂城

オ．正倉院宝庫

問10 曜子さんは次のカード【E】を新たに作成しました。このカード【E】は、カード【A】～【E】を時代の古い順に並べた時、何番目になりますか、数字で答えなさい。

【E】

松坂（三重県）の医師であったEは、日本人とは何かということを考え、『古事記』などの日本の古典を研究しました。そして長い年月をかけて『古事記伝』を書き上げ、古くからの日本人の考え方を明らかにしようとする学問を発展させることに貢献しました。

4 次の文を読み、あとの問いに答えなさい。

日本は①開国後、ヨーロッパやアメリカに多くの留学生を派遣《はけん》し、政治や経済の制度など外国の文化を学ばせました。幕府の使節に同行して海をわたった（　1　）は、ヨーロッパやアメリカで見聞きしたことをもとに『西洋事情《せいようじじょう》』という本を出版《しゅっぱん》しています。1867年にフランスで開かれたパリ万国博覧会《ばんこくはくらんかい》には、日本も初めて参加しました。幕府は、葛飾《かつしか》北斎《はくさい》の浮世絵《うきよえ》などを展示し、茶店を出店して評判になったほか、②薩摩藩も、薩摩焼や琉《りゅう》球《きゅう》の産物などを独自に出品しました。③万国博覧会が日本で初めて開かれたのは、1970年のことでした。

問1　下線部①について、開国後に起こった次のア～ウのできごとを年代の古い順に並べ、記号で答えなさい。

ア．薩長同盟が結ばれた。　　イ．大政奉還が行われた。　　ウ．版籍奉還が行われた。

問2　文章中の（　1　）の人物は、中津藩出身で現在の慶應義塾大学を創設しました。この人物は誰か、漢字で答えなさい。

問3　下線部②の出身の人物について説明した次の文と図版を見て、この人物は誰か、漢字で答えなさい。

この人物は、長州藩の木戸孝允《きどたかよし》らとともに、朝廷と手を結び、幕府を倒す運動の中心人物となりました。しかし、新政府内で意見が対立するようになると、政府をやめて、ふるさとの薩摩に帰りました。そして、政府に不満をもつ士族が起こした最大の反乱を指導しましたが、政府軍に敗れました。

問4　下線部③について、次の写真は、1970年に日本で開催《かいさい》された万国博覧会の様子です。この時のテーマは、『人類の進歩と調和《ちょうわ》』でした。2025年に、『いのち輝く未来社会のデザイン』というテーマで、再び同じ都道府県で開催が予定されています。この都道府県はどこか、漢字で答えなさい。

5 次のA・Bの文を読み、あとの問いに答えなさい。

A

私たちが住んでいるまちには、さまざまな人たちがくらしています。子どもからお年寄《としよ》りまで、たとえ年齢《ねんれい》や生活する環境《かんきょう》はちがっていても、①毎日を楽しく過ごしたい、よりよい人生を送りたいという願いは変わりません。

私たちは、人生の多くの時間を、家族とともに過ごします。時代が移り変わるにつれて、②家族の構成は変わってきました。家族の構成が変われば、暮らし方も変わります。また、家族の姿だけではなく、③社会全体の様子も変化してきました。

問1 下線部①について、次の資料1は、日本国憲法第11条です。資料1中の（　1　）にあてはまる語句を漢字5字で答えなさい。

資料1

国民は、すべての（　1　）の享有《きょうゆう》（※）を妨《さまた》げられない。この憲法が国民に保障《ほしょう》する（　1　）は、侵《おか》すことのできない永久の権利として、現在及《およ》び将来の国民に与へ（え）られる。

※享有…生まれながらにして持っていること

問2 下線部②について、家族の構成の1つに核家族とよばれる世帯があります。次のア～エから核家族にあてはまらないものを1つ選び、記号で答えなさい。

ア．夫婦　　イ．夫婦と子ども　　ウ．夫婦と子どもと孫　　エ．父(母)と子ども

問3 下線部③について、資料2は、日本で生まれた子どもの数と、人口にしめる65歳以上の高齢者の割合を示しています。資料2を見て、次の（1）・（2）の問いに答えなさい。

資料2

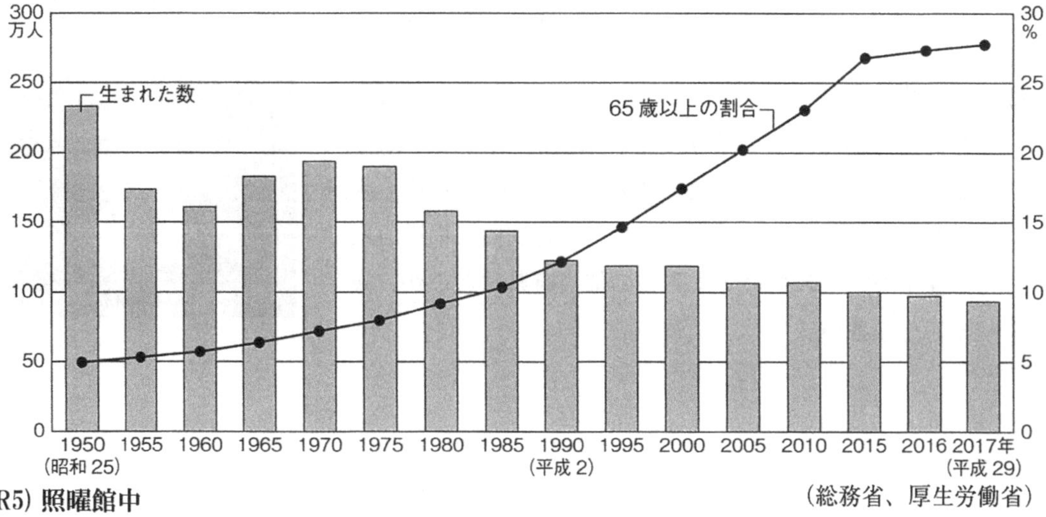

（総務省、厚生労働省）

（1）資料２について説明した次の文ア～エからまちがっているものを１つ選び、記号で答えなさい。

ア．2017年に、65歳以上の割合が30%を超え、高齢化が急速に進展している。

イ．生まれた子どもの数は、1970年を境に減少傾向にあり、2016年に初めて100万人を下回った。

ウ．1950年と2017年を比較すると、生まれた子どもの数は半分以下になっている。

エ．医療の進歩などにより、日本人の平均寿命は延びており、65歳以上の割合は増加している。

（2）子どもが生まれた後も仕事をやめることなく育児ができるようにする目的で、介護の内容も含めて制定された法律は何か、答えなさい。

B

国が行う国民のための仕事は、④国会で話し合って決められ、法律にもとづいて行われます。それらの仕事にかかる費用《ひよう》には、国民が納《おさ》める⑤税金が使われています。税金には、国が国民から集める国税の他に、都道府県や市区町村が集める地方税があります。

問４　下線部④について、国会の仕事としてまちがっているものを次のア～エから１つ選び、記号で答えなさい。

ア．国の予算を決める　　イ．法律を制定する

ウ．条約を承認する　　エ．天皇の国事行為に助言や承認をする

問５　下線部⑤について、商品の販売やサービスの提供にかかる税金は何か、答えなさい。

令和５年度

入学試験問題

理科

実施日：令和５年１月６日(金)
時間帯：13時25分～14時05分

《注意事項》

- 解答はすべて解答用紙に記入すること。

照曜館中学校

1　3本のばねA，ばねB，ばねCがあります。これらのばねにいろいろな重さのおもりをつるしたとき，おもりの重さとそのときのばねの長さは，下の表のようになりました。次の問いに答えなさい。ただし，ばねの重さは無視できるものとします。

おもりの重さ〔g〕	60	120
ばねA全体の長さ〔cm〕	35	50
ばねB全体の長さ〔cm〕	50	80
ばねC全体の長さ〔cm〕	30	40

問1　ばねA，ばねB，ばねCの自然の長さ（ばねに何もつるさないときの長さ）はそれぞれ何cmになりますか。

問2　ばねA，ばねBに50gの重さのおもりをつるしました。このときの**ばねののび**はそれぞれ何cmになりますか。

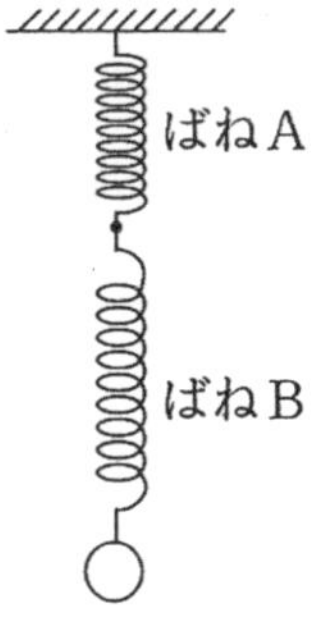

図1

問3　図1のように，天じょうにばねAを固定して，ばねAの下にばねBをつるしました。そしてばねBの下に50gの重さのおもりをつるしました。このときの**ばねののび**はそれぞれ何cmになりますか。

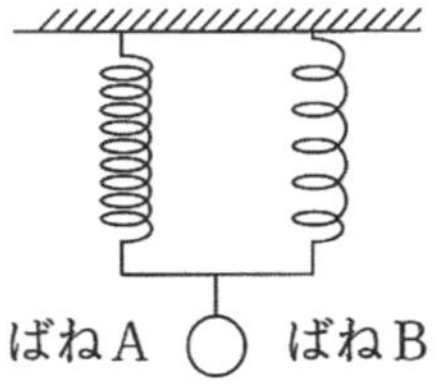

図2

問4　図2のように，天じょうにばねAとばねBを固定して，固定されていない方を重さの無視できるひもで結びました。そしてひもの下に60gの重さのおもりをつるしました。このときの**ばねののび**はそれぞれ何cmになりますか。ただし，ひもはたるんでいないものとします。

問５　**図３**のように，天じょうにばねＡを固定して，ばねＡの下に20gの重さのおもりをつるしました。そのおもりの下にばねＢをつるし，ばねＢの下に20gの重さのおもりをつるしました。このときの**ばねののび**はそれぞれ何cmになりますか。

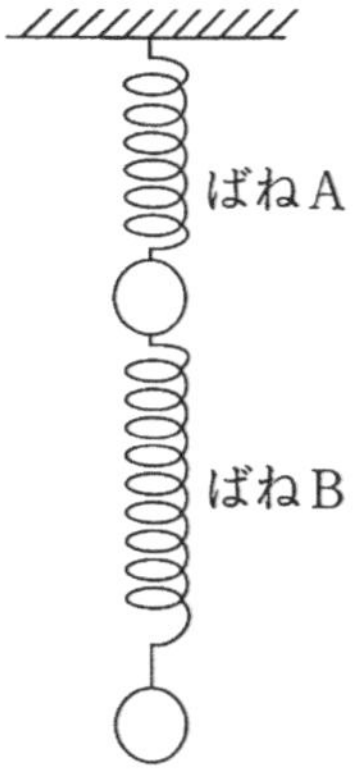

図３

問６　**図４**のように，かべにばねＣの右端を固定しました。このときばねＣは自然の長さでした。ばねＣの左端をばねばかりで10cm左向きに引っ張りました。ばねばかりは何gをしめしますか。

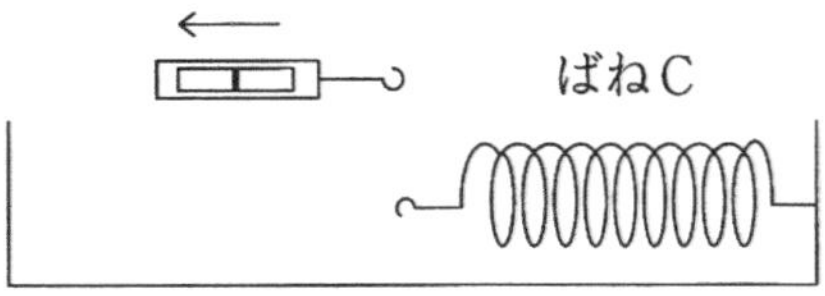

図４

問７　**図５**のように，かべにばねＡの右端とばねＢの左端を固定しました。そして，ばねＡとばねＢの固定されていない方を結合しました。このときばねＡもばねＢも自然の長さでした。ばねＡとばねＢの結合部分をばねばかりで10cm左向きに引っ張りました。ばねばかりは何gをしめしますか。ただし，ばねは自然の長さから10cmのびたときも，10cm縮んだときもばねばかりに加える力の大きさはおなじで，向きは自然の長さにばねがもどろうとする向きにはたらくものとします。

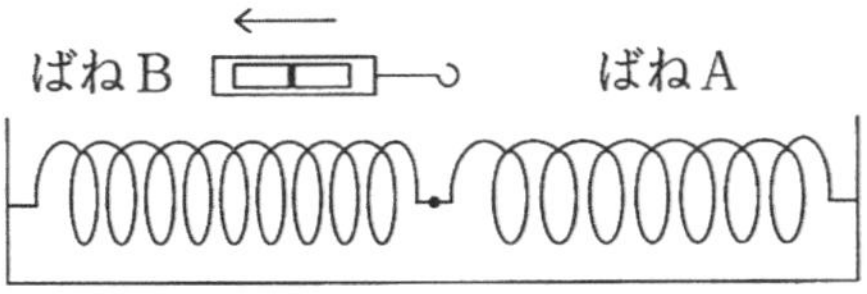

図５

2 しょうゆは大豆，小麦，食塩水からつくられています。しょうゆから食塩を取り出す実験を行いました。次の問いに答えなさい。

手順1　しょうゆをなべに入れ，炭になって煙が出なくなるまで加熱します。

手順2　しばらく置いて冷ましてから，水を加えます。炭と水をよくなじませ，黒くにごった水をつくります。

手順3　黒くにごった水を（　　　）して，食塩水を取り出します。

手順4　別のなべに入れ，加熱し水分を蒸発させ，食塩を取り出します。

問1　下の図は手順3の実験のようすを示しています。（　　）に入る操作の名称を答えなさい。

図1

問2　**問1**の**図1**には，まちがいがあります。その中のまちがいを2つ見つけ，正しい操作方法を説明しなさい。

問3　こい口しょうゆとうす口しょうゆの2種類のしょうゆを同じ量用意し，上の手順で食塩を取り出す実験を行いました。こい口しょうゆから得た食塩水70gの塩分濃度は15.8%でした。うす口しょうゆから得た食塩水70gから，13gの食塩が取り出せました。ただし，手順2で加えた水の量は同じとします。

（1）うす口しょうゆから得た食塩水の濃度は何%ですか。小数第二位を四捨五入し，小数第一位まで答えなさい。

濃度とは，溶けてできた溶液全体の重さに対する溶かした物質の重さの割合であり，

$$\text{食塩水の濃度（\%）} = \frac{\text{溶かした食塩の重さ（g）}}{\text{食塩水全体の重さ（g）}} \times 100$$

で求めることができます。

（2）食塩が含まれる割合が大きく塩辛いのは，どちらのしょうゆなのか答えなさい。

問4　しょうゆ差しには，**図2**のように，しょうゆを注ぐ穴とは別にもう１つ小さな穴があります。その穴がないとしょうゆ差しからしょうゆが出にくくなります。次の文章は，しょうゆが出やすくするためにしょうゆ差しにしてある工夫について説明したものです。（　　）にあてはまる言葉を答えなさい。

図2

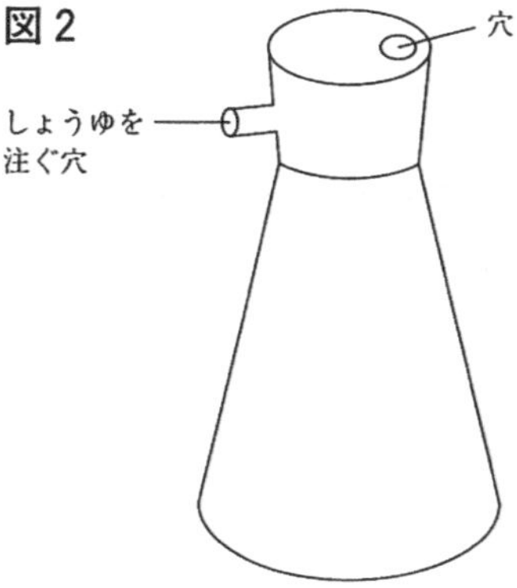

外に出たしょうゆの体積をうめる（　　　　）を補充《ほじゅう》するための穴が必要だから。

3 植物の発芽と成長について，条件を調べるために，次の実験を行いました。

A 植物の発芽について，次の問いに答えなさい。

【実験1】インゲン豆の発芽の条件について

5つのカップにだっし綿を入れ，その上にインゲン豆の種子を置きます。そのカップを以下の条件でしばらく放置して，発芽したかを調べます。

条件1 だっし綿はしめらせ，5℃を保ったまま光をあてます。

条件2 だっし綿はしめらせ，20℃を保ったまま光をあてます。

条件3 だっし綿はしめらせ，20℃を保ったまま暗い部屋におきます。

条件4 だっし綿はかわいたものを使い，20℃に保ったまま光をあてます。

条件5 カップに水を入れ，その中に種子を沈めます。20℃に保ったまま暗い部屋におきます。

【結果1】

	条件1	条件2	条件3	条件4	条件5
結果	発芽しなかった	発芽した	発芽した	発芽しなかった	発芽しなかった

問1 インゲン豆の発芽に20℃の温度が必要なことは条件1～5のどれとどれを比べると分かりますか，番号で答えなさい。

問2 水を入れたカップの中にインゲン豆の種子を沈め，20℃に保ったまま光をあててしばらく放置すると，種子は発芽しますか。

問3 インゲン豆の発芽に必要な条件は，20℃の温度の他にあと2つあります。その条件は何か答えなさい。また，そのことは条件1～5のどれとどれを比べると分かるか，それぞれ番号で答えなさい。

令和五年度 入学試験解答用紙

照曜館中学校

国語	
受験番号	
氏名	
出身小学校	小学校

※100点満点（配点非公表）

一

問一
a
b
（った）
c

問二
A
B
C
D

問三

問四

問五
25
20

問六
父親が、
25
30

問七

問八

問九
25
35

問十

問十一

令和元年度 入学試験問題

国語

受験番号

三

問一

問二

A

B

問五

問六

問七

問八

問九

問十

問十一

(3)	cm^3	(4)	cm

3	(1)		(2)		(3)	

3 小　計

4	(1)	cm	(2)	cm^2	(3)	cm^3

4 小　計

						エネルギー		

3

問　1			
A	B	C	D

問　2	問　3	問　4	問　5	問　6

問　7	問　8	問　9	問　10
→ →	銀山		

小　計

4

問　1	問　2	問　3
→ →		

問　4

5

問　1					問　2	問　3	
						(1)	(2)
							法

問　4	問　5
	税

小　計

問3		問4
(1) %	(2)	

3

問1	問2	問3			
と		条件	と	条件	と

問4	問5

問6

3 小計

4

問1	問2	問3

問4			問5
A	B	C	

4 小計

令和５年度　入学試験解答用紙

照曜館中学校

※50点満点
（配点非公表）

理　科	受　験　番　号	氏　　名	出　身　小　学　校
			小学校

総　得　点

1

問　1		
A　cm	B　cm	C　cm

問　2		問　3	
A　cm	B　cm	A　cm	B　cm

問　4		問　5	
A　cm	B　cm	A　cm	B　cm

問　6	問　7
g	g

1 小　計

2

問　1	問　2
	まちがい１

2 小　計

【解答

令和５年度　入学試験解答用紙

照曜館中学校

※50点満点
（配点非公表）

社　会	受験番号	氏　　名	出身小学校
			小学校

総得点

1

問　1	問　2	問　3		
		（1）		（2）
		記号	国名	

問　4	問　5		問　6	
			（1）	（2）
大陸				

問　7					問　8	
（1）		（2）			（1）	（2）
記号	平野					

2

問　1			
（1）	（2）	（4）	【3】
県	県	県	

問　2			問　3	問　4
A	B	C		

【解答

令和５年度　入学試験解答用紙

照曜館中学校

※100点満点
（配点非公表）

算数	受験番号	氏名	出身小学校
			小学校

総得点

1

(1)		(2)		(3)	
(4)		(5)		(6)	
(7)	個	(8)	分後	(9)	人
(10)	g	(11)	日	(12)	度
(13)	cm	(14)	cm^2	(15)	cm^3

1　小計

【解答

問三
～

問四

問五
A
B
C

問六

問七

問八

問九

三

問一
A
B
C
D

問二

問三

問四

問五

問六

問七
ア
イ

問八

問九

問十

問十一
～

【実験２】レタスの発芽の条件について

レタスの種子は発芽に光を必要とします。太陽の光には，様々な色の光が含まれています。今回は，赤色の光と，遠赤色光といわれる光を使って実験を行います。しめらせただっし綿の上にレタスの種子を暗い場所でまき，以下のような条件でしばらく放置して，発芽したかを調べます。

条件ａ　暗い部屋におきます。

条件ｂ　赤色の光をあてます。

条件ｃ　遠赤色光をあてます。

条件ｄ　赤色の光をあてたあと，遠赤色光をあてます。

条件ｅ　赤色の光をあてたあと，遠赤色光をあて，もう一度赤色の光をあてます。

【結果２】

	条件ａ	条件ｂ	条件ｃ	条件ｄ	条件ｅ
結果	発芽しなかった	発芽した	発芽しなかった	発芽しなかった	発芽した

問４　この実験からわかる，レタスの種子の発芽に必要な操作は何でしょうか。

Ｂ　植物の成長について，次の問いに答えなさい。

問５　インゲン豆の成長に必要な条件を，次のア～エよりすべて選び，記号で答えなさい。

ア．光　　**イ**．日かげ　　**ウ**．水　　**エ**．他の植物

問６　**問５**以外に植物の成長に必要な条件に肥料があります。肥料が植物の成長に必要かどうか実験を行って確かめたいとき，どのような実験を行いますか。（　）にあてはまる実験を具体的に答えなさい。

条件Ａ　植物の入った容器にパーライト（ガラス質で米粒ほどの大きさの岩石）を入れ，肥料を溶かした水をあたえて，日光に当たる場所におく。

条件Ｂ　（　　　　　　　　　　　　　　　　　　　　　　　　　）。

4 方位に関する次の問いに答えなさい。

方位磁石で方位を調べ，**ア**～**エ**の線を引いた水平な台の上に高さ（長さ）15cmのえんぴつを立てて太陽の光でできる影を調べました。

図1

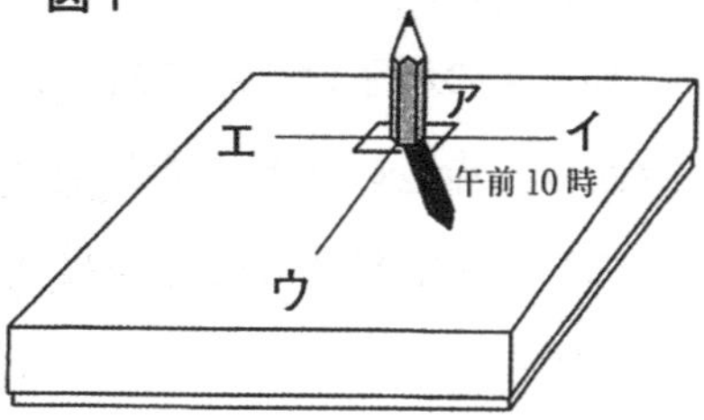

問1　午前10時に右の**図1**のように影ができたとき，『北』はどちらになりますか。図の**ア**～**エ**より１つ選び，記号で答えなさい。

問2　太陽の南中高度から考えて，**図1**の影の長さが最も長くなるのは，いつの日になりますか。次の**ア**～**オ**より１つ選び，記号で答えなさい。

ア．春分の日　　**イ**．夏至の日　　**ウ**．秋分の日

エ．冬至の日　　**オ**．本日（入試の日）

問3　同じ日の同じ時刻でも，場所によって影の方向や長さは違います。

昼の12時（正午）に東経が135度の兵庫県明石市で地面に垂直に棒を立てると，右の**図2**のような影ができていました。同じ日の同じ時刻での東経が131度の北九州では，棒の影のできるおおよその向きはどうなりますか。次の**ア**～**エ**より適切なものを１つ選び，記号で答えなさい。

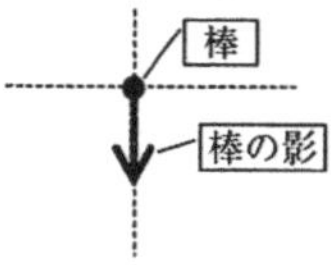

図2

ア　　**イ**　　**ウ**　　**エ**

右の**図3**のような時計を使っても方位がわかります。

図3のように，時計を水平に保ちながら，時計の短針を太陽の方向に向けるとその短針と文字盤の12時の数字のちょうど真ん中が『南』の方位になります。

これは，時計の短針は（ A ）時間で360度回転します。しかし太陽は（ B ）時間で360度回転します。そのためにその角度を（ C ）に調整する必要があり，そのため，ちょうど中間の角度が『南』の位置となります。

図3

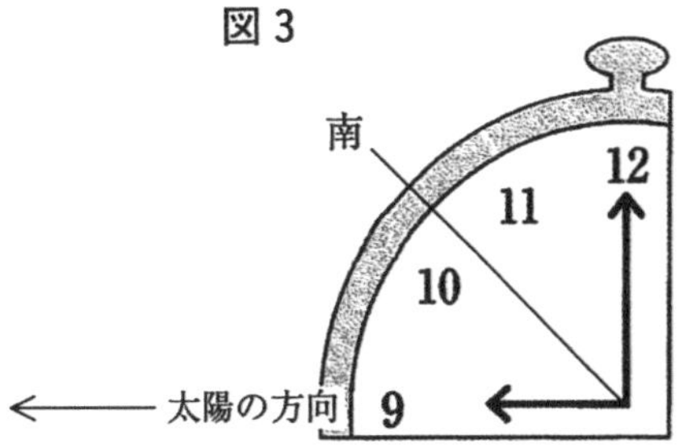

問4　上の文中の（ A ）～（ C ）にあてはまる数字やことばを答えなさい。

問5　この方法で正確に方位がわかるのは，いつですか。次の**ア**～**オ**よりすべて選び，記号で答えなさい。

ア．春分の日　　**イ**．夏至の日　　**ウ**．秋分の日

エ．冬至の日　　**オ**．本日（入試の日）

2023(R5) 照曜館中
K 教英出版

日本には，四季(春夏秋冬)があります。これは，地球が太陽を中心として回転（公転）するときに，回転する軌道面に対して地球が自転するときの軸（地軸）が**図3**のように傾いているからです。

図3

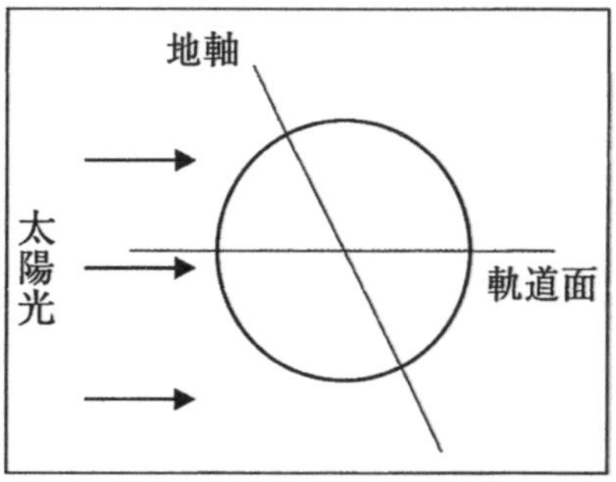

問3　太陽が**図3**の矢印のように地球を照らしているとき，地球の影の部分を解答欄の図にぬりなさい。

問4　地球が，**問3**のように照らされているとき，北九州(北緯33°)はいつの日ですか。次の**ア**～**エ**より１つ選び，記号で答えなさい。

ア．春分の日　　**イ**．夏至の日　　**ウ**．秋分の日　　**エ**．冬至の日

問5　**問4**のときの太陽の通り道を，**図4**の**ア**～**ウ**より１つ選び，記号で答えなさい。

図4

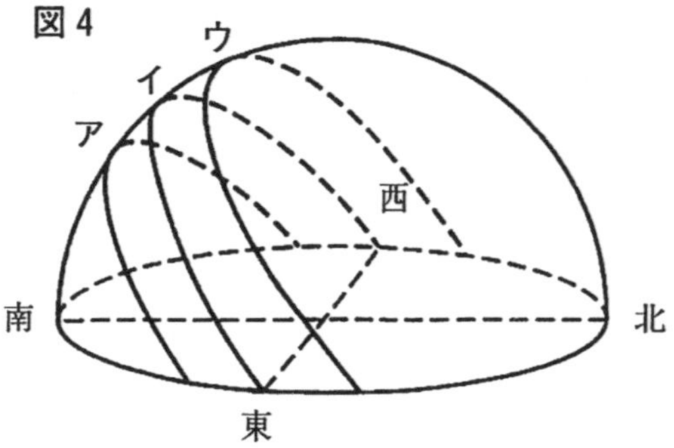

問6　照曜館中学校では，中学３年生のときに，オーストラリアに修学旅行に行きます。春分の日のシドニー(南緯36°)で**問5**のように太陽の道筋を描くとどのようになりますか。解答欄の図に描きなさい。ただし，方角は**問5**の**図4**と同じです。

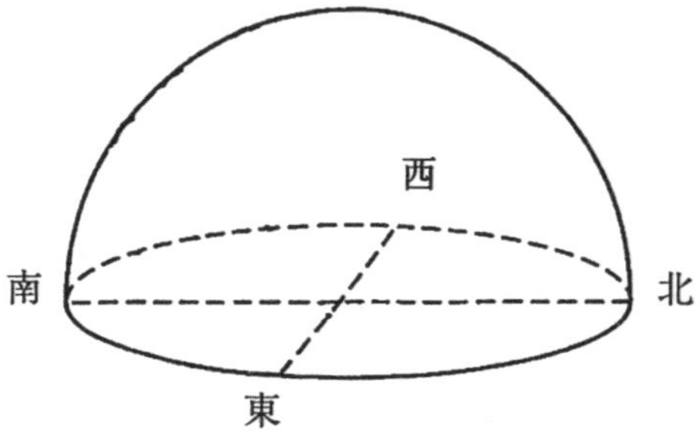

4 太陽について，次の問いに答えなさい。

太陽の運動について観察するために，学校の校庭で**右図**のように太陽投影板を使って観察しました。

図

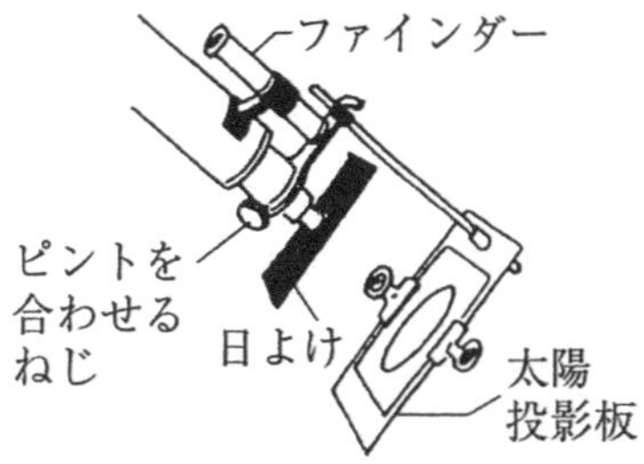

問1　望遠鏡を真南に向けて固定し，太陽が南中するときのようすを投影板にうつして観察しました。投影板を太陽を背にした向きから観察をすると，太陽の像はどの方向に動きますか。**図1**の**ア**～**エ**より1つ選び，記号で答えなさい。

図1

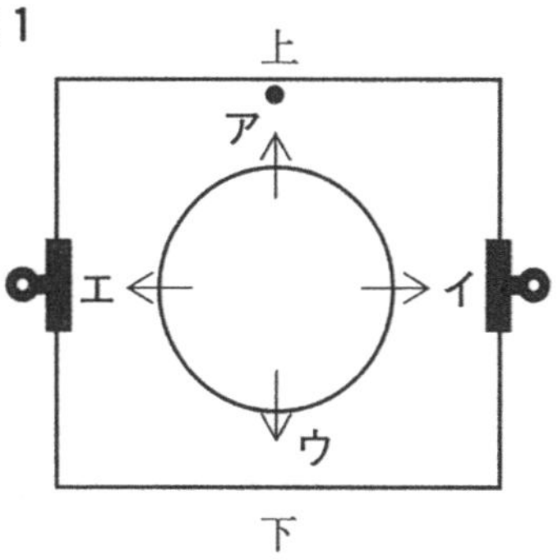

問2　**問1**で太陽が動いたのは，地球自身が1日に1回転，「自転」しているからです。地球が自転している向きは，下の**図2**の**ア**，**イ**どちらの向きですか。記号で答えなさい。ただし，この**図**は，地球を宇宙から見た図になっており，地球を北極側から見下ろしたようになっているものとして考えなさい。

図2

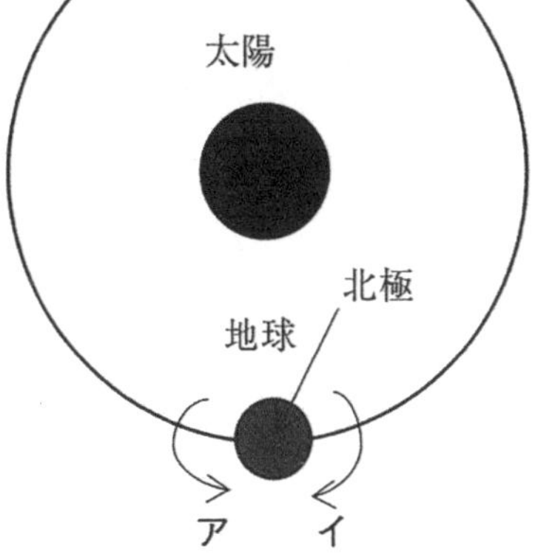

問題は次ページに続きます。

問5　下の　　　　内は，ジャガイモにAが多く含まれるように育てる方法についてまとめたものです。次の文の（　　）にあてはまることばを答えなさい。ただし，Aは会話文中の（　A　）と同じことばが入ります。

植物は，（　あ　）を浴びることでAをつくることができる。（　い　）などでつくられたAは，（　う　）を通ってジャガイモに蓄《たくわ》えられる。したがって，たくさんの（　い　）をしげらせることで，ジャガイモに直接多くのAがいくように余分なものを取り除くと良い。

問2　Xに入る文として最も適切なものを，次のア～エより１つ選び，記号で答えなさい。

ア．花があると，十分に光合成を行うことができないから。

イ．花があると，花の成長に栄養が使われてジャガイモがよく育たないから。

ウ．花があると，虫が寄ってきてジャガイモが食べられてしまうから。

エ．花があると，すぐに枯れてしまうから。

問3　ふだん私たちがジャガイモとして食べている部分は，植物のからだの根・茎・葉のどこですか。

問4　恵さんは，Aがつくられる条件を調べるために，ジャガイモの葉を使って以下の手順で実験を行いました。

【手順1】実験前日の午後，葉ア，イにアルミニウムはくでおおいをした。

【手順2】当日の朝，下の図のようにイのおおいをはずして，葉ア，イを午後まで十分日光にあてた。

【手順3】葉ア，イを切り取り熱湯につけ，その後，あたためたエタノールにひたした。

【手順4】手順3の葉を水洗いした後，Bにひたし，葉の色が変化するか調べた。

図

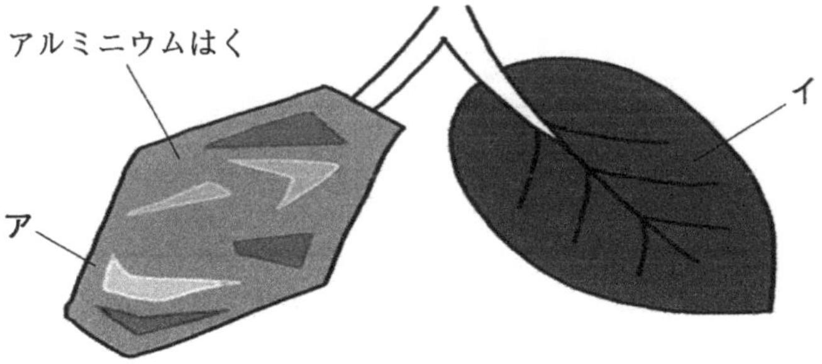

（1）【手順3】で，ジャガイモの葉を熱湯にひたす理由を答えなさい。

（2）【手順3】で，ジャガイモの葉をエタノールにひたす理由を答えなさい。

（3）【手順4】で，葉ア，イをBにひたすと，色は変化しますか。それぞれ答えなさい。

問五

問六

問七

～

すること。

問八

問九

問十

問十一

問十二

三

問一

a

b

c

d

問二

問三

問四

問五

～

問六

問七

問八

問九

令和4年度　入学試験解答用紙

照曜館中学校

※100点満点
（配点非公表）

算数	受験番号	氏名	出身小学校
			小学校

総得点

1

(1)		(2)		(3)	
(4)		(5)		(6)	
(7)	円	(8)	試合	(9)	個
(10)	%	(11)	年後	(12)	度
(13)	cm^2	(14)	cm^2	(15)	cm^3

1 小計

【解答

令和4年度　入学試験解答用紙

照曜館中学校

※50点満点
（配点非公表）

社会	受験番号	氏名	出身小学校
			小学校

総得点

1

問1		問2	問3	
1	2		（1）	（2）

問4	問5	

2

問1				問2	問3	
1	2	3	4		A	
					記号	平野

問3				問4
C		D		
記号	平野	記号	平野	

【解答

令和4年度　入学試験解答用紙

照曜館中学校

※50点満点
（配点非公表）

理科	受験番号	氏　　名	出身小学校
			小学校

総得点

1

問1	問2	問3
cm^3	g	g

問4

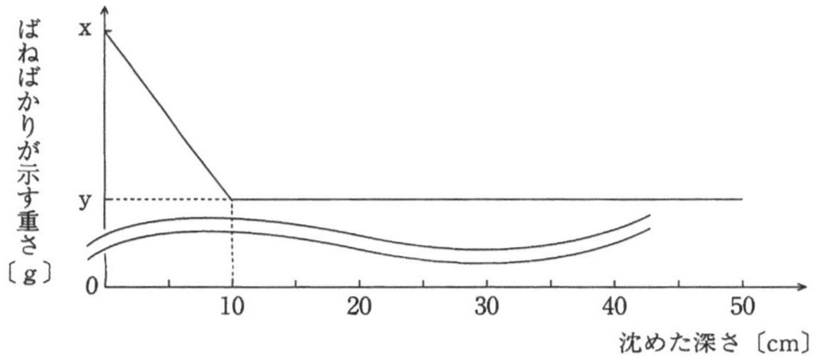

問5	問6	問7	問8 (1)	問8 (2)
cm^3	g	g		

1 小計

2

問1 氷	問1 水	問2 ア	問2 イ	問3

2 小計

【解答

3

問　1		問　2	問　3
A	B		

問　4	
（1）	（2）

問　4	
（3）ア	（3）イ

問　5		
あ	い	う

3 小　計

4

問　1	問　2	問　3	問　4	問　5
		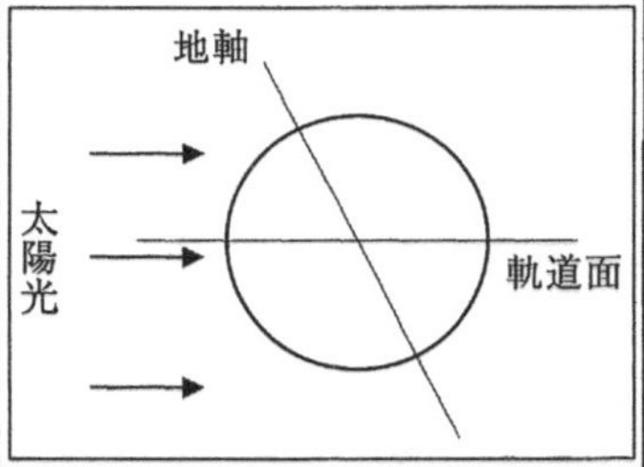		

問　6
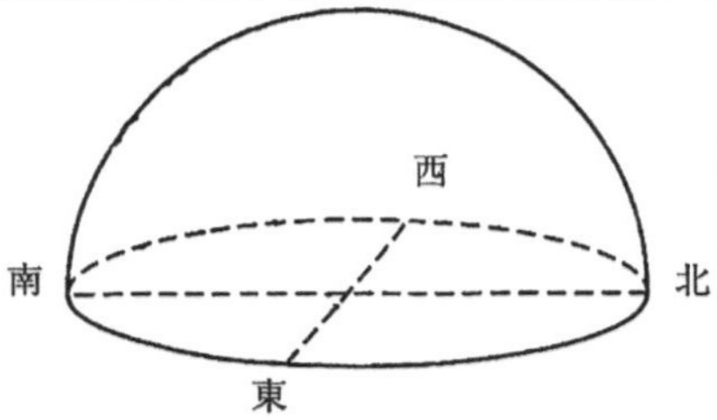

4 小　計

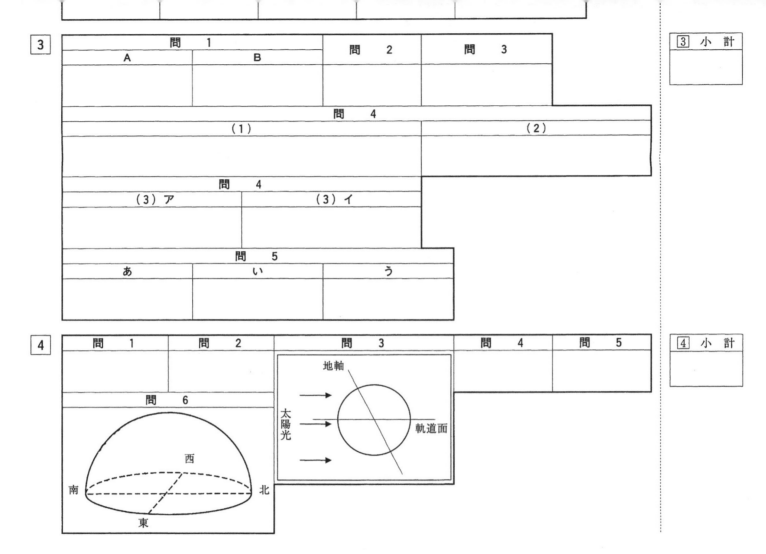

			県		

3

問 1	問 2	問 3

問 4	問 5	問 6	問 7
→ →	県		

問 8	問 9	問 10	問 11	問 12

小 計

4

問 1	問 2	問 3	問 4

5

問 1	問 2	問 3	問 4

問 5	問 6	問 7

小 計

3

(1)	m	(2)	分後	(3)	分　　秒後

3 小計

4

(1)		(2)		(3)	個

4 小計

令和四年度　入学試験解答用紙

照曜館中学校

国語

受験番号	
氏名	
出身小学校	小学校

※100点満点
（配点非公表）

一

問一　a　b（すぎる）　c

問二　20

問三

問四

問五　X　Y

問六

問七

問八

問九　30　40

問十

問十一

二

問一　a（え）　b（り）　c（え）

問二

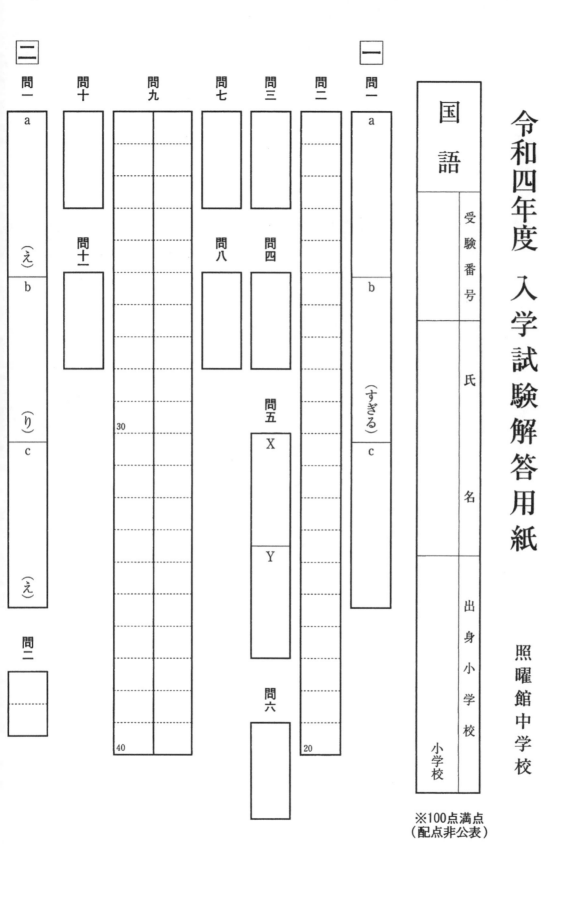

1 水の入った水そうにいろいろな物体を入れる実験をしました。物体が水面に入ると，水面下の物体の体積と同じ体積の水の重さの浮力がはたらきます。次の問いに答えなさい。ただし，1 cm^3あたりの水の重さを1 g，1 cm^3あたりの金塊《きんかい》の重さを40g，1 cm^3あたりの鉄の重さを8 g，1 cm^3のあたりのひのきの重さを0.4gであるとします。

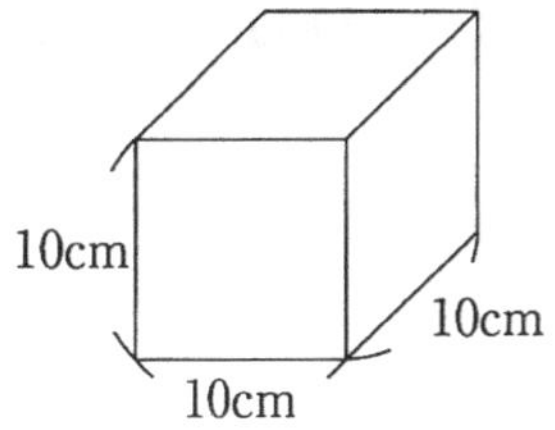

図1

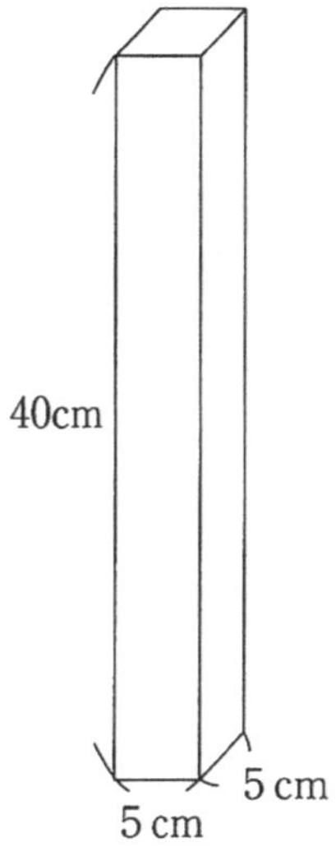

図2

問1　図1の形の鉄の体積は何cm^3になりますか。

問2　図1の形の鉄の重さは何gになりますか。

問3　図3のように，図1の形の鉄を静かに水中に沈めていきました。鉄が完全に沈んだときばねばかりが示す重さは何gになりますか。

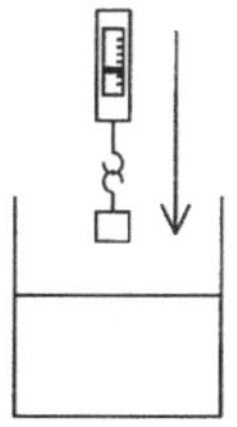
図3

問4　問3のようすをグラフにすると下のグラフのようになりました。図2の形の鉄を使って，同じように実験をすると，どのようなグラフになりますか。グラフをかきなさい。ただし，水そうの水の深さは十分深いものとします。グラフ中のxは図1の形の鉄の重さ，yは図1の形の鉄が完全に沈んだときのばねばかりが示した重さを表しています。

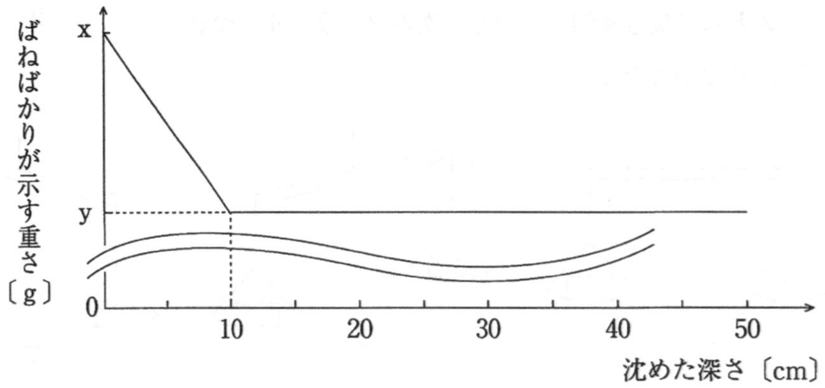

問5　図1の形のひのきを静かに水中に沈めようとしたところ，ばねばかりを外してもひのきにかかる力はつり合い，その場に浮いた状態で静止しました。水中にあるひのきの体積は何cm^3になりますか。

問6　図4のように，$10cm^3$の金塊を水そうの中に沈めました。金塊が水そうの底から浮かび上がるまでおもりを少しずつ増やしていきます。金塊が水そうの底から浮かび上がるためには何g以上のおもりが必要になりますか。

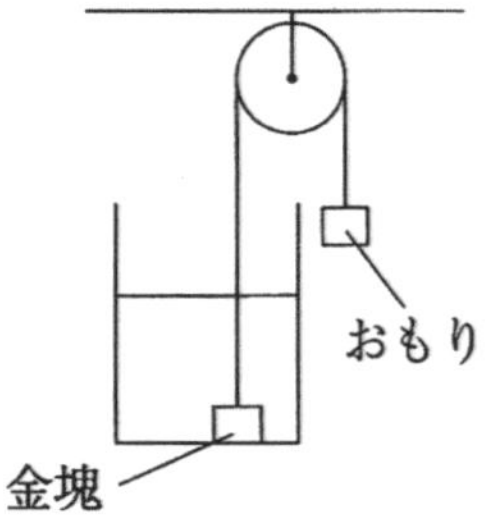

図4

問7　図5のように，$10cm^3$の金塊を水そうの中に沈めました。装置の動かっ車の重さは200gであるとき，金塊が水そうの底から浮かび上がるためには何g以上のおもりが必要になりますか。

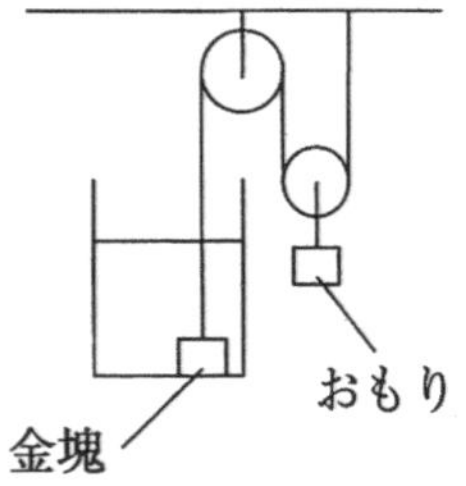

図5

問8　**図6**のように，王冠《おうかん》と同じ重さになるように金塊を天秤《てんびん》ではかりとりました。その天秤をそのまま静かに水そうに沈めました。

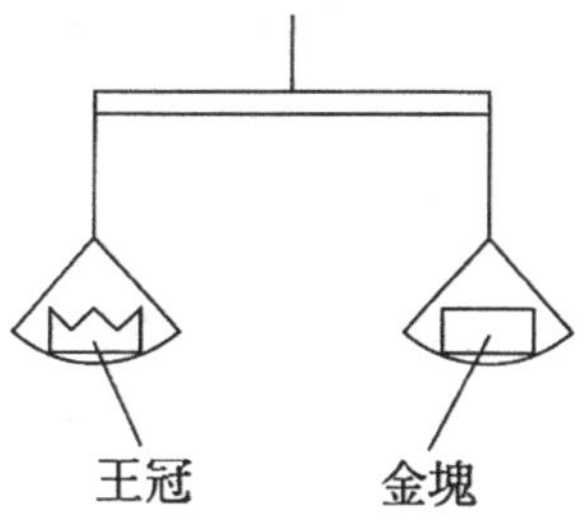

図6

（1）　王冠が純金でつくられているときの天秤の様子を表したものとして最も適切なものを，次の**ア**～**ウ**より１つ選び，記号で答えなさい。

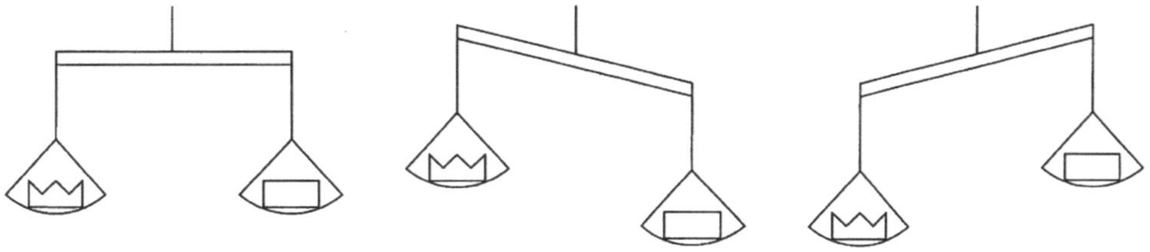

ア.　　**イ.**　　**ウ.**

（2）　王冠が金と鉄でつくられているときの天秤の様子を表したものとして最も適切なものを，（1）の**ア**～**ウ**より１つ選び，記号で答えなさい。

問題は次ページに続きます。

2 30gの氷の状態が変化するときの温度を調べるために実験を行いました。次の問いに答えなさい。

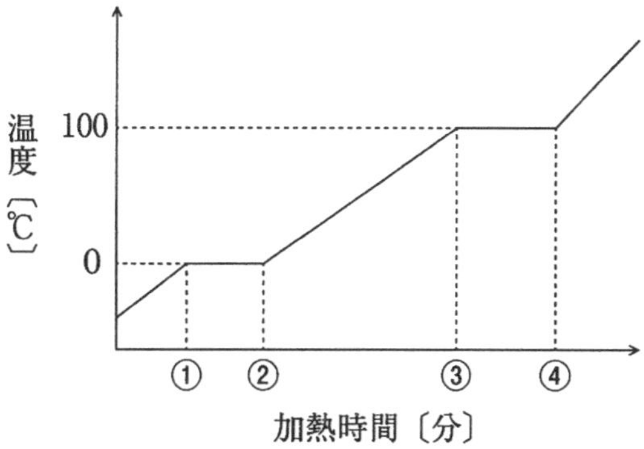

図1

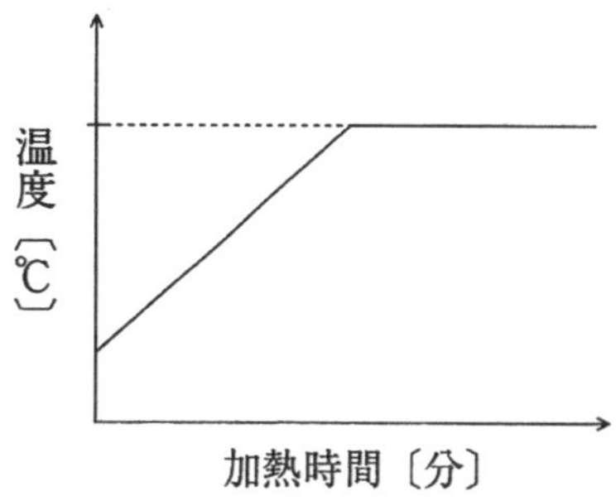

図2

問1　**図1**は実験の結果を示すグラフです。氷が完全に溶けたときの時間と，水が完全に蒸発したときの時間を，**図1**の①～④よりそれぞれ1つずつ選び，番号で答えなさい。

問2　実験中，氷は水に浮きました。下の文はその理由を述べたものです。(　　　)に当てはまる適切な言葉を答えなさい。

氷と水を同じ質量で比べたとき，氷の方が体積は（ **ア** ）いため，密度は（ **イ** ）い。そのため，氷は水に浮く。

問3　**図2**は**図1**の一部を拡大したグラフです。氷60gで同じように実験を行うと，**図2**のグラフはどのように変化しますか。**図3**の①～④より1つ選び，番号で答えなさい。ただし，**図2**のグラフは太線で示しています。

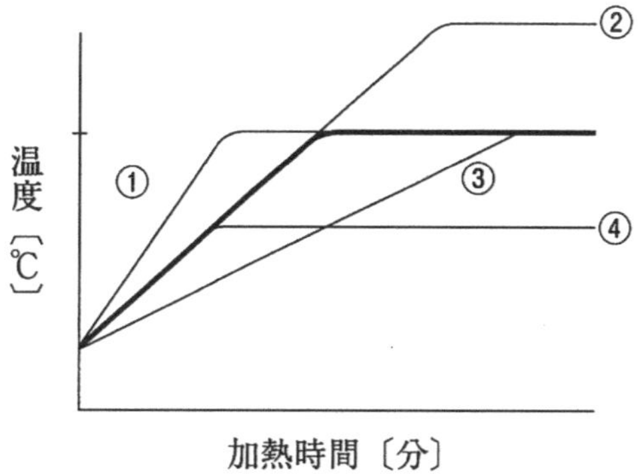

図3

問 4　ものは虫めがねでも見えないとても小さなつぶからできています。つぶはお互いに引き合おうとしていますが，熱を加えると自由に動き回ります。固体，液体，気体のつぶのあつまる様子を表しているものを，次の**ア**～**ウ**よりそれぞれ１つずつ選び，記号で答えなさい。

ア.

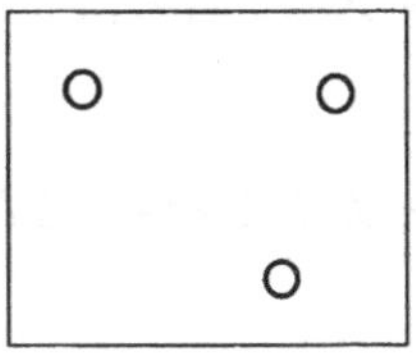

イ.

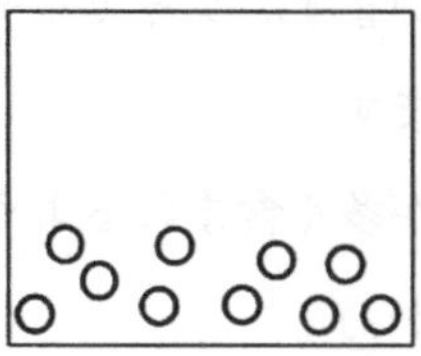

ウ.

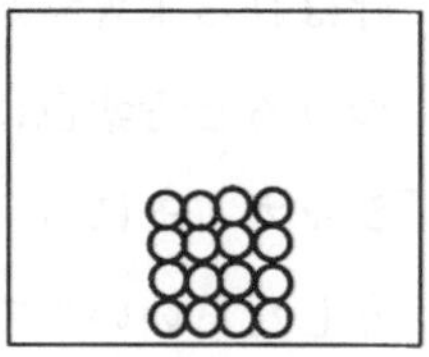

問 5　水を加熱をしても温度が上がらず，一定になるときがあります。その理由として最も適切なものを，次の**ア**～**エ**より１つ選び，記号で答えなさい。

ア. つぶが動き回るのをおさえるために熱がつかわれるから。

イ. つぶを大きくするために熱がつかわれるから。

ウ. つぶとつぶがお互いに引き合う力をふり切るために熱がつかわれるから。

エ. つぶとつぶのすき間を小さくするために熱がつかわれるから。

問 6　液体から気体になるときの温度はものによって異なります。この性質を利用すると，エタノールと水を混ぜたものからそれぞれを分けることができます。

図 4 は温度変化を示すグラフです。エタノールと水を混ぜたものを加熱していったとき，はじめに取り出すことができるものはエタノールと水のどちらですか。

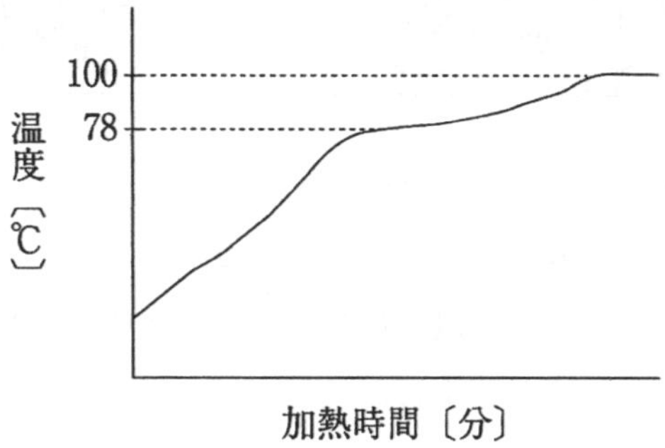

図 4

3　下の　　　　内は，ジャガイモの成長についての先生と恵さんの会話の一部です。ただし，次の問いで使われるA・Bは，会話文中の（　A　）・（　B　）とします。

先生　「ジャガイモが旬な季節になってきました。ジャガイモの中には主に（　A　）と呼ばれる栄養素が入っています。ジャガイモをスライスしたものに（　B　）をつけると青紫色に変色します。」

恵　「ジャガイモに（　A　）が多く含まれるように，ジャガイモを育てるためにはどうしたらいいのでしょうか。」

先生　「一緒に考えてみましょう。まず，ジャガイモの育て方を知っていますか。これは，ジャガイモが育っていく様子を4枚の絵にまとめたものです。」

1.種芋を土の中に埋める

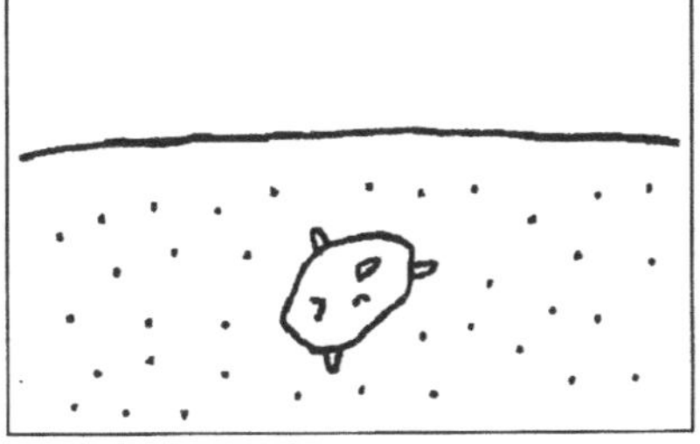

2.種芋から茎や芽が出て成長する

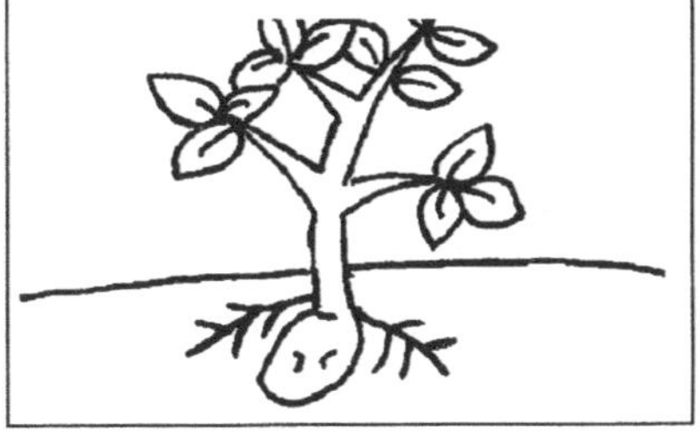

3.花をつむ

4.できたジャガイモを収穫する

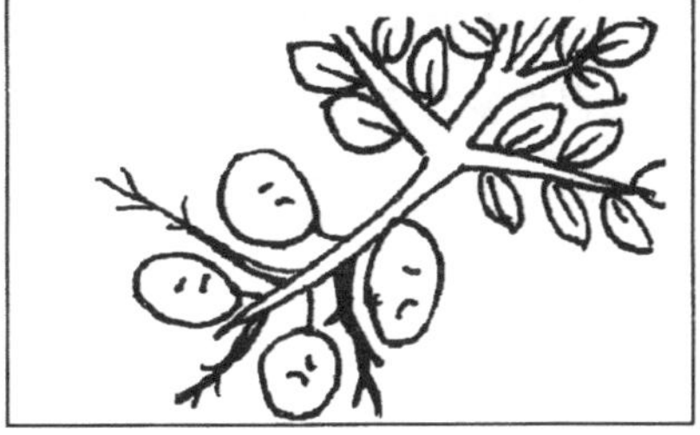

恵　「どうして，3の絵で花をつむのですか。」

先生　「　　　　　（　X　）　　　　　」

恵　「花をつむということは，残された葉に，ジャガイモが（　A　）を多く含むように育つ理由がありそうですね。」

問1　会話文中のA，Bにあてはまることばを答えなさい。

令和４年度

入学試験問題

理科

実施日：令和４年１月７日(金)

時間帯：13時25分〜14時05分

《注意事項》

- 解答はすべて解答用紙に記入すること。

照曜館中学校

1 次の会話文を読み、地図を見ながらあとの問いに答えなさい。

照男さん：大谷翔平《おおたにしょうへい》選手の活躍はすごいね。投手として投げながら、ホームランも打っているよね。

曜子さん：大谷選手の所属するロサンゼルス・エンゼルスは①アメリカ合衆国のカリフォルニア州に本拠地があったわ。

照男さん：ダルビッシュ有《ゆう》選手も、カリフォルニア州にあるサンディエゴ・パドレスという球団に所属しているよ。

曜子さん：カリフォルニア州には、アメリカ最大の日系人の町であるリトル・トーキョーがあることもわかったの。日本と関わりの深い州なのね。

照男さん：本当にそう思うよ。1951年、日本が世界の国々と（　1　）平和条約を結んだ場所も、カリフォルニア州の（　1　）市なんだよ。

曜子さん：カリフォルニア州には、②インターネットサービスやＳＮＳ（ソーシャル・ネットワーキング・サービス）で有名な企業の本社があるわ。

照男さん：カリフォルニア州は、先端技術産業や③石油化学などの工業の他に、農業もさかんだよ。サンディエゴ市は、（　2　）との国境沿いにある町だよね。（　2　）から来た移民の人たちがカリフォルニア州の農場で働いているんだって。

曜子さん：日本でも、海外から来た人たちがたくさんいるわね。けれど、新型コロナウイルスが広まってから、仕事を失ったり母国に帰れなかったり、ときどき大変なニュースをきくわ。

照男さん：新型コロナウイルスのことだけでなく、今、本当に④世界でさまざまなことが起きているね。国や民族の違いを超えて、世界が協力することが大切だね。

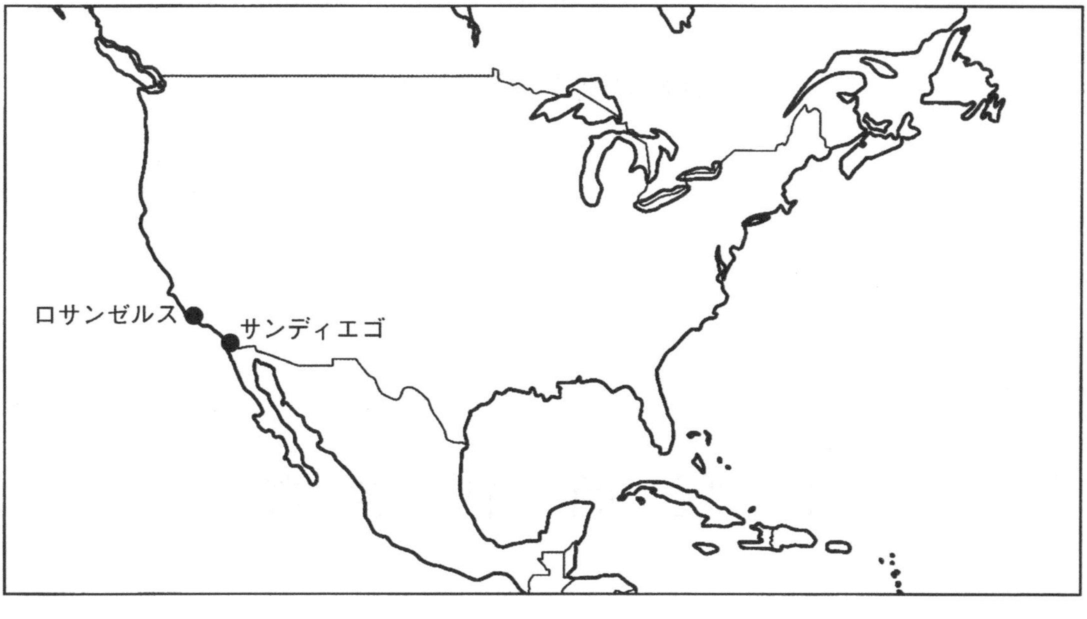

問1　会話文中の（　1　）・（　2　）にあてはまる語句を、それぞれ答えなさい。

問2　下線部①について、アメリカ合衆国について説明した次の文ア～エのうち、まちがっているものを１つ選び、記号で答えなさい。

ア．アメリカ合衆国の面積は世界で３番目に広く、日本の約25倍の広さであり、人口は３億人を超えている。

イ．アメリカ合衆国では機械を使った大規模な農業がさかんで、日本はアメリカ合衆国から大豆やとうもろこしなどを輸入している。

ウ．アメリカ合衆国は自動車や航空機などの工業製品を輸出しており、貿易額全体で見ると輸出額が輸入額を上回って、黒字となっている。

エ．世界各地で見られるハンバーガーなどのファーストフードの店やジーンズは、アメリカ合衆国から広がった文化である。

（文中の統計については、データブックオブザワールド2021から引用）

問3　下線部②について、次の（1）・（2）の各問いに答えなさい。

（1）私たちはインターネットを通じて情報を得たり、自分で発信したりすることができます。このような情報のやりとりに使われる情報通信技術のことを、アルファベット略称で何といいますか、次のア～エから１つ選び、記号で答えなさい。

ア．ODA　　　イ．ICT　　　ウ．PKO　　　エ．NGO

（2）右のグラフは、日本において、情報通信機器を持つ家庭の割合の変化をあらわし、ア～エはスマートフォン、パソコン、携帯電話・PHS、タブレット型コンピュータのいずれかを示しています。スマートフォンにあてはまるものを１つ選び、記号で答えなさい。

情報通信機器を持つ家庭の割合の変化

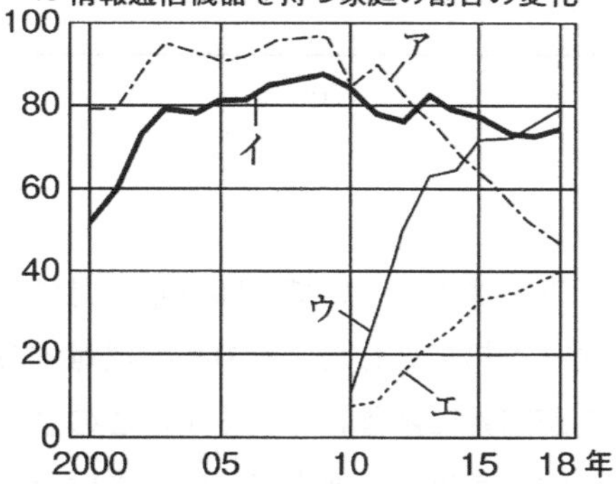

（総務省）

問4　下線部③について、石油化学産業が発達した地域には、石油製品を効率よく生産する石油化学コンビナートが多く建設されています。次のア～エは、石油化学コンビナート、自動車工場、製鉄所、製紙・パルプ工場のいずれかの主な分布を示しています。石油化学コンビナートにあてはまるものをア～エから１つ選び、記号で答えなさい。

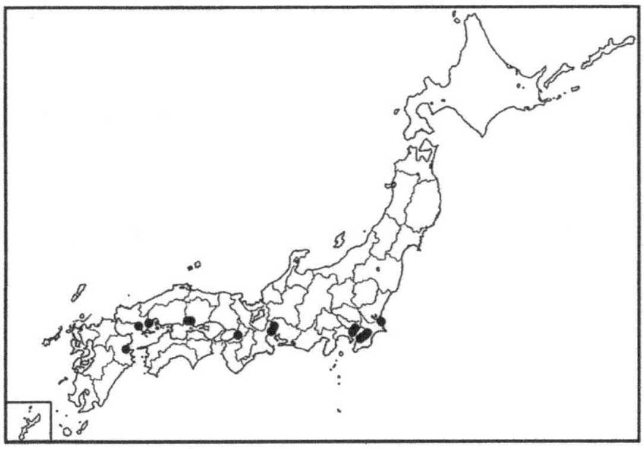

ア

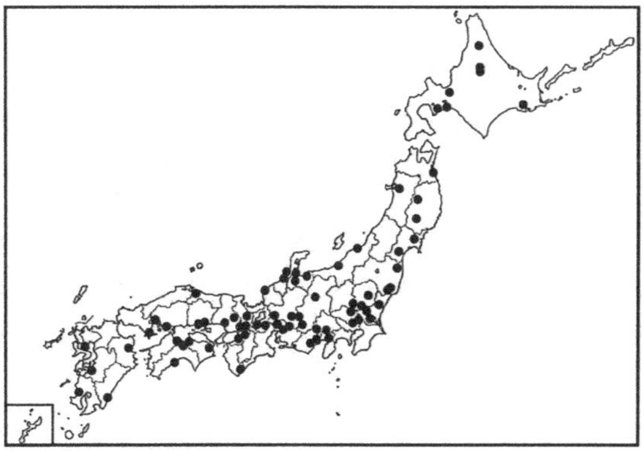

イ

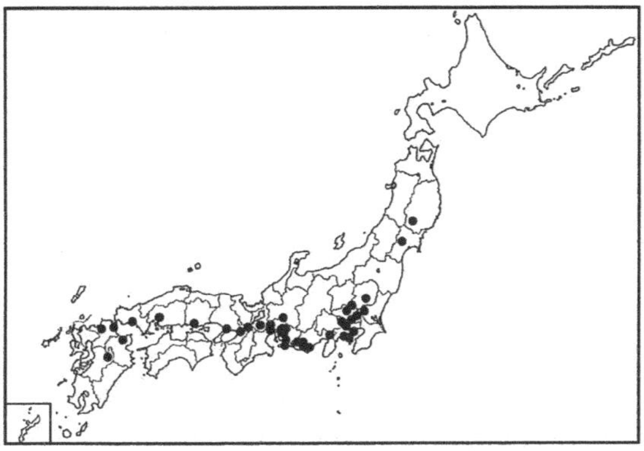

ウ

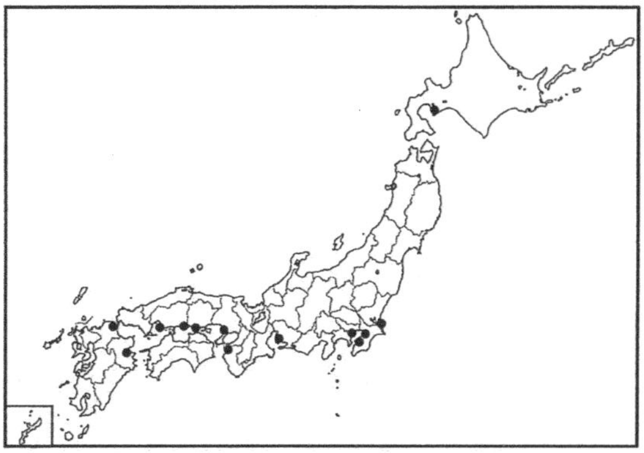

エ

（日本国勢図会2020/21、日本製紙連合会ホームページより）

問5　下線部④について、2021年２月にミャンマーで軍が政府をたおして権力をにぎるクーデターが起きました。その後、反対する市民がとらえられるなど混乱が続いており、多くの人が国外に避難しています。このように、紛争や環境の悪化で命がおびやかされたり、政治的・宗教的な理由で迫害《はくがい》を受けたりして、住んでいた土地から国外へ逃れた人々のことを何といいますか、漢字２字で答えなさい。

2 次のＡ～Ｅの文は、日本の５つの平野に関する説明です。これらを読み、あとの問いに答えなさい。

Ａ　この平野には、国内で流域面積が最大である（　１　）川が流れており、①河口部には、②国内最大の水揚げ量をほこる漁港がある。

Ｂ　（　２　）川の三角州からなる平野である。この平野には約120万の人々が住む県庁所在地が位置し、その市内には「負の遺産」とも言われる、1996年に登録された③世界遺産がある。

Ｃ　雨が少なく水不足になるため、この平野では古くから灌漑《かんがい》用のため池が作られている。なかでも満濃池《まんのういけ》は空海が改修したことで知られる。④北に位置する県とは橋で結ばれており、人々の行き来がさかんである。

Ｄ　日本一長い（　３　）川の流域に位置する平野である。冬の寒さが厳しく⑤豪雪地帯であるが、米作りが大変さかんで、この平野のある県は全国一の米の収穫量をほこる。

Ｅ　「木曽三川《きそさんせん》」といわれる木曽川、（　４　）川、揖斐川《いびがわ》が流れる平野であり、３県にまたがっており、このうちの１県には⑥国内最大の輸出額をほこる貿易港がある。この平野では特に河川が合流するところの土地が低く、毎年のように水害が起きていたため、地域の人々は堤防で集落を囲んだ。このような集落は【　５　】とよばれている。

（文中の統計については、データブックオブザワールド2021から引用）

問１　各文中の（　１　）～（　４　）にあてはまる川を、次のア～クからそれぞれ１つずつ選び、記号で答えなさい。

ア．長良　　イ．吉野　　ウ．信濃　　エ．筑後
オ．天竜　　カ．太田　　キ．神通　　ク．利根

問２　文中の【　５　】にあてはまる語句を漢字で答えなさい。

問３　Ａ、Ｃ、Ｄの文にあてはまる平野の位置を地図中あ～くからそれぞれ記号で１つ選び、平野名を漢字で答えなさい。

問４　下線部①について、この河口部は県境となっています。このように日本には、河川や山などの地形が県境となっている場所が見られます。ある県境について説明した次の文中の（　a　）・（　b　）にあてはまる語句の組み合わせとして、正しいものをあとのア～カから１つ選び、記号で答えなさい。

> 世界遺産である（　a　）は、２つの県の県境となっている。２県とも果実の生産で知られるが、一方の県が全国的なももやぶどうの産地であるのに対し、もう一方の県では（　b　）の生産がさかんであり、2018年度はその生産量が和歌山県につぐ全国第２位となっている（データブックオブザワールド2021）。

	（　a　）	（　b　）
ア	白神山地	みかん
イ	白神山地	さくらんぼ
ウ	富士山	みかん
エ	富士山	さくらんぼ
オ	紀伊山地	みかん
カ	紀伊山地	さくらんぼ

問５　下線部②について、次の（１）・（２）の各問いに答えなさい。

（１）この漁港名を漢字で答えなさい。

（２）日本や世界の水産業について述べた次の文ア～エから、まちがっているものを１つ選び、記号で答えなさい。

ア．魚のたまごから稚魚《ちぎょ》を育てて、海に放流して大きくなってから漁獲することを栽培漁業という。

イ．世界全体で見ると水産物の消費量が増えており、世界各地で養殖業がさかんに行われている。

ウ．日本では、かつて乱獲《らんかく》によって近海の漁獲量が減ったため、現在は遠洋漁業による漁獲量が最も多い。

エ．日本の排他的経済水域は世界で６番目に広いが、とりすぎなどを防ぐために、さまざまな地域で水産資源の管理に取り組んでいる。

問6　下線部③について、2021年７月、ユネスコにより世界遺産への登録が決まった「北海道・北東北の縄文遺跡群」は、北海道、青森県、岩手県、秋田県の１道３県に位置しています。次の表は、これら１道３県について、農業生産額の内訳と１農家当たりの耕地面積を示しており、ア～エは１道３県のいずれかを表しています。表中のア～エのうち、秋田県にあてはまるものを１つ選び、記号で答えなさい。

	農業生産額の内訳（%）				１農家当たりの耕地面積（ha）
	米	野菜	果実	畜産	
ア	17.2	25.9	25.7	28.1	3.4
イ	21.3	11.1	4.6	59.0	2.3
ウ	8.9	18.0	0.4	58.3	25.8
エ	56.2	16.7	3.9	19.5	3.1

（2019年（耕地面積は2015年）、データブックオブザワールド2021）

問7　下線部④について、このように橋によって他県と結ばれている県が他にもあります。次の文は、他県と橋で結ばれているある県について説明しています。説明文にあてはまる県名を漢字で答えなさい。

> 沿岸部にリアス海岸があり、波のおだやかな入り江を利用して、たいやはまちの養殖がさかんである。特に養殖によるまだいの生産量は全国１位をほこる。この県の北部の都市が他県と結ばれており、造船業が発達している他、その都市名を付けたタオルが中小企業庁の「ＪＡＰＡＮブランド育成支援事業」に認定されている。

問8　下線部⑤について、日本では豪雪や大雨など、毎年のようにさまざまな自然災害が発生しています。次の資料は、ある自然災害への対策のために山間部に作られた施設です。あとのア～エから、あてはまる自然災害を１つ選び、記号で答えなさい。

ア．津波　　イ．暴風　　ウ．土砂くずれ　　エ．火山の噴石《ふんせき》

問9　下線部⑥について、次のア～エは、神戸、成田、清水、下線部⑥の４つの貿易港における、金額による輸出品目の割合を示しています。下線部⑥にあてはまる貿易港を１つ選び、記号で答えなさい。

	金額による輸出品目の割合（%）
ア	半導体製造装置8.1　科学光学機器6.2　金(非貨幣用)5.7　電気回路用品3.9　集積回路3.6
イ	プラスチック6.3　建設・鉱山用機械5.6　内燃機関3.3　織物類3.1　自動車部品3.0
ウ	内燃機関12.7　自動車部品10.0　二輪自動車6.5　科学光学機器5.6　電気回路用品3.6
エ	自動車26.3　自動車部品16.7　内燃機関4.3　金属加工機械3.9　電気計測機器3.4

（2019年、データブックオブザワールド2021）

※科学光学機器…レンズ、液晶画面用のフィルムなど

※集積回路…ＩＣ（電子部品）

※内燃機関…自動車のエンジンなど

3 曜子さんのクラスでは、社会の授業で、テーマを決めて班ごとに調べ学習をすることになりました。Ａ班～Ｃ班は、それぞれのテーマを決め、調べた内容をカードにまとめました。各班のカードの文章を読み、あとの問いに答えなさい。

Ａ班　日本の文化の移り変わり

a

> この時代には、日本の風土や生活に合った文化が生まれました。貴族の屋敷の中は、日本の風景などを描いた大和絵でかざられました。また、漢字をくずしたひらがなや、漢字の一部をとったかたかながつくられ、①日本人の感情をより自由に表現できるようになりました。

b

> この時代には、人形浄瑠璃《じょうるり》や歌舞伎《かぶき》が人々の楽しみとして広まり、芝居小屋はたくさんの見物客でにぎわいました。②町人の姿を生き生きと描いた芝居の脚本も多く残されています。

c

> この時代には、③たたみや障子、ふすまなどを使った日本独自の建築様式が広がりました。また、中国から伝わっていた水墨画《すいぼくが》の技法が、日本風の様式に完成され、すぐれた多くの作品が生み出されました。

問１　下線部①について、次の文はある女性が書いた随筆《ずいひつ》の一部を現代語訳したものです。この女性は誰ですか、漢字で答えなさい。

> 春は夜明けのころがよい。だんだんと白くなっていく空の、山に近いあたりが、少し明るくなって、紫がかった雲が細く横に長く引いているのがよい。

問２　下線部②について、「曽根崎心中」など町人の姿をえがいた人形浄瑠璃の作者として知られる人物を答えなさい。

問３　下線部③を何といいますか、漢字で答えなさい。

問４　ａ～ｃの文章を時代の古い順にならべなさい。

B班　日本と外国との交流

a

中国の歴史書『後漢書《ごかんじょ》』には、九州北部の支配者の一人が、中国に使いを送り、皇帝から印を与えられたと記されています。④その印と思われるものが、江戸時代に発見されています。

b

東大寺の⑤正倉院には、聖武天皇の持ち物などが収められています。その中には、中国を通じて遠くはなれたヨーロッパやペルシャの文化の影響を受けた品物もあり、世界の文化とつながっていたことを示しています。

c

中国を支配したモンゴル人は、国号を元と定め、朝鮮半島の高麗《こうらい》を従えました。そして、日本も従えようとしましたが、⑥幕府がこれを拒《こば》むと、元は、２度にわたって九州北部に攻めてきました。

d

16世紀後半、ヨーロッパと日本との間で行われた貿易では、ヨーロッパの商人たちは、鉄砲や火薬、中国産の生糸などを日本にもたらしました。そして、日本からは、主に⑦銀を持ち帰りました。

問５　下線部④について、発見された場所は現在の何県ですか、漢字で答えなさい。

問６　下線部⑤に収められている品物として、あてはまらないものを次のア～エから１つ選び、記号で答えなさい。

ア　瑠璃坏《るりのつき》

イ　水差し

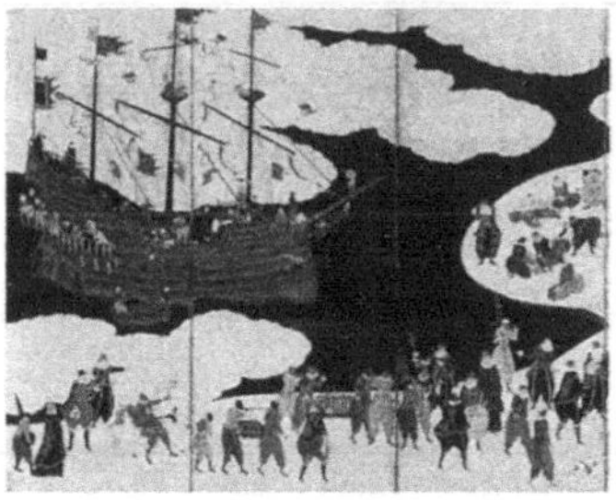

ウ　南蛮屏風《なんばんびょうぶ》

エ　琵琶《びわ》

問７　下線部⑥について、この時の執権はだれですか、漢字で答えなさい。

問８　下線部⑦の代表的産地として最も適切なものを次の地図中ア～エから１つ選び、記号で答えなさい。

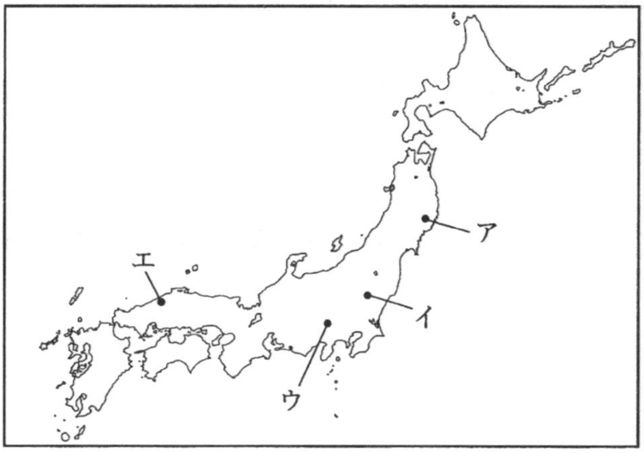

C班　日本の政治の移り変わり

a

　有力な貴族が勢力を争うようになり、その中でも⑨藤原氏は、天皇とのつながりを強め、力を伸ばしてきました。そして、天皇に代わって政治をうごかすほどの権力をもちました。

b

　将軍に代わって政治をおこなう執権が中心となって、幕府の政治を進めました。⑩武家社会のならわしをまとめた法律や制度も整えられ、幕府の力は朝廷をしのぐようになりました。

c

　応仁の乱で京都のまちは焼け野原になり、幕府の権力はおとろえました。そして、幕府のもとで力を持っていた（　あ　）たちに代わって、各地で実力をたくわえた（　い　）が、領地の支配を固めていきました。

d

　幕府は全国の大名を３つに区別し、幕府にとって都合のよい地域に配置しました。そして、⑪幕府はきまりを定めて、これにそむいた大名は、他の土地に移したり、領地を取り上げたりしました。

問９　下線部⑨について説明した次の文ア～エのうち、まちがっているものを１つ選び、記号で答えなさい。

　ア．藤原氏は大化の改新で活躍した中臣鎌足の子孫である。
　イ．娘を天皇の妃《きさき》とすることで、皇族《こうぞく》とのつながりを強めた。
　ウ．天皇が幼い時には摂政、成人してからは関白として権力を握った。
　エ．藤原道長は、宇治に平等院鳳凰堂《ほうおうどう》を建立した。

問10　下線部⑩について、最初に作られた武家法を何といいますか、答えなさい。

問11　文章中の（　あ　）・（　い　）にあてはまる語句の組み合わせとして、正しいものを次のア～エから１つ選び、記号で答えなさい。

	（　あ　）	（　い　）
ア	譜代大名	戦国大名
イ	譜代大名	外様大名
ウ	守護大名	戦国大名
エ	守護大名	外様大名

問12　下線部⑪について、次の史料はそのきまりの一部を現代語訳したものです。（　　　）にあてはまる語句を漢字で答えなさい。ただし、（　　　）には同一の語句が入ります。

一、大名は、領地と（　　　）に交代で住み、毎年４月に（　　　）に参勤すること。
一、大きな船をつくってはならない。

4 次の文章を読み、あとの問いに答えなさい。

> 1868年、年号が明治に変わり、①新しい国家づくりがすすめられました。政府のさまざまな政策によって、人々の暮らしも大きく変わり、東京・横浜・大阪などの都市を中心に、西洋ふうの暮らしが広がりました。ヨーロッパにならって郵便制度が（　1　）の努力によって始まり、各地に郵便局や郵便ポストが置かれました。
>
> 政府は、②学校制度を整え、全国にたくさんの小学校がつくられました。さらに、中学校や高等学校、③大学などをつくったり、西洋の文化や学問、政治のしくみを学ばせるために多くの留学生を外国へ派遣したりしました。

問1　下線部①について、明治政府は、経済を発展させて国を豊かにし、近代的な軍隊をもつための政策を進めました。この政策のことを何といいますか、漢字4字で答えなさい。

問2　文章中の（　1　）にあてはまる人物を次のア～エから1つ選び、記号で答えなさい。

ア．吉田松陰《よしだしょういん》　　イ．市川房枝《いちかわふさえ》　　ウ．尾崎行雄《おざきゆきお》　　エ．前島密《まえじまひそか》

問3　下線部②について、明治時代の学校に関して説明した次の文ア～エからまちがっているものを1つ選び、記号で答えなさい。

ア．学校制度や教員養成に関する基本的な法令である学制を定めた。
イ．一定の年齢《ねんれい》のすべての子どもに教育を受けさせようとした。
ウ．義務教育の期間は、9年間と定められていた。
エ．小学校に通った子どもは、女子よりも男子の割合が高かった。

問4　下線部③について、右の人物は、佐賀県出身で、明治新政府の役人となり、日本の近代化に努めました。自由民権運動にも参加し、1882年に立憲改進党を作りました。また、のちの早稲田大学になる東京専門学校をつくるなど教育にも力を入れました。この人物は誰か、答えなさい。

5 次のA・Bの文章を読み、あとの問いに答えなさい。

A

2020年から新型コロナウイルス感染症が猛威《もうい》をふるっています。2021年の７月時点で世界の感染者数は１億８千万人を超え、私たちの①生活様式を大きく変えました。（　１　）（WHO）は、新型コロナウイルスによるパンデミック（世界的大流行）の終息に向けて努力をしています。（　１　）は（　２　）の専門機関の１つで、（　２　）は世界の平和と安全を守り、問題を解決するためにさまざまな活動を行っています。（　２　）は1945年に設立され、ニューヨークに本部を置いています。

問１　文章中の（　１　）にあてはまる機関を次のア～エから１つ選び、記号で答えなさい。

ア．国際労働機関　　イ．世界貿易機関　　ウ．世界保健機関　　エ．国際開発協会

問２　文章中の（　２　）にあてはまる語句を漢字４字で答えなさい。

問３　下線部①について、「三密」回避をすすめるなど日本の感染症予防対策を担当した内閣の機関で、医療《いりょう》・社会保障《ほしょう》や労働環境の整備に関する仕事を担当しているのは何省ですか、次のア～エから１つ選び、記号で答えなさい。

ア．総務省　　イ．厚生労働省　　ウ．環境省　　エ．経済産業省

B

2021年夏、１年間延期されていた②東京オリンピック・パラリンピックが開催されました。東京でオリンピックやパラリンピックが開催されたのは、1964年以来のことです。世界的なスポーツの祭典であるオリンピックには、さまざまな③言語や文化・習慣をもつ人々が各国から集まります。このことは④世界の国々と日本との間のつながりや、⑤世界の人々とともに生きていくために、私たちがどのような役割を果たしていくべきなのかを考える機会となりました。

問４　下線部②について、右の資料１は、今回の東京オリンピック・パラリンピックで使用されたピクトグラムです。ピクトグラムは言語や文化の違いを越えて、情報を伝達できる手段の１つです。このように、年齢や能力、状況などにかかわらず、できるだけ多くの人が使いやすいように製品や建物・環境をデザインするという考え方を何といいますか、答えなさい。

資料１

問５　下線部③について、資料２は2016年のリオデジャネイロオリンピックでサウジアラビアの代表として初めて出場した女性選手の様子です。女性が黒い服を身にまとい髪や肌を見せないようにしているのは宗教の教えに基づくものです。この宗教は何か、答えなさい。

資料２

問６　下線部④について、日本と世界とのつながりについて説明した次の文ア～エからまちがっているものを１つ選び、記号で答えなさい。

ア．中国は、古くから日本と交流があり、文化や生活習慣における共通点が見られる。経済を通して日本と深くつながっており、最大の貿易相手国になっている。

イ．ブラジルには、明治時代以来、日本からたくさんの人が仕事や土地を求め移住した。近年は、ブラジル出身の日系人が労働者として来日している。

ウ．韓国は、日本と歴史的にも深いつながりがある。日本では、韓国の音楽やテレビドラマが人気となっている。

エ．アメリカは、日本にとって重要な貿易相手国である。アメリカは、石油や天然ガスを輸出しており、日本にとって石油の最大の輸入先となっている。

問７　下線部⑤について、次の資料３は、2015年に定められた2030年までに世界で達成を目指す「持続可能な開発目標」の一部です。この目標のアルファベット略称を答えなさい。

資料３

令和４年度

入学試験問題

社会

実施日 ： 令和４年１月７日(金)

時間帯 ： 12時30分～13時10分

《注意事項》

- 解答はすべて解答用紙に記入すること。

照曜館中学校

2022(R4) 照曜館中
K 教英出版

1 次の□にあてはまる，もっとも簡単な数を入れなさい。

（1） $(8+17)\times 4\div 5=\square$

（2） $3.5\times 6.2+2.4\div 8=\square$

（3） $\left(\dfrac{6}{5}-\dfrac{3}{4}\right)\times 1\dfrac{1}{3}+1\dfrac{2}{5}=\square$

（4） $\left\{\left(2-\dfrac{11}{8}\right)\div 0.25-1\right\}\div 1\dfrac{2}{3}=\square$

（5） $\{97-(\square+8\times 4)\}\div 6=7$

（6） $276\times 27.5+274\times 27.5-550\times 27.4=\square$

（7） りんごとなしの値段の比は 2：3 で，りんごとかきの値段の比は 6：5 です。なしが 270 円のとき，かきは□円です。

（8） A，B，C，D，E の 5 つのチームで，サッカーの試合をします。どのチームも 1 回ずつあたるようにすると，試合は全部で□試合です。

（9） 10 から 30 までの整数で，約数を 2 つしかもたない整数は全部で□個です。

（10） 定価 1500 円の品物を 20 ％引きしてから，さらに 120 円引きすると，定価の□％引きになります。

（11） 現在，子どもは 12 才，父親は 48 才です。父親の年が子どもの年の 3 倍になるのは今から□年後です。

(12)　右の図の三角形 ABC で ㋐ の角度は

□ 度です。

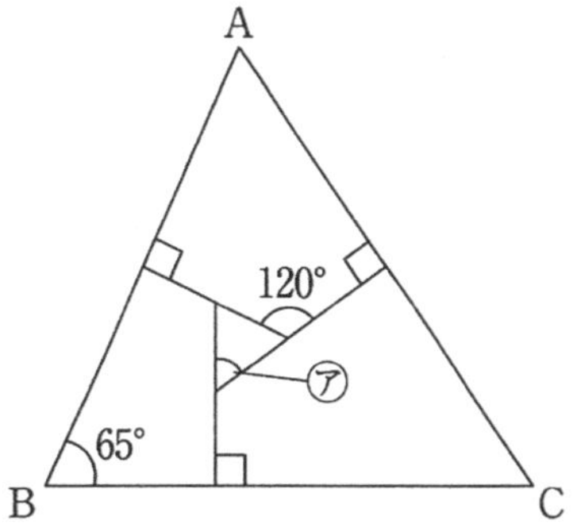

(13)　右の図の色のついた部分の面積は

□ cm^2 です。

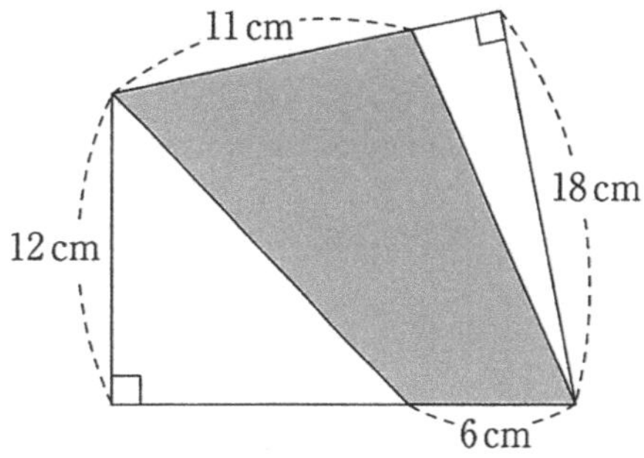

(14)　右の図は 1 辺 6 cm の正三角形 ABC と

おうぎ形を組み合わせた図形です。

色のついた部分の面積は □ cm^2 です。

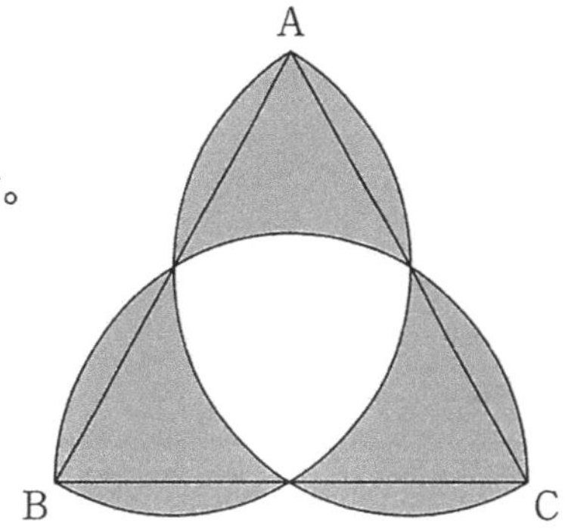

(15)　右の図の階段状の立体で，全表面積が

540 cm^2 のとき，この立体の体積は

□ cm^3 です。

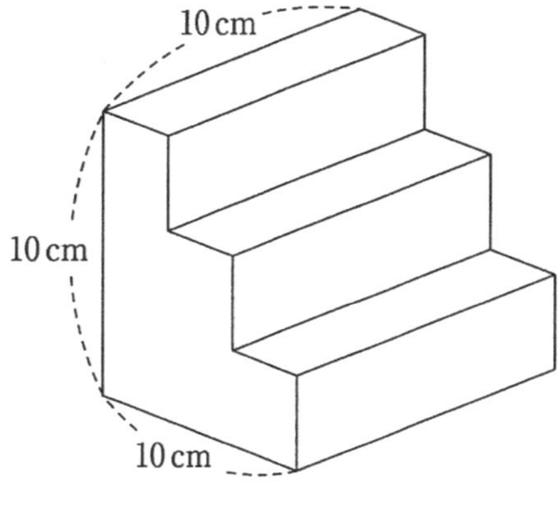

2 下の図のような直径 1 cm の円を底面とする円柱があります。高さは底面の円周の 3 倍です。次の問いに答えなさい。

(1) 円柱の高さを求めなさい。

図 1

図 2

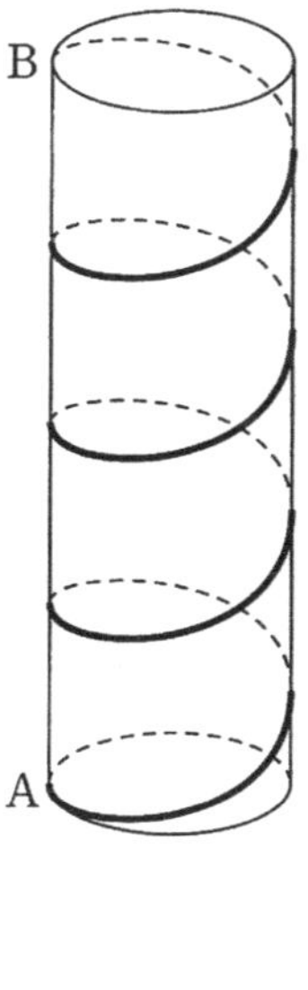

（2） 左の図１のように，糸を底面の円周上の点Ａから真上の点Ｂまで巻きつけました。
糸の長さが最短となるとき，展開図は①～⑥のどれですか。

①

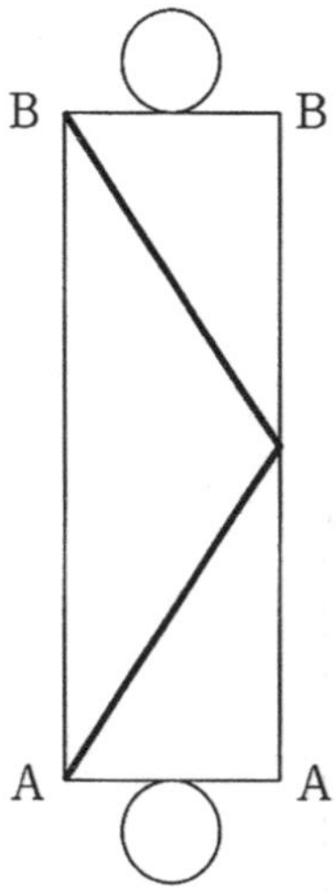

②

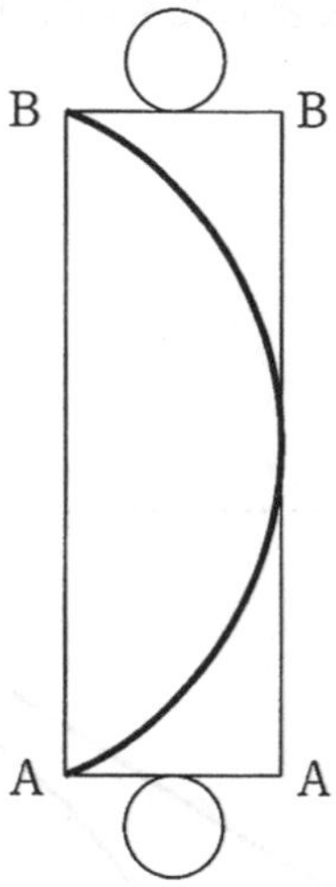

③

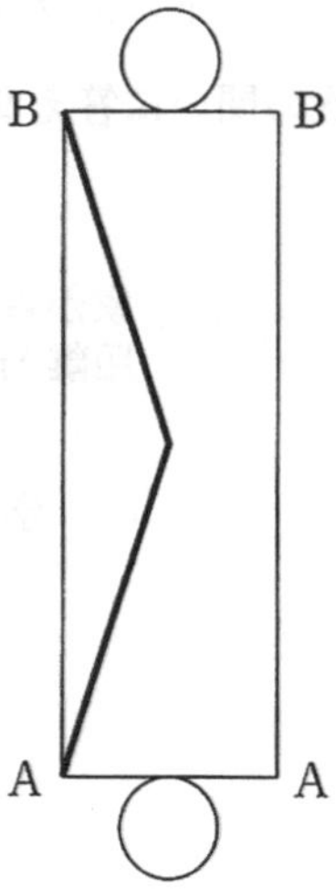

④

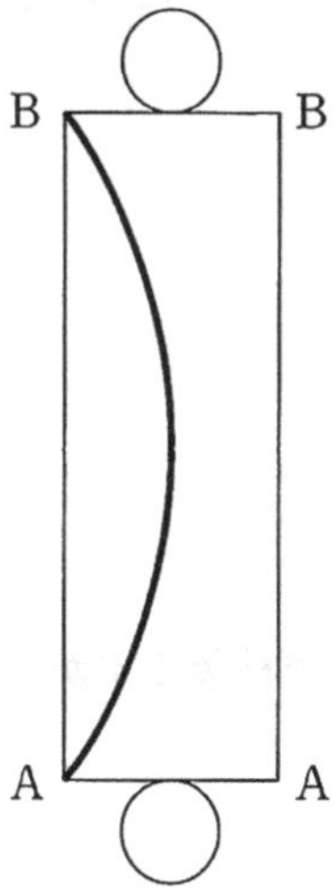

⑤

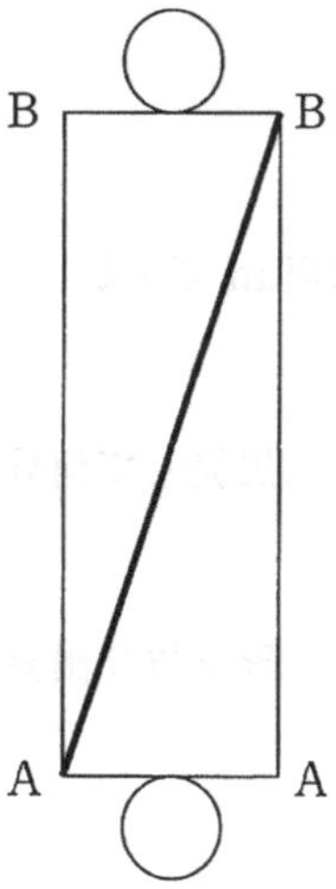

⑥

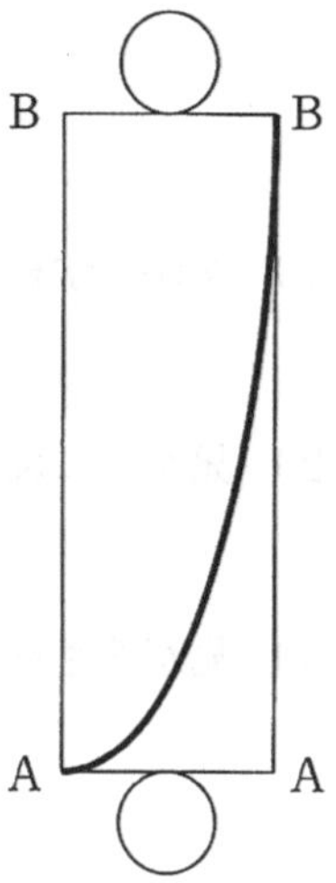

（3） 左の図２のように，糸を底面の円周上の点Ａから真上の点Ｂまで４周巻きつけました。糸の長さが最短となるとき，糸の長さを求めなさい。

3 兄と弟が家を出発し，分速 60 m で学校に向かいました。兄は途中で忘れ物に気がつき，分速 100 m で急いで家に戻りました。1 分間忘れ物を探した後，分速 120 m で再び学校に向かいましたが，途中で速さを分速 80 m に落としたので，兄と弟は同時に学校に着きました。下のグラフはこの様子を表したものです。

次の問いに答えなさい。

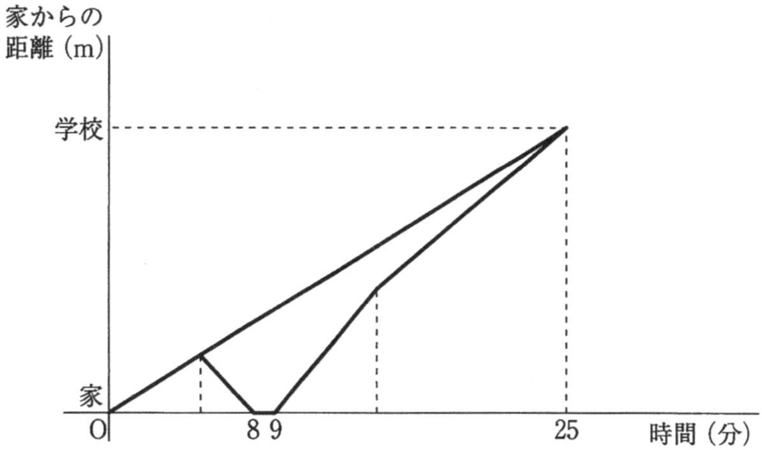

（1） 家から学校までの距離《きょり》は何 m ですか。

（2） 兄が家に戻り始めたのは，出発して何分後ですか。

（3） 兄が速さを落としたのは，家を再び出発してから何分何秒後ですか。

4 ある規則にしたがって並んでいる数の列を，次のように4個ずつに区切りました。

｜ 1，2，3，4 ｜ 2，4，6，8 ｜ 3，6，9，12 ｜ 4，8，12，16 ｜ ・・・

次の問いに答えなさい。

（1） 50番目の数を求めなさい。

（2） 100番目までの数をすべてたすと，いくつになりますか。

（3） 200番目までの数のうち，3回出てくる数は何個ありますか。

令和４年度

入学試験問題

算数

実施日：令和４年１月７日(金)

時間帯：10時45分～11時45分

《注意事項》

- 解答はすべて解答用紙に記入しなさい。
- 円周率は3.14を用いなさい。

照曜館中学校

2022(R4) 照曜館中
教英出版

令和４年度

入学試験問題

国語

実施日 ： 令和４年１月７日（金）

時間帯 ： ９時30分～10時30分

《注意事項》

- 解答はすべて解答用紙に記入すること。

照曜館中学校

2022(R4) 照曜館中
K 教英出版

一　次の文章を読んで、後の問いに答えなさい。句読点等は、字数として数えること。

〔ミオ、ヒナコ姉妹の家に毛ガニが送られてきた。毛ガニを食べずに海へ返してやろうと、二人はこづかいを集めて海へ行く準備をする。しかし、その直後、ヒナコは高熱を出してしまった。〕

急に風がぱたりとやんだ。

あたりがいっぺんにしんとした。

ヒナコが目をさました。

「おねえちゃん？」

ヒナコのそばにかけもどった。ここにいるよ、ミオは妹の汗《あせ》ばむおでこを手の平でぬぐい、前髪《まえがみ》をうしろになでつけてやった。

ヒナコは安心したようにこくりとうなずき、また目をとじる。ほおのうぶ毛があかりに透《す》けて光っている。ミオはナイトランプの光をちいさくした。

目をつむったまま、ヒナコが布団のあいだからちょろりと指さきを出した。

ひとさし指となか指が、弱々しくVの字をつくった。

ミオは考えをめぐらせた。だいじょうぶというつもりのVなのか。それともカニのことをよろしくという意味のチョキなのか。

いまのヒナコはカニに似ているとミオは思った。赤い顔やほおのうぶ毛以上に、その運命が似ている。カニが網につかまったように、ヒナコもなにかにつかまりかけているのだ。

ミオはおしいれから布団と毛布をひっぱりだし、みのむしのようにからだにまきつけ、ベッドの脇《わき》に横になった。

ヒナコの息づかいをたしかめながら、カーテンのすきまにのぞく夜空に目をすえた。

だれなのか、なんなのかはしらないけれど、そこから見おろしているのはしってるよ。

でも、だめだから。妹をつれてはいかせないから、絶対に。

朝、ママにおこされてミオは目をさました。ヒナコはねむっていた。熱はあいかわらずのようだった。

なぜヒナコの部屋でねたのかとママにきかれた。①説明なんてできない。わけのわからないいいわけをしながら部屋をとび出した。

とけいを見ながらろうかを走った。

つかまったカニを逃がしてやるのだ。ミオは信じていた。網にかかったカニが自由になれたら、悪い運命からヒナコも逃げだせる。

いそがなくっちゃ。ミオは台所にとびこんで、洗いおけをのぞいた。へりをaランボウにたたくとカニたちはかすかにはさみをうごかした。

ママのすいじてぶくろをはめた。その手をおもいきって水の中につっこみカニをつかみだした。ハッポウスチロールの箱に入ったおがくずのなかに二匹《ひき》をほうりなげた。

箱をもちあげてみた。しかしミオには大きすぎた。こんなものをもちあるいて海までは行けない。

おしいれの中に顔をつっこんでかわりの箱をさがした。ちいさすぎるか大きすぎるか、bアサすぎるか深すぎるか、ぴったりくるものはなかなか見つからない。そこいらじゅうがあき箱だらけになった。

なにかべつのいれものをさがそうと思いなおしたころ、②ころあいの箱が見つかった。かたい紙製の道具箱で、ヒナコが幼稚《ようち》園《えん》でつかっていたものだった。オレンジ色のおかしな顔のライオンがわらっている。「りす組　さいとうひなこ」とでかでかと名前が書いてあった。

台所の戸棚《とだな》からアイスピックをひっぱりだし、箱にブスブスとつきたてて穴をあけた。

二匹のカニをおがくずごと道具箱にガサリとうつし、上から輪ゴムでしっかりとめた。

ゆうべ用意したお金をざらざらとズボンのポケットにつっこみ、通帳とハンコをリュックに入れた。コートにそでを通し、リュックを背おい、カニを入れた箱をかかえてミオは家をとび出した。

向かい風がびゅうびゅうとふいていた。からだをおしもどされそうになりながら、バス停までななめになってミオは走った。
バス停について息をととのえた。箱に耳をおしつけた。かすかにごそごそと音がきこえて、ほっと胸をなでおろした。
バスはなかなかやってこなかった。
バスをまって立っているあいだ、通りすぎる人たちがみんな自分をじろじろとながめていくような気がした。あんたいくつ？この時期に海ですって？　頭がおかしいんじゃないの？　ミオはうつむいた。
胸のなかでふくらませていたXふうせんに穴があいたように、③勇気がしゅわしゅわとちぢんでいく。計画は妹と行くつもりで立てたもの。ひとりではやりおおせないかもしれない。
風がからかうようにミオの髪をまきあげた。
ミオは顔のまわりでおどる自分の髪をひとふさつまんだ。そして、それを口にもっていきギシギシとかんだ。そうでもしていないとくるりとまわって、いまきた道をもどってしまいそうだった。
「まかせとき」という声にミオはふりむいた。Yうけあってくれたのは、④つなぎを着たおねえさん。ただし、その顔はミオに向けられているわけではなかった。
バス停のうしろは食堂になっている。広い駐車場があり、街道に面しているので長距離のトラックがよく立ち寄っていく店だった。
『めし、うどん』と書かれたのれんを背に、おねえさんは連れの人にまかせてと胸をたたいていたのだ。
おねえさんは風のなか、とてもたのもしそうなようすで大またに歩いてくる。そして駐車場にとめてあったトラックの運転台にとびのると、長い髪をたばねていた赤いバンダナをきゅっと結びなおした。それから連れのおにいさんとなにかやりとりをしながら、トラックのミラーをうごかした。
ミオはそのトラックにむかって走った。
「すいません」
大きな声でよびかけながら運転台の脇にかけよった。おねえさんがふしぎそうにミオを見つめ、運転席のドアをあけた。

「海に、いきますか」

運転席をミオは見あげた。風に声が流された。

「え」

「海にこのトラックはいきますか」

ミオはくりかえした。

そして、カニを海にかえしたいこと、それを妹がのぞんでいること、そうしないと妹の病気はなおらない気がすること、ミオは一気にうったえた。

おねえさんはだまっていた。助手席にいたおにいさんは首をひねった。

「このなかにカニがいるんです」

ミオは道具箱をさしだした。

おねえさんはにこりともせず箱を見つめ、ミオを見つめた。

そして⑤目玉をくるりとまわしてため息をついた。

からだをのばすようにしてミオの手から箱をうけとり、それをシートの上にポンと置いた。

「わかった。海にかえしてやるよ」

おにいさんが助手席で「まじかよ」といってわらいこけた。

おねえさんはミオに離れるよう手で合図し、バタンと音をたててドアをしめた。

トラックのエンジンの音は大きかったので、ミオはどなるようにお礼をいった。

銀色のアルミの車体をきらめかせてトラックは遠ざかった。風がびゅうとあとを追った。

ミオは頭を下げた。

ちいさくなっていく車体ではエビの絵が踊《おど》っていた。カニの絵ではなかったけれど、それに、賭《か》けた。

「ねえ、熱がでていたときって、こわい夢をみなかった?」

もう熱がさがって二日もたつくせに、いったいいつまでねているつもり……ほんとうはそんなこともいいたいけれど、それよりもミオにはもっと気にかかっていることがあった。

ヒナコは夢をみたかもしれない。風にさらわれ、暗い世界へつれさられる夢。

⑥なおったころあいをみて、それをぜひきいてみたかった。

「うん。みたよ。とってもこわい夢」

ヒナコは読んでいたまんが本の脇から顔をだした。

「どんな?」

ミオは⑦手の平があせばんでいくのがわかった。

うーんとヒナコは天井を見あげた。その目はまだ熱がこもっているように青白く光っていた。

「おねえちゃんがね、でてきたの」

ミオは真夜中の風を思いうかべ、月光に照らされた自分を思い出した。

「それでね、あたしをひっぱるの」

「……うん」

「タコ焼き、よこせって……」

ミオは、最後までききかぬうちにまんが本をヒナコの顔におしつけた。

ママがドアをあけた。ヒナコに絵はがきがとどいているといった。ミオには妹をいじめるのはもう一日あとにしろといった。

ママのさし出した絵はがきをヒナコはうけとった。横からミオがのぞきこんだ。

冬の寒そうな海岸の絵だった。

すみにちいさく書いてあったことばをヒナコはぼそぼそと声にだした。

「びょうきはなおりましたか。こちらはさむいけれど、かいてきです。げんきでいてください」

おせじにもじょうずとはいえない字だった。差出人はカニとあり、住所は北の海の底とある。いくらか字のにじんでいるところは、いかにも海からとどいたものに思えた。

ミオとヒナコは顔を見合わせた。ママはふたりの顔をふしぎそうに交互にながめた。ママにはカニを逃がしたことはうちあけてあり、あやまってあった。ママはもったいないといいながらもほっとしたようにちいさく息をついたのだった。

⑧思いついてミオはママにたずねた。

「ねえママ、ようちえんのお道具箱って、なまえを書くでしょ。住所なんかも書いてたっけ?」

お道具箱にはどうだったかしら。ママは首をかしげた。

ヒナコはベッドにあおむけになったまま、はがきを顔の上にのせて遊んでいた。

スンスンと息をすい、海のにおいがするといった。

そして鼻から息をふきつけて、顔からはがきをおとそうとした。

二度目にふこうとしたとき、窓から口笛のようなcヨウキな音がきこえてきた。細いすきまからはいった風は、いたずらをしかけているようにヒナコの顔からはがきを舞いおとした。

それからふたりのほおを、ひやりとなでてどこかに消えた。

（安東みきえ『天のシーソー』）

問一 ＝線部a「ランボウ」、b「アサ（すぎる）」、c「ヨウキ」を漢字に直しなさい。

問二 ――線部①「説明なんてできない」とありますが、ミオはなぜヒナコの部屋でねたのですか。二十字以内で説明しなさい。

2022(R4) 照曜館中
教英出版

問三　――線部②・⑥「ころあい」とありますが、その意味の違いを説明したものとして最も適当なものを次の中から選び、記号で答えなさい。

ア　②は形状が適当であること、⑥は時刻《じこく》が適当であることを示す。
イ　②は形状が適当であること、⑥は時機が適当であることを示す。
ウ　②は程度が適当であること、⑥は時刻が適当であることを示す。
エ　②は程度が適当であること、⑥は時機が適当であることを示す。

問四　――線部③「勇気がしゅわしゅわとちぢんでいく」とありますが、このときのミオの心情として最も適当なものを次の中から選び、記号で答えなさい。

ア　海にたどり着く前にカニが死んでしまったらヒナコに顔向けできないと、あせりが強くなっている。
イ　通りすぎる人たちが自分を非難の目で見るため、いけないことをしているという思いが強くなっている。
ウ　カニを海に返すことよりも妹の看病をすべきだったのではないかと、自分を責める気持ちが強くなっている。
エ　自分一人では海にたどり着けず、カニを海に返すことができないのではないかという不安が強くなっている。

問五　〰〰線部X「やりおおせない」、Y「うけあって」の意味として最も適当なものを次の中から選び、それぞれ記号で答えなさい。

X
ア　なしとげられない
イ　がまんできない
ウ　意志をつらぬけない
エ　口にできない

Y
ア　理解して
イ　話を聞いて
ウ　引き受けて
エ　声をかけて

問六　――線部④「つなぎを着たおねえさん」とありますが、ミオがこのおねえさんにカニを託《たく》したのはなぜですか。その理由として適当でないものを次の中から一つ選び、記号で答えなさい。

ア　心が折れそうな時にタイミング良く現れたから。
イ　「まかせとき」という言葉が信頼できそうだったから。
ウ　子供のたのみ事は絶対に断われなさそうだったから。
エ　行動に力強さがあり気持ちの強さが感じられたから。

問七　――線部⑤「目玉をくるりとまわしてため息をついた」とありますが、この時の「おねえさん」の心情を表す言葉として最も適当なものを次の中から選び、記号で答えなさい。

ア　おどろき　　イ　あせり　　ウ　らくたん　　エ　あきらめ

問八　――線部⑦「手の平があせばんでいくのがわかった」とありますが、このときのミオの心情として最も適当なものを次の中から選び、記号で答えなさい。

ア　ヒナコには暗い世界とは関わることなく生きて欲しいと願っている。
イ　ヒナコは暗い世界のことを甘く見ているのではないかと心配している。
ウ　ヒナコが暗い世界へつれていかれそうになったのか早く知りたい。
エ　ヒナコも暗い世界への興味を持っているのかを今すぐ確かめたい。

問九　――線部⑧「思いついて」とありますが、ミオはどのようなことを思いついたのですか。三十字以上、四十字以内で説明しなさい。

問十　ミオとヒナコの姉妹についての説明として最も適当なものを次の中から選び、記号で答えなさい。

ア　ミオはどんなときも優しくたよりになり、ヒナコは姉を尊敬して絶対に逆らわない。

イ　ミオは想像力豊かで行動力があり、ヒナコは憎まれ口をたたきつつも姉を慕《した》っている。

ウ　ミオは常に妹を守ることを優先し、ヒナコはそのことに気はずかしさを感じている。

エ　ミオは自らの意思を貫《つらぬ》く強さを持ち、ヒナコは反発しつつも一緒に行動している。

問十一　次は、本文を読んだ先生と生徒たちの会話です。――線部A～Dの中で、本文の内容にそっていないものを一つ選び、記号で答えなさい。

朝倉先生　本文は、『天のシーソー』という短編《たんぺん》集の中の「毛ガニ」という文章です。読んで考えたことをそれぞれ述べてください。

はるかさん　おさない姉妹、特にミオの心情とその変化がていねいに表現されており、A妹を心配する気持ちや、一人でカニを返しに行こうと意気込《いきご》むけれど、挫折《ざせつ》しそうになる気持ちが読者の心に残るようにえがかれています。

とおるさん　姉妹以外の登場人物も魅力《みりょく》的で、私はトラックのおねえさんが印象に残っています。B突然のミオの申し出を聞いてくれる度量の大きさと思いやりが、本文のやさしい結末を生み出しているのだと思います。

はるかさん　姉妹のお母さんの存在も大きいですよね。C姉妹二人に起こっていること、二人が考えていることを全て知っていながら、心配しつつもあたたかく見守っている姿に姉妹への愛情を感じます。

とおるさん　そして、本文の展開に重要な役割を果たしているのは、「風」だと思います。私が小さい頃、風は心地よいものであり、こわいものでもあると感じていました。D要所に登場する「風」がミオの心情に変化をもたらし、ミオの心情を反映してもいるというのが面白いと思いました。

朝倉先生　なるほど。では、今挙げてくれたポイントに留意してもう一度読んでみましょう。

二

次の文章を読んで、後の問いに答えなさい。句読点等は、字数として数えること。

お詫び
著作権上の都合により、文章は掲載しておりません。
ご不便をおかけし、誠に申し訳ございません。
教英出版

お詫び

著作権上の都合により、文章は掲載しておりません。
ご不便をおかけし、誠に申し訳ございません。

教英出版

お詫び

著作権上の都合により、文章は掲載しておりません。
ご不便をおかけし、誠に申し訳ございません。

教英出版

お詫び

著作権上の都合により、文章は掲載しておりません。
ご不便をおかけし、誠に申し訳ございません。

教英出版

（スベンドリニ・カクチ『私、日本に住んでいます』）

＊

ミスワールド（世界大会）……一九五一年イギリス発祥《はっしょう》。美しさ以外にも知性や個性を審査対象とする世界大会。

シュタイナーの幼稚園……ドイツの哲学《てつがく》者・シュタイナーの人間観にもとづいて運営をしている幼稚園。

アートセラピー……絵を描くなどの芸術活動で、心の健康をめざすもの。

ワークショップを主宰する……参加者が具体的に活動したり、話し合ったりする学び合いを取りしきる。

問一　＝＝線部a「抱（え）」、b「探（り）」、c「芽生（え）」の漢字の読みをひらがなで答えなさい。

問二　［Ｉ］にあてはまる語句を本文から漢字二字で探して、そのまま抜き出しなさい。

問三　（　Ａ　）～（　Ｃ　）にあてはまる語句として、最も適当なものを次の中から選び、それぞれ記号で答えなさい。

ア　けれども　　イ　そうして　　ウ　いわば　　エ　あるいは

問四　次の一文は本文から抜き出したものです。元に戻すとしたら本文の【ア】～【エ】のうちどこが最も適当ですか。記号で答えなさい。

それにはアートセラピーも役立つと考えています。

問五　――線部①「このように豊かな文化的背景をもっていること」とありますが、「豊かな文化的背景」について具体的な内容を三十字以上、四十字以内で説明しなさい。

問六　――線部②「画期的なできごと」とありますが、この説明として最も適当なものを次の中から選び、記号で答えなさい。

ア　ミスワールド日本代表が、日本にあるシュタイナーの幼稚園に通っていたこと。

イ　ミスワールド日本代表が、美しさに加えていくつもの外国語を話せたこと。

ウ　ミスワールド日本代表が、モデル以外にさまざまな職業を経験していること。

エ　ミスワールド日本代表が、日本人と外国人の間に生まれた女性に決まったこと。

問七　――線部③「壁」とありますが、吉川さんにとっての壁とはどのようなものでしたか。解答用紙の「〜すること。」に続くように本文から二十四字で探して、はじめと終わりの四字を抜き出しなさい。

問八　――線部④「ミスワールド日本代表に選ばれたことは彼女にとってとても大きな意味があることなのです」とありますが、その「大きな意味」とはどのようなものですか。最も適当なものを次の中から選び、記号で答えなさい。

ア　七〇〇〇人もの応募者の中から代表に選ばれること。

イ　自分の考えを世界中に直接発信できること。

ウ　世界中でアートセラピストが増えていくこと。

エ　これまで育ててきてくれた両親を喜ばせること。

問九　[Ⅱ]にあてはまる語句として最も適当なものを次の中から選び、記号で答えなさい。

ア　重要な　　イ　裕福な　　ウ　多様な　　エ　極端な

問十　――線部⑤「彼ら」とはどのような人たちのことですか。三十字以上、四十字以内で答えなさい。

問十一　本文の内容として適当なものを、次の中から二つ選び、記号で答えなさい。

ア　吉川さんは、幼稚園時代から特別な才能を認められて他の子どもたちとは違う教育を受けた。

イ　吉川さんのアートセラピストの仕事は、若者にとって人生の障害を取りのぞくサポートにもなる。

ウ　吉川さんがミスワールド日本代表の栄冠を手にした時、父親の涙を見て将来への不安をおぼえた。

エ　吉川さんがミスワールド世界大会に着用した和服から、日本人としての誇りがうかがえた。

オ　吉川さんにとっては、インドでモデルや女優の仕事に就くことがもともとの目標である。

問十二　次の発言は吉川さんからのメッセージを読んだ「十代の人たち」の感想です。彼女のメッセージを正しく受け止められていないものを一つ選び、記号で答えなさい。

ア「心が美しくないといけないなら、まずはかっこいい服装と、周りから注目されるアクセサリーを身に付けて、それにも負けないような美しい心を目指すことに決めたよ。」

イ「今日から人にやさしく自分にきびしい人になって、周囲に対して思いやりのある行動を目指すぞ。でも自分を否定ばかりせずに、まずはすべてを受け入れることで自分を愛することも忘れないよ。」

ウ「自分から何でも意欲的に取り組むことが、将来の可能性を切り開く力になるはずだから、ふだんから自分の感覚を大切にして、毎日をポジティブに生きていくよ。」

エ「自分の人生の目標がなかなか決まらなかったけど、他人からどんなふうに見られるかを気にするんじゃなくて、とにかく今頑張っていることを最後までやり抜いてみる気になったよ。」

三 次の文章を読んで、後の問いに答えなさい。句読点等は、字数として数えること。

それは私が教師になって、すでに五十歳を越えた頃の話である。

掃除時間に、まだ入学して間もない中学一年生と一緒に廊下を掃《は》いていた。家庭で掃き掃除などしたことはないのだろう。ほうきを持つ生徒達は、床のほこりを集めているのか、散らかしているのか、よく分からないような状態である。

そのとき一人のa利発そうな女の子が①笑いをかみ殺すようにして私に向かって言った。

「先生は身長何センチですか。」

私はとっさに②自分の手が止まるのがわかった。そしてその後、幼い頃からこの年になるまで長い間封印されてきたさまざまな出来事が、徐々《じょじょ》にではあるが鮮明によみがえったのである。

昔は背の低い順に並ぶのが当たり前だった。いつだって私は列の先頭である。中学生になるとそれは大いなるコンプレックスとなって、私を苦しめた。友だちのからかいに耐えられず、何気ない一言にも過剰《かじょう》に反応し、幾度《いくど》となく取っ組み合いのケンカをした。もっともいつも押さえ込まれて負けるのは私である。

牛乳を腹を下すほど飲み、*乾布摩擦《かんぷまさつ》がいいと聞けば実践し、軽くジャンプするように歩くといいと聞けばb人目を忍んでそうした。そして最後は、共にc小柄《こがら》な両親を恨《うら》むしかなかった。

高校生になるとさすがにあからさまにからかう友人はいなかったが、③どうしても電車通学ができなかった。電車はいつも混んでいて、人混みに埋もれていると、周りの乗客が心の中で笑っているような気がしたからだ。だからかなりの距離を、重いかばんを自転車のカゴに押し込んで通った。どんなに激しい雨の日も親が止めるのも聞かず、*カッパを着て走った。学校に着く頃にはずぶぬれだった。

しかし大学生になり、社会人として生きていくうちに、④コンプレックスは徐々に薄れていった。背が低いことは、私にそれほど大きな［Ⅰ］利益をもたらさないことがわかってきた。身長よりも大切な物がいくらでもあることがようやく分かり始めたのである。

時は流れ、もう何十年も、人から身長のことをからかわれたことはなかった。私自身の心も、様々な経験をするうちに、少々の事では動じないようになった……つもりだった。

しかしこの幼い少女が放ったたった一本の柔らかい矢は、老いてひからび固まったはずの私の心に、［　Ⅱ　］。

私は、自分がうろたえていることに驚いていた。軽く冗談ではぐらかそうとしても、教師らしく諭《さと》そうとしても、⑤うまく言葉が出てこないのだった。

「余計なことを言わずにさっさと掃除をしなさい。」

明らかにd怒気を含んだ声で、そう返事をするのが精一杯だった。

のちにその場の様子を伝え聞いた担任に付き添われて、少女は謝りに来た。⑥私はなんとか笑顔で対応することができた。

体の傷はすぐに治る。しかし心の傷は、いつまでもうずき続ける。幾度となく生徒に語ったその言葉の意味を、今実感していた。

そして、私の一言で、今でもうずく傷を持ち続けている誰かがこの世のどこかにいるのではないだろうか。そんなことを考えていた。

＊　乾布摩擦……乾いた布を使って体を擦《す》ること。

　　カッパ……頭からかぶる雨具。

問一 ――線部a～dの語句の意味として最も適当なものを次の中から選び、それぞれ記号で答えなさい。

a 利発そうな
ア 意地の悪そうな
イ 気の弱そうな
ウ 元気の良さそうな
エ かしこそうな

b 人目を忍んで
ア こっそりと
イ 我慢して
ウ 勇気を出して
エ 堂々と

c あからさまに
ア 楽しそうに
イ 気の毒そうに
ウ 大声で
エ はっきりと

d 怒気を含んだ
ア 怒りをおさえた
イ 怒りを込めた
ウ 怒りを感じない
エ 怒りを高めた

問二　――線部①「笑いをかみ殺すようにして」とありますが、そのときの女の子の気持ちとして、最も適当なものを次の中から選び、記号で答えなさい。

ア　明らかに馬鹿にしようとしている。

イ　気の毒でかわいそうだと思っている。

ウ　特に興味を持っているわけではない。

エ　背の高いことに優越感を抱いている。

問三　――線部②「自分の手が止まるのがわかった」とありますが、なぜ手が止まったのですか。最も適当なものを次の中から選び、記号で答えなさい。

ア　とっさには自分の身長の数値を思い出せなかったから。

イ　少女の質問の意図《いと》がよくわからなかったから。

ウ　頭の中に過去の様々な出来事が浮かんできたから。

エ　思いがけないことで、頭が真っ白になってしまったから。

問四　――線部③「どうしても電車通学ができなかった」とありますが、それはなぜですか。最も適当なものを次の中から選び、記号で答えなさい。

ア　混んでいる電車に乗るのが、苦手だったから。

イ　人混みに埋もれていると、気分が悪くなるから。

ウ　周りの乗客からどう思われているか、気になるから。

エ　周りの乗客の笑い声が聞こえてくるから。

問五　――線部④「コンプレックスは徐々に薄れていった」とありますが、作者の心境の変化を示す部分を本文から三十字で探して、はじめと終わりの五字を抜き出しなさい。

問六　[Ⅰ]には打ち消しを意味する一字の漢字が入ります。自分で考えて答えなさい。

問七　[Ⅱ]に入る適当な表現を、十字前後で考えて書きなさい。

問八　――線部⑤「うまく言葉が出てこないのだった」とありますが、それはなぜですか。十字前後で考えて書きなさい。

問九　――線部⑥「私はなんとか笑顔で対応することができた」とありますが、それはどのようなことを意味していますか。最も適当なものを次の中から選び、記号で答えなさい。

ア　心の傷がすっかり消えたこと。
イ　心の傷がまだ残っていること。
ウ　少女へ大人げない対応をしたこと。
エ　少女への憎しみが消えていないこと。